Das Buch

Träume sind der Spiegel der Seele. In unseren Träumen kehren Wünsche und Ängste, Gedanken und Ereignisse wieder. Während wir schlafen, steigen sie aus den Tiefen unseres Unterbewußtseins an die Oberfläche, nebelhaft, unstrukturiert, oft unverständlich. Die Autoren zeigen uns, wie wir mit unseren Träumen arbeiten können. Sie beschreiben, was sich während des Schlafs ereignet und wie Träume überhaupt entstehen; sie geben Ratschläge, wie wir uns an unsere Träume erinnern und wie wir sie aufzeichnen können. Die Entschlüsselung von Traumbildern und ihrer teilweise verborgenen Botschaften an den Träumer wird anhand zahlreicher Beispiele nachvollziehbar. Denn mit Träumen zu arbeiten, setzt keine besonderen Fachkenntnisse oder therapeutischen Behandlungstechniken voraus. Jeder träumt und ist deshalb in der Lage, sich allein, in Traumdeutungsgruppen oder in der Familie produktiv mit seinen Träumen auseinanderzusetzen und sich dabei selbst zu erkennen.
»Träume sagen die Wahrheit über den Träumer. Sich der Wahrheit über sich selbst zu stellen und sie ohne Angst oder Abwehr zu akzeptieren, ist für die psychische Entwicklung das Wesentliche. Traumbilder rühren von Gefühlen gegenüber Problemen her, die für uns irgendwie von Wichtigkeit sind. Und Gefühle lügen nicht.« (Montague Ullman)

W0236490

Die Autoren

Montague Ullman ist erfahrener Psychiater, Psychologe und renommierter Traumexperte. Er gründete das Traumlabor am Maimonides Medical Center, New York, und wurde unter anderem durch seine Forschungen auf dem Gebiet der Traumtelepathie bekannt.
Nan Zimmerman ist Schriftstellerin und hat nach ihrer ersten Begegnung mit Montague Ullman begonnen, sich intensiv mit Träumen zu beschäftigen. Heute gibt sie ihr Wissen selbst in Workshops an andere weiter.

Montague Ullman, Nan Zimmerman:
Mit Träumen arbeiten

Deutscher
Taschenbuch
Verlag

Titel der amerikanischen Originalausgabe:
›Working with Dreams‹ (Jeremy P. Tarcher, Los Angeles 1979)
Deutsch von Christian Stephan unter Mitarbeit von H. O. Rieble
Übersetzung der Kapitel 8 und 9 von Sabine Behrens

Ungekürzte Ausgabe
Mai 1994
Deutscher Taschenbuch Verlag GmbH & Co. KG, München
© 1979 Montague Ullman und Nan Zimmerman
Deutschsprachige Ausgabe:
© 1986 J. G. Cotta'sche Buchhandlung Nachfolger GmbH,
gegr. 1659, Stuttgart
ISBN 3-608-95399-X
Umschlaggestaltung: Klaus Meyer
Photographie: Wilfried Petzi
Gesamtherstellung: C. H. Beck'sche Buchdruckerei, Nördlingen
Printed in Germany · ISBN 3-423-36505-6

Inhalt

Allen, die durch das Mitteilen ihrer Träume unser Verständnis für Träume vertieft haben.

Dank

All den vielen Menschen, die am Zustandekommen dieses Buches mitgewirkt haben, danken wir herzlich. Es sind bei weitem mehr, als wir hier namentlich aufführen können. Wir müssen uns deshalb damit begnügen, einige von ihnen zu nennen.

Unser Dank gilt jenen Träumern, deren Träume wir verwenden durften. Ferner danken wir Janet (Ullman) und Howard (Zimmerman), unseren Ehepartnern, für selbstlose Hilfe bei der Fertigstellung des Buches; Richard Jones, Allan Rechtschaffen, Doris Bartlett und John Sunderland für kritische Durchsicht des Manuskripts und für Verbesserungsvorschläge; Laura A. Dale für sorgfältiges Korrekturlesen; Hadley Smith für das Tippen des Manuskirpts, für Ermutigung und Engagement; Eleanor Friede dafür, daß sie uns immer wieder ermuntert hat, das Buch fertigzustellen, und den Kontakt zu der Verlegerin Jeanne Bernkopf vermittelte, deren Gespür und Urteilsvermögen ihm zugute gekommen sind.

Montague Ullman
Nan Zimmerman

Vorwort

Es gibt weltweit wahrscheinlich etwa ein Dutzend Menschen, die über alles informiert sind, was über die Psychologie der Träume und des Träumens bekannt ist. Einer von ihnen ist Montague Ullman; er ist vielleicht sogar der führende Experte. Seine vielen Bücher und Fachartikel enthalten einige der originellsten Beiträge, die im vergangenen Vierteljahrhundert unsere Kenntnisse auf diesen Gebieten erweitert haben. Dabei beschränkten sich seine Ausführungen nicht auf eine spezielle »esoterische Nische« der Traumtheorie, der Laborforschung oder der klinischen Anwendung. Er ist vielmehr gleichermaßen produktiv als Theoretiker, Forscher, Kliniker und Ausbilder in diesen Bereichen.

Deshalb könnten einige von Montague Ullmans Kollegen bestürzt darauf reagieren, daß er an einem derart praxisbezogenen Buch federführend beteiligt war, dessen Hauptziel es ist, uns als Autoren unserer Träume das Gefühl für unsere angeborene Kompetenz zurückzugeben. Es ist erfreulich und heilsam, daß es dieses entmystifizierende Buch gibt. Wer sich seiner Träume bewußt werden und sie nutzen möchte, wird in ihm hierfür einige einfache Vorgehensweisen kennenlernen, Methoden, die einige Mühe und auch Mut und manchmal ein paar Freunde erfordern. Aber um diese Methoden anzuwenden, braucht man kein Fachwissen über Traumtheorien, Traumforschung oder therapeutische Techniken – und es ist in diesem Sinne auch nicht die Hilfe eines Experten erforderlich.

In einem Artikel über Träume formulierte ich dies so: »Einen Traum analysieren ist wie Luft untersuchen: Letzteres mag wichtig für die meteorologische Forschung sein, aber es ist nicht gerade die passende Art, einen Frühlingsmorgen zu genießen.« Ich schrieb dies zum Teil aus einem Gefühl der Enttäuschung heraus, weil sich die verfügbare Fachliteratur über Träume zu jener Zeit in Theorien und Methoden der Analyse und klinischen Interpretationen erschöpfte. Damals gab es nichts darüber zu lesen, wie man sich der Träume bewußt werden, sie genießen und etwas daraus lernen könne – so wie wir uns der ihnen verwandten Funktionen der menschlichen Phantasie bewußt werden, sie genießen und

von ihnen lernen können, wenn wir uns von Literatur oder Dicht-
kunst anregen lassen. Das vorliegende Buch beseitigt diesen
grundsätzlichen Mangel.

Ullmans und Zimmermans Werk vertritt, bei aller Schlichtheit
des Stils, keine antiintellektuelle Tendenz; es ist frei von eifern-
dem Sendungsbewußtsein. Wenn der Träumer die hier beschrie-
benen Kunstgriffe für den Umgang mit seinen Träumen nutzt,
dann sollte es ihm gelingen, sein latent vorhandenes Wissen her-
vorzuholen. Das ist alles. Aber welch eine Welt neuer Einblicke in
den Sinn des Träumens tut sich ihm bei dieser schlichten Zielsetzung auf!

Werfen wir einen Blick darauf, was die einzelnen Kapitel uns
bieten. Das Kapitel 2, »Streifzug durch die Geschichte der
Traumdeutung«, enthält eine der umfassendsten Darstellungen,
wie Menschen auf Träume reagiert haben. Ganze Bücher über
dieses Thema bieten nicht mehr an Material. Das Kapitel 1, »Wie
ist das mit dem Träumen und dem Traum?«, beantwortet beinahe
jede Frage, die man sich heute in bezug auf das Wesen der Träume ausdenken kann, und Kapitel 4, »Kleine Physiologie des
Schlafens und Träumens«, tut das gleiche hinsichtlich des Träumens. Das Kapitel 5, »Traumbilder und Metaphern: Botschaften
an uns selbst«, gibt eine phänomenologische Sicht des geträumten
Traums, die uns die Wahrheit des alten Spruchs bestätigt, ein un-
verstandener Traum sei wie ein ungeöffneter Brief.

Die Kapitel 6, 7 und 8, »Einführung in die Arbeit mit Träumen«, »Die Darstellung unserer Konflikte im Traum« und
»Selbsttäuschungen durchschauen«, enthalten all das, was man
für die praktische Anwendung wissen muß. In ihnen erfahren wir,
wie man Träume erinnert, wie man sie aufschreibt und wie man
sie zur Belebung und Bereicherung des Alltagslebens nutzen
kann. Bei alledem wird nichts der bloßen Phantasie des Lesers
überlassen. Die Autoren belegen jedes von ihnen aufgestellte
Prinzip, jede Methode, jedes Konzept, jede von ihnen eingeführte
Kategorie mit ausführlichen Darstellungen und anhand gedeuteter
Träume.

Durch überkommene Mythen werden sowohl Einzelpersonen
als auch Gesellschaften in ihrer Entwicklung behindert. In den
Kapiteln 10, 11 und 12, »Spiegelungen gesellschaftlicher Einflüs-

se im Traum«, »Wie die Arbeit mit Träumen in der Gruppe abläuft« und »Wenn Träume gemeinsam bearbeitet werden«, leisten
die Autoren, ohne abstrakt wissenschaftlich zu sein, einen äußerst
wertvollen Beitrag zu einer Sozialwissenschaft des Traums. Nur
allzu lange, seit Freud für seine Traumstudien wissenschaftliche
Anerkennung erhielt, hat man stillschweigend unterstellt, dies
gelte nur für die Behandlung in der Privatpraxis. Vielleicht weil
sich dort die Träume als so bereichernd für die persönliche Entwicklung erwiesen haben, kamen wir nicht darauf zu fragen, ob
sie möglicherweise auch von gesellschaftlicher Bedeutung sind.
Das erklärt, weshalb wir versäumten, uns dem erzieherischen und
gesundheitlichen Nutzen zuzuwenden, der aus der Beschäftigung
mit Träumen im Rahmen des alltäglichen Miteinander entstehen
könnte. Eine Frau zum Beispiel, die von sich als Kuh träumt, wird
beim Umgang mit ihrem Traum wahrscheinlich neue Sichtweisen
ihrer persönlichen Entwicklung gewinnen; es dürfte ihr aber
schwerfallen, das soziale Stereotyp der »Kuh« zu ignorieren, für
das der Traum eine Analogie liefert. Und was die Freunde betrifft,
die ihr bei dem Bemühen, diese neue Sichtweise zu erlangen, hilfreich zur Seite standen, so dürften sie dabei ein geschärftes (persönliches und soziales) Bewußtsein für die Realität des Sexismus
entwickelt haben. Die Autoren arbeiten diese »Doppelgesichtig-
keit« von Traumbildern heraus (nach innen verweisen die Träume
auf einen unerledigten Teil einer emotionalen Angelegenheit, die
unsere ureigenste ist, nach außen auf ein ungelöstes Problem der
Gesellschaft, von der wir ein Teil sind). Außerdem beschreiben
sie eine einfache Methode, wie kleine Gruppen von Studenten,
Freunden oder Mitgliedern einer Familie diese Doppelgesichtig-
keit wechselseitig wahrnehmen können. Ullman und Zimmerman
sind dabei einen sehr langen Weg gegangen, um den bemerkens-
werten Satz bestätigt zu finden, den Roger Bastide schon 1966
formulierte: »Freud gab der Person den Traum zurück; nun müssen wir ihn auch der Gesellschaft zurückgeben.«

Noch ein paar Worte über die speziellen Beiträge der Koauto-
rin zu diesem Buch. Während Ullman als erfahrener Psychoanalytiker und weltbekannter Traumexperte gilt, ist Nan Zimmerman
Schriftstellerin und Lehrerin. Auf dem Gebiet der therapeutischen
Arbeit mit Träumen ist sie Laie, zwar begabt und erfahren, aber

eben doch nicht vom Fach. Dies zu sein, beansprucht sie auch keineswegs, ja sie kostet ihren nichtprofessionellen Status aus, wenn sie in ihren sehr überzeugenden Kapiteln zeigt, wieviel sie von Träumen versteht. Nichts hätte die wichtigste Botschaft dieses Buches, nämlich daß die Kunst, mit Träumen umzugehen, nicht notwendigerweise fachliche Kompetenz voraussetzt, besser veranschaulichen können, als es die ungewöhnliche Zusammensetzung dieses Autorengespanns vermag.

Richard M. Jones

Einführung von Montague Ullman

Vor einigen Jahren hatte ich mir vorgenommen, ein Buch über Träume zu schreiben, mit dem ich mich an alle für das Thema aufgeschlossenen Menschen wenden wollte. Ich hatte schon immer ein starkes theoretisches Interesse an Träumen gehabt, war fasziniert und begeistert, seit ich in meiner psychiatrischen Praxis mit ihnen arbeitete, und schließlich immer mehr davon überzeugt, daß die für ihr Verständnis erforderlichen Fertigkeiten auch jenen Menschen mitgeteilt werden könnten, die keinen professionellen Hintergrund haben. In meinem Kopf hatten sich im Lauf von fast drei Jahrzehnten so viele Gedanken und Ideen über die Träume und das Träumen angehäuft, daß es mir nicht schwerfallen sollte, ein Buch daraus zu machen, obwohl bis dahin meine schriftstellerische Tätigkeit auf kurze Beiträge in wissenschaftlichen und klinischen Zeitschriften beschränkt gewesen war.

So war ich also der Überzeugung, ich sollte ein Buch über Träume für Laien schreiben. Die Zufallsbegegnung mit Nan Zimmerman wies mir einen anderen Weg.

Ich begegnete Nan in Virginia, wo sie und ihr Mann Howard denselben Kongreß besuchten wie ich, eine Zusammenkunft der Parapsychological Association (Gesellschaft für Parapsychologie). Bei einem jener informellen Treffen im kleinen Kreis, die im Blick auf die konzentriert dargebotenen wissenschaftlichen Tagungsinhalte als Auflockerung gedacht sind, kam das Thema »Traum« auf. Rasch wurde deutlich, daß Nan an Träumen genauso lebhaft interessiert war wie ich. Sie hatte in der vorangegangenen Nacht einen Traum gehabt und war darauf aus, ihn mit mitzuteilen und zu erfahren, wie ich mit Träumen arbeitete. Es schien ihr so ernst damit zu sein, daß ich – trotz der eher gelösten Atmosphäre und der Anwesenheit anderer – mit ihr zu arbeiten begann. Ich wollte ihr helfen, die Antwort zu finden, aber nicht meine Antwort, sondern eine aus ihrem Inneren. Nan war sehr motiviert. Sogleich verfolgten wir die Traumbilder bis zu genau der Lebenssituation zurück, die jene Bilder herbeigeführt hatte. Ich war erfreut und Nan ebenso. Ich dachte, damit hätte es sich dann auch schon.

Aber die Arbeit mit Träumen hat etwas leicht Süchtigmachendes an sich, und Nan war von ihr besessen. Am darauffolgenden Morgen, auf dem Weg zu einer weiteren Sitzung des Kongresses, mußte sie mir unbedingt einen neuen Traum erzählen. Bis zum Beginn der Sitzung hatten wir einige der wichtigsten Verbindungen zwischen den Traumbildern und ihrem Leben gefunden.

Der Kongreß ging zu Ende. Nan und Howard reisten nach Virginia zurück und ich nach New York. Beim Abschied ermunterte ich Nan, an ihren Träumen zu arbeiten und mir einfach zu schreiben, wann immer sie Hilfe brauchte. Nan schrieb darauf oft und offen über ihre Träume. Ich betrachtete dies als eine Gelegenheit für mich, einmal zu testen, wie ich mit meinen Gedanken über Träume und darüber, wie man mit ihnen arbeitet, bei jemand anderem »ankomme«. Aber Nan begnügte sich nicht damit, nur ihre eigenen Träume zu verstehen. Sie begann, ausgiebig zu lesen, machte sich mit der Traumliteratur vertraut. Und bald klärte, vereinfachte, kritisierte und ergänzte sie, was ich ihr anbot. Allmählich wuchs sie aus der Rolle einer Schülerin heraus (und auch aus der eines Versuchskaninchens, das sie, wie ich zugeben muß, gelegentlich für mich war) und entwickelte sich zu einer geschätzten Kollegin.

Unsere gemeinsame Arbeit vermittelte mir eine ganz neue Sicht auf den Inhalt der wenigen von mir bereits geschriebenen Kapitel und führte schließlich zu unserer Zusammenarbeit an dem vorliegenden Buch. Jenes Ziel, das ich vor Augen hatte, blieb bestehen, jedoch arbeitete ich jetzt mit jemand zusammen, der mir helfen konnte, es zu erreichen. Obwohl wir das Wort »ich« das ganze Buch hindurch verwenden, um über meine Erfahrungen und Sichtweisen zu berichten, hatte doch Nan großen Anteil daran, sie in die endgültige Form zu bringen.

Wir möchten die Leser an unseren Erfahrungen mit Träumen teilhaben lassen, sie von der Möglichkeit des Zugangs zu ihren eigenen Träumen überzeugen und ihr Interesse am Arbeiten mit ihnen anregen. – Aber lassen Sie mich erst darstellen, was mich dazu brachte, Träumern beim Umgang mit ihren eigenen Traumbildern helfen zu wollen. Ich arbeitete in vier getrennten, sich allerdings zeitweilig überlappenden Bereichen, in denen ich meine Erfahrungen gesammelt habe: als praktizierender Psychiater und

Psychoanalytiker, als Gemeindepsychiater, als Traumforscher und begann schließlich mit Nan meine Arbeit mit Laien.

Jeder Psychiater, besonders wenn er sich für Träume interessiert, fühlt sich Freud verpflichtet. Bei mir ist dies aber etwas Ambivalentes. Gewiß, Freuds bemerkenswertes Buch über Träume bewies ein für allemal den therapeutischen Nutzen der Träume, und alle Psychotherapeuten seit Freud sind Erben seines Vermächtnisses. Daran sind jedoch Bedingungen geknüpft, und das ist es, was mich stört. Freuds Sichtweise der Träume rührt in großem Ausmaß von seiner Sichtweise neurotischer Symptome her. Aus diesem Grund werden in der landläufigen Meinung Träume und psychoanalytische Theorie miteinander verknüpft, weshalb man – meiner Meinung nach fälschlicherweise – glaubt, nur Fachleute könnten mit Träumen effektiv arbeiten.

Selbstverständlich haben Träume in der Therapie eine wichtige Funktion, weil sie die Wahrheit über den Träumer sagen. Sich der Wahrheit über sich selbst zu stellen und sie ohne Angst oder Abwehr zu akzeptieren, ist für den psychischen Heilungsprozeß das Wesentliche. Traumbilder rühren von Gefühlen gegenüber Problemen her, die für uns irgendwie von Wichtigkeit sind. Und Gefühle lügen nicht. Sie sind einfach da. Die Traumbilder bringen den Ursprung und den Kontext dieser Gefühle in eine Verbindung mit unserer Gegenwart wie auch unserer Vergangenheit. Wenn wir diese Bilder richtig deuten, erzählen sie uns, wer wir sind, nämlich anders, als wir zu sein glauben. Sie teilen uns etwas von dem Eindruck mit, den wir auf andere machen und der nicht so ist, wie wir ihn gerne hätten. Kurz, Traumbilder sind ehrliche, das Wesentliche erfassende Beurteilungen der unmittelbaren Lage, in der wir uns zur Zeit des Traums befinden. Es scheint eine ausgesprochen ehrliche Seite in unserem Wesen zu geben, die den Traum dazu benutzt, unsere Seelenlage zu registrieren und auch noch Gründe und Zusammenhänge anzuzeigen. Dies erklärt das Heilungspotential, das in unseren Träumen uns zu Diensten steht.

Aber warum nehmen Träume diese bizarren Gestalten und Formen an? Auf die Gefahr hin, die Dinge zu sehr zu vereinfachen, möchte ich behaupten, daß es für uns zwei Wege gibt, die Realität zu verstehen. Wenn wir unsere Erfahrungen in Zeit- und Raumdimensionen einordnen, wie wir es im Wachsein tun, finden wir durch den Gebrauch der Sprache eine Beziehung zu unserer Umwelt. Wenn wir dagegen träumen, ist es die Welt unseres Innenlebens, die uns beschäftigt. Diese wird in einer sensorischen Form ausgedrückt, was bei Menschen, die sehen können, meist visuell geschieht. (Bei blindgeborenen Menschen entwickelt sich das Träumen durch den Gebrauch der nicht-visuellen Sinne, z.B. von Berührung, Geruch, Gehör und Bewegungssinn.) Ich möchte betonen, daß der sprachliche und der sensorische Modus einander nicht ausschließen. Beide sind stets gleichzeitig vorhanden. Es ist vielmehr eine Frage der relativen Vorherrschaft zu einem bestimmten Augenblick.

Auf welche Weise spiegeln die Bilder nun wirklich unser Selbst? Um es wiederum kurz zu machen: Ich meine, die Menschen haben gelernt, wie sie ihre Vorstellungen in anschauliche Metaphern umformen und ihre Gefühle und Gedanken darin ausdrücken können. Mit anderen Worten, eine Vorstellung wird in übertragener, statt in direkter Weise verwendet. Wie jeder an Lyrik Interessierte weiß, kann die Metapher eine kraftvolle Ausdrucksform sein. In unseren Träumen verfügen wir über diese Ausdruckskräfte. Die anschaulichen Metaphern lassen sich offensichtlich mühelos kreieren. Sind sie aber erst einmal erschaffen, werden sie von unserem Ich als etwas Eigenständiges erlebt. Dies führt dazu, daß wir zugleich Zeugen und Mitbeteiligte unserer Träume sein können.

Im Traum wählen wir aus dem scheinbar grenzenlosen Repertoire der uns verfügbaren, allen gemeinsamen Bilder eines aus und verwenden es, um dem einen Sinn zu verleihen, was wir fühlen und durchleben; und dies scheint mir ein höchst kreativer Akt zu sein. Damit machen wir das gleiche, was jeder Künstler mit dem Rohmaterial seines Mediums macht. Wir arbeiten die uns allen zur Verfügung stehenden Bilder um, kombinieren sie zu individuellen Sequenzen und formen sie, bis sie mit unseren Gefühlen übereinstimmen.

Der Unterschied zwischen dem Träumer und dem Künstler liegt nicht im Bereich der Kreativität, sondern vielmehr in der Art des Publikums, für das das Produkt des kreativen Schaffens bestimmt ist. Der Künstler wendet sich an ein äußeres Publikum: andere Menschen oder die Welt im allgemeinen. Der Träumer befaßt sich damit, einer Kommunikation mit sich selbst Gestalt zu geben. Daß die Aussage verwirrend und fremd zu sein scheint, spricht nicht gegen die Tatsache, daß sie allein für den Träumer bestimmt ist. Der Künstler ist sich seiner Rolle als Künstler bewußt. Der Träumer aber ist ein unbewußter Künstler, ein Künstler wider Willen. Der wahre Künstler ist sich auch seiner Beziehung zu dem von ihm geschaffenen Werk bewußt. Für den Träumer bedarf es dagegen einiger Mühe, sich diese Beziehung klarzumachen. Aber sie ist doch vorhanden, egal ob der Träumer seine eigene Urheberschaft akzeptiert oder nicht. Man fühlt sich im Spiel mit der Kreativität erregt, herausgefordert und von Freude erfüllt, und das gilt für unsere Träume nicht weniger als für alle anderen Formen künstlerischen Ausdrucks.

Dies waren nun einige meiner Vorstellungen, zu denen ich im Lauf der Jahre in meiner privaten Praxis gelangte.

Der zweite Abschnitt auf meinem Weg als Psychiater führte mich 1967 in die sogenannte »Gemeindepsychiatrie«. Als Direktor am Maimonides Medical Center, einem gemeindenahen psychiatrischen Versorgungszentrum, nahm ich an der Durchführung eines nationalen Programms in den USA teil, das an diejenigen Gemeinden eine breite Palette psychiatrischer Dienste herantragen sollte, in denen derartige Dienste noch nicht verfügbar waren. Solche Einrichtungen hatten nicht nur den Auftrag, die direkte Behandlung der Patienten zu gewährleisten, sondern sollten auch Präventivmaßnahmen einleiten. Mit diesem Versuch wollte man das alarmierende Ausmaß psychischer Beeinträchtigung verringern. Weil es für die Durchführung eines so ehrgeizigen Programms nicht genug ausgebildetes Personal gab, teilten wir als Fachleute unsere Kenntnisse einander mit und begannen, eine Gruppe kompetenter Hilfskräfte heranzubilden. Teil meines Ausbildungsprogramms war es, den Fachkollegen aus der Psychologie, der Sozialarbeit und der psychiatrischen Versorgung zu helfen, daß sie sich der Bedeutung der Beschäftigung mit Träumen in der Therapie bewußt wurden, und ihnen die dafür notwendigen Fertigkeiten beizubringen. Meine dabei gewonnenen Erfahrungen als Lehrender überzeugten mich davon, daß solche Techniken vermittelt werden können und daß ein effektiver Umgang mit Träumen für jeden, der sich dafür interessiert, im Bereich des Machbaren liegt.

Meine Arbeit am Maimonides Medical Center gab mir die Gelegenheit, etwas zu tun, das ich mir schon lange gewünscht hatte: ein Traumlaboratorium einzurichten, in dem ich die Realität von außersinnlicher Wahrnehmung (ASW) in Träumen und anderen veränderten Bewußtseinszuständen untersuchen und experimentell erfassen konnte. Meine sowohl in meiner klinischen Praxis als auch bei diesen Laboruntersuchungen gemachten Erfahrungen mit der Traumtelepathie beeinflußten grundlegend meine Ansichten über den Traumzustand, über die Rolle, die er in unserem Leben spielt, und über die Möglichkeit, in diesem Zustand Verbindungen mit anderen Menschen aufzunehmen. (Ablauf und Umstände dieser telepathischen Verbindung bleiben unklar; daß es Traumtelepathie gibt, steht fest.)

1974 trat ich von dem Posten als psychiatrischer Direktor am Maimonides Center zurück. Die dort verbrachten Jahre hatten sich auch im Sinne einer persönlichen Reifung gelohnt. Ich habe viel dazugelernt, weil ich aus den »heiligen Hallen« des Behandlungszimmers in eine Gemeinde mit Rassenspannungen, wirtschaftlicher Not und mit einem unzureichenden sozialen Netz gegangen war. Zuletzt hatte ich jedoch das Gefühl, daß ich immer weniger Nutzen aus meiner Arbeit ziehen konnte, während die Verwaltungspflichten für mich zu viel Raum einnahmen. Denn von meiner Natur her liegt es mir eher, Konzepte zu entwickeln, als sie zu verwirklichen. Es war für mich leichter, etwas zu erfinden, als es auszuführen. Wenn eine Einrichtung einmal ihre volle Größe erreicht hat, wird die Ausführung das Wichtige.

Ich sehnte mich danach, wieder zu unterrichten, und nahm eine Gelegenheit wahr, die sich unmittelbar nach meiner Kündigung ergab: in Schweden für die nächsten eineinhalb Jahre zu lehren. Die meiste Zeit in der schönen Stadt Göteborg verbrachte ich damit, ein neues psychoanalytisches Ausbildungsprogramm in die Wege zu leiten. Ich arbeitete auch eng mit der Gesellschaft für Holistische Psychoanalyse in Stockholm zusammen. Anhand einer auf Selbsterfahrung beruhenden Methodik etwas über Träume zu lehren war für mich genauso neu wie für die Menschen, mit denen ich an beiden Instituten arbeitete. Es bedeutete einen radikalen Perspektivenwechsel, von den Träumen der Patienten zu den eigenen überzugehen. Aber meine Begeisterung muß ansteckend gewesen sein, denn bald konnten sie sich dem Einfluß des Geschehens, mit dem wir uns befaßten, nicht mehr entziehen, und das blieb so die ganze Zeit über, in der ich dort war. Die damals von mir entwickelte Struktur verwende ich auch heute noch, wenn ich mit Laien arbeite und Psychiatriepatienten oder psychoanalytische Ausbildungskandidaten anleite.

Die letzte Phase meiner Erkundungen in Sachen Traum begann mit einem Selbsterfahrungswochenende in Esalen, woran sich einige Erfahrungen in anderen psychologischen Zentren anschlossen. Dadurch kam meine Arbeit mit Nan in Schwung und entwickelte sich zu meinem gegenwärtigen Ganztagsengagement für die Arbeit mit Träumen. Ich hatte sozusagen intuitiv Erkundungszüge unternommen, die mehr auf Überzeugung als auf einer konsequenten und systematischen Vorgehensweise beruhten. Nan machte mich jedenfalls kritisch darauf aufmerksam, was jemandem erst erklärt werden muß, der neu in diesem Gebiet war, und wie man die Botschaft vermittelt.

Seit meiner Rückkehr in die Vereinigten Staaten habe ich das Gefühl, mich in einem sich immer weiter vertiefenden Lernprozeß zu befinden. Ich habe die jeweiligen Vorzüge der Arbeit mit Träumen in der Therapeut-Klient-Beziehung im Vergleich zu denen in Kleingruppen neu überdacht und dabei herausgefunden, was aus der Gruppenmethodik mit Gewinn in die Arbeit mit einem einzigen Patienten übertragen werden kann. Am wichtigsten war jedoch, daß ich den Wert der Theorie und die Rolle des Experten für Träume neu beurteilte.

Vor vielen Jahren betonte auf einem Traum-Workshop eine Kollegin, die Psychoanalytikerin Marianne Eckhardt, daß sie dem üblichen Wort »Traumdeutung« den Begriff »Traumverständnis« vorzöge. Mir fiel gleich auf, daß letzterer viel passender ist, weshalb ich ihn seitdem stets benutzt habe. Wir haben z.B. Kunstverständnis und könnten gleichermaßen lernen, ein Traumverständnis zu haben. »Deutung« scheint mir ein eher technischer Begriff zu sein, dessen Anwendung engere Grenzen gezogen sind. Ein Psychoanalytiker kann sein technisches und theoretisches Wissen dazu verwenden, auf die Deutung eines Traums Einfluß zu nehmen. Er kann uns *helfen,* ihn zu verstehen, aber er kann ihn nicht für uns verstehen, egal wie zutreffend seine Deutung sein mag.

Wenn wir wach sind, ist es für uns nicht leicht, mit derselben schonungslosen Offenheit wie in unseren Träumen in uns hineinzublicken. Wir werden zu leicht verführt, den einen oder anderen Selbstschutzmechanismus zu benutzen. Wir sehen uns selbst gern als »nette Menschen«, nicht als jene eifersüchtigen, habgierigen oder aggressiven Gestalten, als die wir manchmal in unseren Träumen erscheinen. Wir müssen dem Bild entsprechen, das nach unserer Meinung andere von uns haben oder haben sollten. Durch diese persönlichen wie sozialen Erwartungen und Zwänge wird unserer Fähigkeit, mit der Wahrheit über uns selbst umzugehen, beträchtlicher Schaden zugefügt. Beim Hinüberwechseln vom Träumen zum Wachsein bewegen wir uns deshalb aus einem Bereich der Ehrlichkeit in einen, wo das Zweckdenken ins Spiel kommt.

Damit will ich nicht andeuten, daß es nur unsere schlechten Eigenschaften sind, bei denen es uns schwerfällt, sie zu akzeptieren. Unsere Träume ermöglichen uns auch, auf unsere Talente und Fähigkeiten aufmerksam zu werden, derer wir uns nicht bewußt waren oder die wir vernachlässigt haben. Wir ziehen uns jedoch eher von etwas Negativem als von etwas Positivem zurück. Wir erkennen nicht, daß wir im Traum uns selber mit diesen Wahrheiten darstellen, mit denen wir vollkommener werden können. Denn die Heilung beginnt mit dem Akzeptieren dessen, was geheilt werden muß. Es zu ignorieren, läßt es nicht verschwinden, und es kann auch nur bis zu einem bestimmten Punkt übersehen werden.

Daß Träume oft so schwer in den Griff zu bekommen sind, hat wesentlich zur Zementierung der Stellung des Experten geführt, eben als einer Person, die weiß, was die Traumsymbole bedeuten, und die mit ihrem Wissen dem Träumer eine Deutung anbieten kann. Die Psychoanalytiker sind nur die letzten in einer langen Reihe solcher Experten.

Ich möchte entschieden der Ansicht widersprechen, jeder könne ein Experte für den Traum eines anderen sein. Wir können nur für unsere eigenen Träume Fachleute werden. Aber wir können anderen Menschen helfen, Experten für ihre Träume zu werden. Das jedenfalls ist der Zweck dieses Buches.

Die Rolle des Helfers rührt von zwei grundlegenden Tatsachen des Träumens her. Erstens ist es sinnvoll, eine Unterstützung zu haben, wenn wir uns um eine ehrliche Sichtweise unserer Träume bemühen. Zweitens können andere, die nicht persönlich in den Traum verwickelt sind, oft die Metaphern besser »lesen« als wir, einfach weil sie sich nicht mit den Konsequenzen ihres Verständnisses auseinandersetzen müssen. Diese zwei Tatsachen sind für die Untermauerung meiner Traummethodik am wichtigsten. Was an Hilfe von anderen kommt, muß der Kompetenz des Träumers für seinen eigenen Traum nicht abträglich sein; er bleibt jedenfalls dessen Experte. Das Paradoxe bei der Arbeit mit Träumen ist, daß der Traum, dieses Produkt unserer ganz persönlichen Innenwelt, am besten zur vollen Verwirklichung gebracht wird, wenn wir einen oder mehrere andere Menschen an ihm teilhaben lassen. Die hilfreiche emotionale Unterstützung und die anregenden Einfälle, die von außen herangetragen werden, bringen den Träumer näher an seine eigene Produktion heran.

Bedeutet das nun, Arbeit mit Träumen könne nur im Beisein von anderen gemacht werden? Nein, das nicht, nur daß cs leichter ist. Dieses Buch will dem einzelnen Träumer dabei helfen, Verbindung mit seinen Traumbildern aufzunehmen, ob er nun in eine Gruppe geht oder nicht. Ich konzentriere mich in meiner Darstellung auf die Gruppenarbeit, weil sie den Prozeß verdeutlicht, den jemand durchmachen muß, wenn er diese Verbindung aufnehmen will. Aber die jeweiligen Schritte können auch im individuellen Arbeiten gemacht werden. Es ist nur ein Grundsatz, daß man mit Unterstützung noch ein wenig weiter gehen kann. Ich arbeite gern an meinen eigenen Träumen und profitiere sehr davon. Wenn ich die Gelegenheit habe, einen Traum in einer Gruppe mitzuteilen, komme ich jedoch oft weiter, als ich allein für mich hätte gehen können.

Daß wir so wenig zur Arbeit mit Träumen bereit sind oder sie gering einschätzen, rührt nach meinem Dafürhalten zum Teil von einem Syndrom her, das ich »dreamism« genannt habe: einem irrationalen Vorurteil gegen Träume und die bewußte Beschäftigung mit ihnen. Wir verwenden unsere Energien darauf, unsere Außenwelt zu beherrschen, und müssen, so gut wir können, mit der Auswirkung dieses kulturellen Erbes auf unsere innere Seinsweise – unsere Subjektivität, unsere Gefühle – fertig werden, die uns in unseren Träumen beschäftigt. Und so lassen wir uns ein wertvolles Mittel entgehen, das unsere gebrochene Subjektivität heilen könnte.

Warum sollte unser Traumleben von einer Aura des Geheimnisvollen umgeben sein? Träume sind doch natürliche Vorgänge. Sie sind eine normale und universelle Dimension der menschlichen Wirklichkeit. Würde ihnen mehr Aufmerksamkeit geschenkt, würden von seiten der Gesellschaft mehr Unterstützung und Ermutigung für die Beschäftigung mit unseren Träumen von klein auf kommen, dann hätten wir alle ein viel intensiveres Gefühl der Verbundenheit mit unseren Träumen und ein viel höheres Maß an Differenziertheit beim Umgang mit ihnen. Wir brauchen unsere Träume, weil sie uns die für die menschliche Spezies charakteristische Komplexität des Lebens bewältigen helfen und uns damit zu jenen einzigartigen Individuen werden lassen, zu denen wir das Potential in uns haben.

Einführung von Nan Zimmerman

Mein Interesse an Träumen wurde 1960 geweckt, als ich anfing, Tagebuch zu führen. Die Beschäftigung mit meinen eigenen Erfahrungen, Gefühlen und Gedanken führte bald dazu, daß ich auch meine Träume gewohnheitsmäßig protokollierte. Ich las etwas von C. G. Jung und auch über ihn und war ergriffen, wenn nicht sogar ein wenig eingeschüchtert, von den phantastischen Möglichkeiten und der universellen Bedeutung der Traumbilder. Ich stieß schließlich auf Frederick S. Perls' Buch ›Gestalt-Therapie in Aktion‹. Mein Mann und ich konnten sogar einen Film über einen seiner Workshops sehen. Ich war von seiner Methode ganz begeistert und kombinierte diese mit dem Sammelsurium weiterer Techniken, das ich gespeichert hatte. Mit diesen wenig systematischen Fertigkeiten brachte ich jedoch nicht viel mehr zuwege, als nach der »Bedeutung« meiner Träume herumzustochern wie mit der Stange im Nebel. Die Träume selbst blieben mir fremd.

Dann kam diese Zufallsbegegnung, die Montague schon beschrieben hat. Ich hatte mir zur Gewohnheit gemacht, die Fachleute auf dem Gebiet der Psychologie zu befragen, wie sie an ihren eigenen Träumen arbeiteten, und das brachte fast immer interessante Ergebnisse. So fragte ich auch Montague Ullman. Er erklärte mir, daß es einfacher sei, über einen konkreten Traum zu sprechen, als abstrakt über Methoden des Umgangs mit Träumen zu reden. Ich erzählte meinen Traum der vorigen Nacht – und damit fing alles an.

In meinem Traum war ich wütend über einen Freund, der trotz meiner Proteste immer noch etwas von mir erwartete, das ich nicht tun konnte. Danach sah ich seine Frau (im Wachleben schlank und anmutig), die so dick war, daß ich mich über ihre plumpe und unproportionierte Erscheinung entsetzte.

Montague befragte mich über den Tag vor dem Traum. Ich hatte mich von all den Reizen auf der Konferenz regelrecht bombardiert gefühlt. Über Parapsychologie wußte ich nur wenig, noch weniger war ich mit der Fachsprache wissenschaftlicher Untersuchungen vertraut, die in den hier präsentierten Forschungsunterlagen und -berichten benutzt wurde. Wer ist eigentlich verantwortlich dafür, fragte Montague, daß du in einer Situation bist, in der du dich derart bombardiert fühlst? Nun, es war ja Howards, meines Mannes, Tagung. War ich wütend auf Howard, daß er mich gebeten hatte, mit ihm zu dieser Konferenz zu gehen, auf der ich dann das Gefühl entwickelte, ich würde völlig aus der Form geraten? Ehrlich gesagt, ja! Aber ich hatte es nicht zugegeben. Ich schämte mich vor mir selbst. Ich hatte mir keine realistischen Grenzen gesetzt für die Anzahl der Veranstaltungen, die ich besuchte, und die Informationen, die ich aufnahm. Also, wenn ich mich bis an die Grenze der Fettsucht überfüttere, bin ich verpflichtet, meine Eßgewohnheiten zu ändern. So war der Freund in meinem Traum Howard, und ich selbst war die dicke Frau!

Es wäre mir nie in den Sinn gekommen, daß mein Traum eine Widerspiegelung dessen sein könnte, was mit mir auf der Konferenz geschehen war. Die Bedeutungen, die in einem Traum enthalten sind, hatte ich mir viel allgemeiner vorgestellt. Montague führte mich dahin, meinen Traum als eine Spiegelung der Erfahrungen zu sehen, die mir der Tag beschert hatte: dessen, was ich auf der Konferenz fürchtete, genauer, wie überfordert ich mich fühlte. Jeder Traumteil trug dazu bei, diese Botschaft zu verdeutlichen. Selbst die kleinsten Bilder oder Übergänge waren wichtig genug, um betrachtet zu werden. Ich war in Hochstimmung und äußerst optimistisch, denn es war etwas an der Art, in der Montague mit mir über meinen Traum sprach, das mich davon überzeugte, ich könnte seine Methoden erlernen. Es war eine natürliche und ganzheitliche, eher organische als komplizierte oder überfrachtete Theorie.

Der sich daran anschließende Briefwechsel und die aus ihm erwachsende Zusammenarbeit vermittelten mir eine Ausbildung, die weit nützlicher (aber auch anstrengender) war, als ich es von einer Fortbildung erwartet hätte. Montague war ein konsequenter Lehrmeister, der verlangte, daß ich die Arbeit an meinen Träumen tat, während er mich anleitete, meine Fähigkeiten erweiterte und den Prozeß mit mir klärte.

Zum »Vorexamen« übersandte er mir einen seiner eigenen Träume. Dies bedeutete dann den Beginn unserer Zusammenarbeit. Wir saßen nun im selben Boot und waren bemüht, uns selbst umfassender mit Hilfe unserer Träume zu verstehen. Und bald fühlten wir uns verpflichtet, uns gemeinsam dafür zu engagieren, daß auch andere an diesem Vorgehen teilhaben und davon profitieren konnten.

Bevor ich Montague traf, hatte ich tief in der Arbeit mit Kleingruppen gesteckt – Kirche, Schule, Musik und Literatur –, als Teilnehmerin wie auch als Leiterin. Ich wußte von dem Bedürfnis, die Gruppenarbeit zu strukturieren, wenn kein professioneller Leiter anwesend ist. Ich glaubte auch, aufgrund meiner Erfahrung in diesen Gruppen und als Musiklehrerin, daß echtes Lernen nur dann stattfindet, wenn wir den Prozeß, von dem aus Folgerungen und Methoden entwickelt werden, auch wirklich verstehen; nur so können wir uns diese Folgerungen zu eigen machen, sie modifizieren oder verwerfen. Als Montague mir Kapitel des Buches zu schicken begann, an dem er schrieb und das für Laien bestimmt war, wurde mir klar: Seine Ausdrucksweise mußte so vereinfacht werden, daß auch Leser mit begrenztem wissenschaftlichen Hintergrund es verstehen könnten. Und mir wurde auch klar, daß ich mir die Präzision der wissenschaftlichen Sprache aneignen mußte. Ich zeichnete Schaubilder, die die wichtigsten theoretischen Begriffe veranschaulichten. Ich las die Bücher, die Montague seinen Psychoanalysekandidaten empfahl, und hörte mir auf Tonband seine Vorlesungen und Workshops an. Währenddessen hatte ich Träume mit Selbstzweifel und solche, in denen ich auf ein Haus mit Türen und Räumen stieß, das ich niemals vorher gesehen hatte.

Meine Begeisterung für Träume steckte andere an. Freunde riefen mich an, um mir zu erzählen: »Letzte Nacht hatte ich einen unheimlich verrückten Traum.« Ich merkte dabei, daß ich das, was Montague mich lehrte, auch schon mitteilen konnte: Man kann lernen, mit seinen eigenen Träumen umzugehen. Unsere Traumbilder sind Teil eines inneren Selbstheilungsprozesses, der uns zugänglich ist. Ihre Bedeutungen werden nicht durch Spielereien klar, sondern nur durch stetiges, ehrliches Arbeiten. Freude und Hoffnung sind oft die Belohnung für das Entdecken der in den Traumbildern steckenden Bedeutung.

Meine erste Traumgruppe war die »Tower House«-Gruppe. Howard und ich arbeiteten ohne professionelle Leitung mit acht anderen Leuten zusammen und benutzten dabei Montagues Tech-

niken. Die Wirkung dieser Erfahrung war so stark und bereichernd, daß wir uns heute (vier Jahre später) immer noch treffen,
wenn auch unregelmäßig.

Während die »Tower House«-Gruppe sich formierte, begann
ich, mit der Familie Anderson zu arbeiten, und dehnte dabei mein
Interesse an der Arbeit mit Träumen auch auf Kinder aus. In den
Klavierstunden, die ich gab, hatte ich schon oft erfahren, welche
ungezügelte Freude Kinder zeigen, wenn sie eine neue Fähigkeit
bei sich entdecken. Wie würden sie auf die Entdeckung ihrer
schöpferischen Kräfte im Traum reagieren? Einige meiner älteren
Schüler vertrauten mir ihre Träume an; ich sah darin einen Weg
zur Überbrückung der Distanz zwischen Jugendlichen und Erwachsenen. Die Möglichkeiten, das eigene Selbstverständnis und
die persönlichen Beziehungen zu vertiefen, schienen grenzenlos.

Außerdem hatten Howard und ich gerade die Hürden der Ad-
option eines Ausländerkindes genommen und waren dabei, uns
darauf einzustellen, daß wir plötzlich Eltern eines Kleinkindes
waren, das nur koreanisch verstand. Wir hatten weniger Zeit für
uns selbst und miteinander, aber wir fanden bald heraus, daß das
Mitteilen unserer Träume uns half, die Distanz zwischen uns
nicht größer werden zu lassen, und uns ermöglichte, unsere wirklichen Probleme zu benennen. Wir freuten uns schon auf die Zeit,
wenn unsere kleine Tochter uns würde erzählen können, welche
Bilder sie während des Schlafes sah. Die Arbeit mit Träumen innerhalb der Familie schien uns eine natürliche Folge davon zu
sein, daß man sich umeinander kümmerte.

Die Andersons waren unsere Freunde. Wir gingen zu viert miteinander aus, kannten ihre Töchter und waren eine Zeitlang zusammen in einer Selbsterfahrungsgruppe. Ich half den Eltern bei
der Arbeit mit ihren Träumen, und danach begannen sie, die Träume ihrer Kinder zu erzählen. Sie arbeiteten mit meiner Unterstützung gemeinsam an ihren Träumen, bis sie sich mit den erforderlichen Fertigkeiten vertraut gemacht hatten, um alleine weiterzumachen. Ein Teil dieser Geschichte ist im Kapitel »Eine Familie,
die gemeinsam an ihren Träumen arbeitet« wiedergegeben. Wir
blieben Freunde. Hin und wieder erzählt mir einer von ihnen einen Traum, aber ihr Umgang mit Träumen ist nun vorwiegend
Bestandteil ihres Familienlebens.

Ich leite weiterhin Workshops und stelle immer wieder fest, daß keine zwei Träume einander gleichen, außer in der Freude des Träumers, wenn er die Botschaft seines Traums versteht.

Das, was vor Jahren in Virginia begonnen hat, geht weiter. Dieses Buch ist entstanden, unzählige Workshops haben stattgefunden, Menschen, denen ernsthaft daran gelegen ist, ein tieferes Verständnis für sich und ihre Umwelt zu gewinnen, haben auf diese Weise zusammengefunden. Montague hat oftmals gesagt, wir alle seien Experten in bezug auf unsere Träume. Aber wenn ich zurückblicke auf das, was er geschaffen hat durch sein Experimentieren, seine Beobachtung und sein Einfühlungsvermögen, dann glaube ich, daß im Reich der Träume Montague Ullman der »Erste unter Gleichen« ist.

1. Wie ist das mit dem Träumen und dem Traum?

Wenn ich (Montague) in einer neuen Gruppe die Arbeit mit Träumen aufnehme, erkundige ich mich zunächst immer, welche Fragen für die Teilnehmer vorrangig sind. Also wollen wir auch hier damit beginnen: mit den am häufigsten gestellten und allgemeinsten Fragen zum Wesen der Träume. Später werde ich dann ins Detail gehen.

Träumen wir alle, und träumen wir jede Nacht?
Ja. Ein Erwachsener hat, sofern er nicht gestört wird, einen ziemlich regelmäßigen Schlafzyklus. Die erste Traumphase stellt sich rund 90 Minuten nach dem Einschlafen ein und dauert fünf bis zehn Minuten. Der Schlaf geht in Zyklen von je 90 Minuten Länge weiter, wobei die Traumphasen in jeder folgenden Periode länger werden. Die letzte vor dem Aufwachen kann bis zu 40 Minuten dauern.

Haben Kinder denselben Schlaf- und Traumrhythmus wie Erwachsene?
Nein. Babys verbringen die meiste Zeit von ihrem Schlafzyklus in dem Teil, der allgemein dem Träumen zugerechnet wird. Der Anteil von Träumen (der zuerst sogar noch größer ist als der des traumlosen Schlafs), nimmt dann kontinuierlich ab, wenn das Kind älter wird.

Träumen die Tiere?
Es ist bekannt, daß alle Säugetiere, die bis jetzt im Labor untersucht worden sind, in ihrem Schlafverhalten die gleichen periodischen physiologischen Veränderungen zeigten, die beim Menschen den Träumen zugeordnet werden. Da wir uns mit den Tieren aber nicht direkt verständigen können, wissen wir auch nichts über ihre subjektiven Empfindungen während dieses Zeitraums. Es gibt jedoch indirekte Hinweise darauf, daß Tiere dabei wirklich bildhafte Erlebnisse haben. Man hat bei schlafenden Hunden beobachtet, daß sie ihre Pfoten bewegten, so als ob sie liefen, und

daß sie sogar knurrten, als wenn sie erlebten, in einer realen Situation irgendwie aktiv zu sein.

Haben Farben im Traum eine besondere Bedeutung?
In den meisten Träumen spielen Farben eine Rolle, aber diese Farben verblassen gewöhnlich schnell, nachdem man erwacht ist, sofern man sich nicht besonders bemüht, sich an sie zu erinnern. Prinzipiell ist, vom Standpunkt der Bedeutung aus, im Traum alles wichtig, also auch Farben. Eine besonders leuchtende Farbe oder eine, die sich in mehreren Bildern wiederholt, kann einen wichtigen Hinweis auf die Bedeutung des Traums liefern.

Wie sehen die Träume von Blinden aus?
Das hängt davon ab, wie lange die Blindheit bereits besteht, ob sie angeboren ist oder nicht. Denn wo es niemals einen visuellen Reiz gegeben hat, können auch keine visuellen Eindrücke entstehen. Der Blinde benutzt all seine anderen Sinne (Tastsinn, Geruch, Gehör, Bewegungssinn), um seine Traumerfahrung zu bilden. Die geträumte Umgebung, wie sie durch Hören, Tasten oder Bewegung erfahren wird, erscheint dem blinden Träumer wirklich. Die blinde Schriftstellerin Helen Keller beschrieb das »Sehen« in ihren Träumen als der Wahrnehmung in ihrem Wachleben ähnlich, weist aber darauf hin, daß Phantasie und Vorstellungskraft hier noch eine wesentlich größere Rolle spielen. Bei denjenigen, die nicht von Geburt an blind waren, scheint die visuelle Vorstellung mit der Zeit abzunehmen.

Welche Wirkungen haben Medikamente und Drogen auf die Träume?
Sowohl Stimulanzien als auch Sedativa verringern gewöhnlich die Dauer des Traumschlafs, wenn sie über einen längeren Zeitraum genommen werden. Zum Beispiel wird durch Alkohol die Traumphase verkürzt.

Wie wirkt Hypnose auf Träume?
Eine hypnotische Suggestion kann den Zeitraum, den man träumend zubringt, verlängern oder verkürzen, jedoch nur innerhalb enger Grenzen. Der Grundzyklus wird biologisch gesteuert und

läßt sich psychologisch nicht so leicht manipulieren. Auch auf die Trauminhalte kann die hypnotische Beeinflussung in gewissem Maße einwirken. Posthypnotische Suggestionen scheinen zu Beginn des Traums wirksam zu werden.

Können Träume Probleme lösen? Bekommen wir Antworten aus unseren Träumen?

Wenn das Problem uns wirklich betrifft und wir von früheren Erfahrungen her bereits über die Mittel zur Problemlösung verfügen, werden wir diese Mittel in unseren Träumen entdecken und so umformen, daß ihre Relevanz für das aktuelle Problem deutlich hervortritt. Jedoch entnehmen wir den Trauminhalt aus unserer in der Realität gemachten Erfahrung; wenn es also nichts in unserer früheren Erfahrung gibt, was uns beim Bewältigen des derzeitigen Problems behilflich wäre, können Träume nicht mehr tun, als uns auf diese Tatsache aufmerksam zu machen.

Können wir Träume zur Steigerung unserer Kreativität und Erfindungsgabe benutzen?

Diese Frage beantworte ich im allgemeinen mit dem Hinweis darauf, was für ein außergewöhnlich einfallsreiches und schöpferisches Phänomen der Traum selbst ist. Jeder Traum ist einzigartig. Der Träumer bringt in ihm zum Ausdruck, was vorher noch nie ausgedrückt worden ist. Im Traum setzt er mühelos, aber doch kreativ etwas vage Empfundenes in ein anschauliches Bild um, das diese Empfindungen zugleich absorbiert und manifest macht. Jeder Mensch hat etwas von einem Dichter in sich, selbst wenn sich dies nur in einem Traum zeigt.

So gibt es auch viele Berichte über Empfindungen, Entdeckungen, Gedichte, Geschichten und Bilder, die mit lebhaften Traumbildern ihren Anfang nahmen. Einige Menschen mit besonderen künstlerischen Talenten scheinen fähig zu sein, die kreativen Energien ihrer Träume zu nutzen. Unser Traum-Ich reagiert auf die Anliegen unseres Tages-Ichs – nicht wie ein Sklave seinem Herrn gegenüber, sondern als einfallsreicher Verbündeter mit eigenem Willen und eigenen Zielen. Deshalb dürfen wir von unseren Träumen keine Leistungen auf Kommando erwarten, aber wir können auf ihre Hilfe zählen und darauf, daß sie ihre natürliche

Kreativität mit unseren besonderen schöpferischen Bestrebungen verbinden.

Können wir Träume programmieren oder steuern?
Nein, nicht bewußt. Wenn wir einen Traum als eine Art natürlicher Ressource ansehen, die in uns strömt, vergleichbar einem Fluß, der durch unsere Lebenserfahrung geformt wurde, dann läßt sich seine Richtung nicht einfach ändern durch jemanden, der am Ufer steht und einen Richtungswechsel erzwingen will. Aber wenn der Mensch am Ufer die notwendigen praktischen Schritte unternimmt, um einen solchen Richtungswechsel auch wirklich zu ermöglichen, dann wird sich der Lauf des Flusses wunschgemäß ändern. Dieses Bild soll verdeutlichen, daß es mehr als bewußter Absichten bedarf, um unsere inneren Ressourcen zu beeinflussen. Wir müssen einiges von unseren Gefühlen investieren. Unsere Träume sind dazu da, unser gefühlsmäßiges Beteiligtsein im Leben zu fördern, egal welchen Weg wir wählen.

Was sagen uns unsere Träume über uns selbst?
Die Antwort darauf hängt weitgehend davon ab, wie systematisch und wie effektiv wir an den Träumen arbeiten. Es gibt in jedem unserer Träume etwas über uns selbst zu lernen, obwohl die existentielle Bedeutung und Tragweite von Traum zu Traum variieren werden. Unsere Träume erschließen ein Reservoir von Erfahrungen und Gefühlen in uns und bringen etwas Neues in unsere augenblickliche Sicht. Der Umgang mit ihnen vermehrt den Schatz unseres Wissens über uns selbst.

Welche Wirkung haben erinnerte Träume?
Mit anderen Worten: Beeinflußt schon die Tatsache, daß ein Traum erinnert wird, unser Dasein?

Wenn wir einen Traum als Erinnerung in den Wachzustand hinübernehmen, werden die damit verbundenen Gefühle sicherlich unsere Stimmung beeinflussen, und zwar um so nachhaltiger, je intensiver und ungewöhnlicher sie sind. Sie können positive Gefühle des Staunens, des freudigen Erregtseins oder der Begeisterung zurücklassen oder negative Gefühle, wie schlimme Ahnungen, Schrecken oder Angst. Wir können die Bedeutung dieser

Gefühle und ihre Verbindung zu inneren Prozessen spüren, selbst wenn wir den Inhalt des Traums nicht verstehen, und manchmal selbst dann, wenn wir uns an diesen Inhalt nicht mehr klar erinnern können.

Bewirken auch die nicht erinnerten Träume etwas?
In der Zeit, bevor Träume im Labor überwacht wurden, hätte die Antwort gelautet, daß es keine Möglichkeit gebe, dies zu erfahren. Aber im Forschungslabor weckt man einen Schläfer fünf- oder sechsmal pro Nacht und kann dadurch Träume mitbekommen, die normalerweise bis zum Morgen vergessen worden wären. Was wir als Wirkung solcher Träume in Betracht ziehen, hängt wesentlich davon ab, welche Aufgabe Träume in unseren Augen haben. Wenn wir den Freudschen Standpunkt einnehmen, dann dient der Traum, ob er nun erinnert wird oder nicht, als eine Art Überdruckventil, das Energie der überhitzten Triebe freisetzt. Sehen wir das Träumen jedoch als eine Zeitspanne, in der wir neue Ereignisse hinsichtlich ihrer Einwirkung und Bedeutsamkeit in bezug auf unser Leben beurteilen, um zu bestimmen, ob wir im Traum die Mittel haben oder nicht, damit fertig zu werden, ohne aufwachen zu müssen, dann bedeutet die Tatsache, daß wir nicht aufwachen, der Traum also den Schlafzyklus nicht unterbricht, daß wir unbewußt einen Weg gefunden haben, mit der Situation zurechtzukommen; also wird dieser Traum eher vergessen als einer, in dem intensivere oder problematischere Gefühle mobilisiert worden sind.

Jeder Traum, auch ein emotional neutraler, bekommt einfach dadurch Bedeutung, daß er erinnert wurde und deshalb verfügbar wird für die lohnende Arbeit, die mit ihm getan werden kann. Natürlich schaffen es manche Menschen, jede Nacht eine ganze Reihe von Träumen zu erinnern, aber auch von ihrem Traumleben wird vieles einfach nicht erinnert.

Was sind Alpträume?
Was gewöhnlich als Alptraum bezeichnet wird, ist ein schwerer Angsttraum, der dazu führt, daß man vor Entsetzen aufwacht. Die Ereignisse im Traum sind so überwältigend, daß sie während des Schlafs nicht verarbeitet werden können, und deshalb erwacht

man. Echte Alpträume haben oft wenig erinnerbaren Inhalt. Sehr typisch für sie ist das nächtliche Aufschrecken bei Kindern, der sogenannte pavor nocturnus: Das Kind kann, auch nachdem es scheinbar wach ist, nur schwer den Schrecken abschütteln.

Gibt es Träume, die wahr werden?
Ein Traum, der sich mit einem ungelösten Problem beschäftigt, wird nicht wahr, sondern *ist* vielmehr wahr als symbolische Darstellung einer wirklichen Lebenssituation. Seine Wahrheit kann später vom Träumer erfahren werden, und in diesem Sinne kann man sagen, daß er sich erfüllt. Meiner Meinung nach gibt es aber zwei besondere Arten von Träumen, von denen man sagen kann, daß sie wahr werden: der telepathische Traum, bei dem in den Traumbericht eine Wahrheit über einen anderen Menschen integriert wird, von der der Träumer keine Kenntnis auf normalem Weg erlangt haben konnte; und der präkognitive Traum, der unerwartete Ereignisse darstellt, die später stattfinden. Ich will mich mit beiden an anderer Stelle (Kap. 15) genauer beschäftigen.

Warum haben wir manchmal Träume, die sich wiederholen?
Wir alle haben Überbleibsel von Gefühlen aus unserer Vergangenheit in uns, die auf uns immer noch einen gewissen Einfluß haben: spezielle Bereiche der Verletzbarkeit, die im Laufe unseres Lebens von Zeit zu Zeit angestoßen werden. Wenn dies geschieht, haben wir oft einen Traum, der das Problem darstellt und uns zeigt, wie wir uns dazu einstellen. Kommen wir in diesem besonderen Bereich, der uns zu schaffen macht, nicht voran, dann passiert es, daß wir demselben Problem in unserem Leben immer wieder begegnen und wir es auch auf die gleiche Weise in unseren Träumen zum Ausdruck bringen. Die Bilder, mit denen das Problem im Traum zuerst dargestellt worden ist, waren so einprägsam, daß wir tatsächlich bei seinem nächsten Auftreten auf genau diese Bilder wieder zurückgreifen, um diese stets gleichbleibende Situation darzustellen.

Was bedeutet es, wenn man im Traum bemerkt, daß man träumt?
Dieses Phänomen wird dem »luziden« Träumen zugerechnet. Fast jeder Mensch hat schon einmal einen luziden Traum gehabt, und

einige haben sie sogar recht oft. In keinem Traum ist der äußere Rahmen unserem Willen ganz entzogen; dies gilt nur für die Anfangsszene. Wir erleben sie zunächst als einzelner Zuschauer, der Zeuge von Bildern wird, die sich ihm aufdrängen. Wenn der Traum jedoch weitergeht, kommen immer mehr gewollte oder vom Willen beeinflußbare Elemente ins Spiel. Wir bewegen uns im Traum aktiv oder als Beobachter; wir sind einerseits aktiv, andererseits reagieren wir auch auf das Geschehen. Wenn wir uns zunehmend unserer eigenen Rolle im Traum bewußt werden, können wir plötzlich bemerken, daß all dies ein Traum ist. Einigen luziden Träumern gelingt dann der nächste Schritt: Sie gestalten den weiteren Verlauf des Traums und üben in ihm spielerisch ihre Phantasie und Allmacht. Manche von ihnen benutzen den luziden Traum sogar als Sprungbrett für eine »außerkörperliche Erfahrung«: Sie können dabei die Empfindung haben, daß sie sich von ihrem physischen Körper lösen, und sehen sich selbst friedlich schlafen. Die darin geübten Träumer erleben, wie sie sich in beachtliche Entfernung von ihrem Körper, den sie zurückgelassen haben, begeben können. Die Realität außerkörperlicher Erfahrungen muß aber im Labor erst noch überzeugend bewiesen werden.

Obwohl der Träumer in einem luziden Traum dessen weiteren Verlauf beeinflussen kann, ist Kontrolle nur innerhalb bestimmter Grenzen möglich. Als Analogie kann das »Aktionstheater« genannt werden, in dem das Publikum, nachdem die Darsteller einen kurzen Handlungsrahmen vorgestellt haben, eingeladen wird, den folgenden Spielverlauf mitzugestalten.

Gibt es universelle Symbole?
Obwohl Freud und Jung die Traumsymbole als individuell anerkannten, tendierte jeder auf seine Weise zur Annahme universeller Bedeutungen, die sie zu speziellen Symbolen in Beziehung setzten. Da unterdrückte sexuelle Wünsche eine so wichtige Rolle in der Freudschen Theorie spielen, sah er in länglichen Objekten gewöhnlich den Phallus, in Hohlkörpern die Vagina. Jung meinte, daß wir zwar die Inhalte unseres persönlichen Unbewußten in individuellen Bildern ausdrücken, daß aber die Archetypen, die vom kollektiven Unbewußten aufsteigen, Allgemeingültigkeit haben.

Ich persönlich gehe zunächst immer von der Annahme aus, daß ein Traumbild diejenige Bedeutung hat, die ihm der Träumer beilegt. Träumer können ein und dasselbe Bild auf mehrere Arten benutzen, was nicht ausschließt, daß viele Träumer ähnlichen Bildern ähnliche oder gleiche Bedeutungen geben werden. Wir entnehmen die Bilder in unseren Träumen der Kultur, in der wir leben, und es sollte uns daher nicht überraschen, daß wir dieselben Bilder benutzen, um dieselben Inhalte auszudrücken. Trotzdem sollten selbst scheinbar offensichtliche Bedeutungen nie einfach unterstellt werden. Eine Schlange kann in einem nach Freud interpretierten Traum einen Phallus bedeuten, und bei einem nach Jung interpretierten kann ein archetypischer Bezug zum Sündenfall hergestellt werden. Aber vielleicht entspricht keines von beiden der Lage, in der sich der Träumer befand, als er das spezielle Bild auswählte.

Deshalb ist es wichtig, ein Symbol keinesfalls in ein allgemeines Bedeutungsschema hineinzupressen, bevor man nicht die spezifischen Bedingungen untersucht hat, unter denen der Träumer das Symbol erfahren haben könnte. Als weiteres Beispiel sei ein Kreuz genannt, das in einem Traum erscheint. Für einen Atheisten kann es Emotionalität bedeuten; für einen Juden Diskriminierung; für einen Christen Gottes Urteil oder Liebe oder »sein Kreuz auf sich nehmen«. Selbst diese Zuordnungen können an der Bedeutung vorbeigehen, die das Symbol für den Träumer hat. Er könnte an einer Kreuzung stehen oder versuchen, einem Problem ein Ende zu machen, d.h., es zu durchkreuzen. Wenn der Träumer auf Reisen ist, stellt sich vielleicht eine andere Verbindung her: daß er den Äquator kreuzt. Das Rote Kreuz ist für sehr viele Menschen wichtig. Dann gibt es jenen emotionalen Zustand, der im Amerikanischen mit »being cross« bezeichnet wird, was soviel heißt wie auf jemanden ärgerlich oder ganz allgemein schlecht gelaunt zu sein. Diese Möglichkeiten müssen berücksichtigt werden, indem man die Reaktion des Träumers auf das einzelne Bild in den gesamten Traumkontext einordnet und es anschließend auf seine Erfahrungen im Wachleben bezieht.

Welche von so vielen möglichen Bedeutungen ist dann die zutreffende? Als einzig zuverlässige Richtschnur dient da die emotionale Reaktion des Träumers. Reagiert er auf die Deutung eines

Traumbildes mit dem instinktiven Gefühl, daß sie das Wesentliche trifft? Ist mit einer bestimmten Bedeutung die Empfindung, etwas wiedererkannt und entdeckt zu haben, verbunden? Eine wichtige Leitlinie für die Genauigkeit und Schlüssigkeit der Übereinstimmung zwischen Sinn und Bild ist, ob die Deutung eine befreiende Wirkung auf den Träumer hat und ihn zu weiteren Einsichten in den Traum führt.

Warum träumen wir in Bildern?
Bilder sind eine urtümliche Form des Wirklichkeitsverständnisses, die wir wohl mit anderen Säugetieren teilen. Wir Menschen haben gelernt, die Bilder zu verfeinern, sie nicht als direkte Spiegelung der Realität zu verwenden, sondern die Welt und unsere Beziehung zu ihr in Metaphern zu fassen. Damit können wir Bilder in derselben Weise verwenden, in der ein Dichter die Sprache benutzt: spielerisch mit ihnen umgehen und sie auf neue Weise zusammenfügen, um diejenigen unserer Gefühle, Stimmungen und Gemütsbewegungen auszudrücken, bei denen dies anders nicht adäquat möglich wäre. Eine Metapher ist ein Aufmerksamkeit heischendes, ausdrucksvolles Sinnbild, mit dem wir in unseren Träumen geschickt umgehen.

Hat unser Traumleben eine eigene Wirklichkeit?
Unsere Träume scheinen tatsächlich eine eigene Realität zu haben. Egal welcher Natur diese Wirklichkeit ist, so bleibt doch ihre Beziehung zur sogenannten Tagesrealität zu klären. Wir spüren, daß es irgendwie zwischen diesen beiden Realitäten eine Einheit gibt. Im Wachen wie im Schlafen sind wir ein und dieselbe Person, auch wenn wir uns und unsere Umwelt in diesen Zuständen unterschiedlich erleben. Zu unserer Traumexistenz scheint es zu gehören, daß wir uns und die Welt außerhalb der Raum-Zeit-Dimensionen erleben, die unser Selbstgewahrsein im Wachzustand kennzeichnen.

Unser Gehirn besteht aus zwei Hälften (Hemisphären). Die dominante – normalerweise die linke – strukturiert unser Erleben logisch, linear, ordnet es in Raum und Zeit und faßt es in sprachliche Form. Diese Hemisphäre bestimmt unser Wachleben. Man nimmt an, daß beim Träumen die nicht-dominante Hemisphäre, gewöhnlich die rechte, aktiv und dominant wird, wodurch Intuition, Empathie und Kreativität freigesetzt werden. Unser Gefühl erfaßt Dinge in ihrer Vernetztheit, ihrer Einheit, also ganzheitlich. Und wir ordnen unsere Erfahrung eher auf einer Gefühlsebene ein als in Begriffen von Ursache und Wirkung, Zeit und Raum. Die Folge ist, daß wir träumend mehr von unserer Welt sehen. Es ist dieselbe Welt, in der wir uns bewegen, wie die, wenn wir wach sind, aber wir sehen sie auf andere Weise. Für einen wahren Ausdruck unseres Menschseins müssen wir lernen, diese beiden Seinsweisen in Einklang zu bringen.

Was im Traum ist real und was symbolisch?
Reale Ereignisse können anscheinend im Traum »nachgespielt« werden, aber auch so kommt ihnen mehr als eine buchstäbliche Bedeutung zu. Unser Traum sagt uns, daß hinter diesen Ereignissen mehr steckt, als wir zunächst meinen. So gesehen ist in einem Traum alles symbolisch; nur zeigt sich dies bei einigen Traumelementen deutlicher als bei anderen.

Wieviel in einem Traum ist nebensächlich?
In einem Traum ist nichts nebensächlich. Obwohl die Wichtigkeit der angesprochenen Probleme und ihre existentielle Bedeutung für den Träumer sehr unterschiedlich sind, muß doch jedes Detail berücksichtigt werden, egal wie unbedeutend es vielleicht zuerst aussehen mag. Es gibt keinen »Traummüll«. Wir sollten niemals ein Symbol verwerfen, nur weil wir seinen Wert nicht verstehen.

Wie ist es mit Schlafwandeln oder Sprechen im Schlaf?
Mit dem Traumzustand scheint eigentlich keins von beiden direkt zu tun zu haben. Sie treten in den traumlosen Schlafphasen auf und stellen ein vorübergehendes Auslösen sprachlicher oder motorischer Mechanismen dar, dessen Ursachen man bis heute noch nicht kennt. Übrigens kann ein Schlafwandler (im Gegensatz zum Volksglauben) sich selbst dabei verletzen.

Sind Träume Wunscherfüllungen?
Wunscherfüllung ist sicherlich ein Aspekt des Träumens, meiner Meinung nach jedoch keineswegs das einzige Motiv, das den

Traum in Gang setzt. Ich glaube nicht, daß irgendein einzelnes Bedürfnis den Traum gestaltet. Vielmehr läßt sich das Träumen als eine periodisch wiederkehrende Teilaktivierung des Gehirns während des Schlafzustandes erklären, wenn es wach genug ist, um auf Spannungen aus jüngst vergangenen Ereignissen im Leben zu reagieren.

Woher kommen unsere Träume?
Die Antwort darauf muß lauten, daß wir es nicht wissen. Wir führen sie meistens auf unser »Unbewußtes« zurück, wobei wir Freuds Auffassung von der Dynamik unbewußter Strebungen in unserem Leben zugrunde legen. Jung sprach vom kollektiven Unbewußten und seiner Mitwirkung, die es in Gestalt archetypischer Bilder leisten kann. Parapsychologische Untersuchungen unterstützen die Annahme, daß veränderte Bewußtseinszustände, zu denen auch das Träumen gehört, uns zeitweilig Zugang zu Informationsquellen verschaffen können, die jenseits der normalen Raumzeit-Grenzen unseres Daseins liegen.

Kann die Arbeit mit Träumen gefährlich sein?
Nein. Jedenfalls nicht, solange wir berücksichtigen, daß der Traum allein dem Träumer gehört, der auch für ihn verantwortlich ist, und daß jeder, der sich beruflich oder sonstwie mit Träumen beschäftigt, dies zu respektieren hat. Die Vorsicht der Fachleute führte zu der Besorgnis, die Arbeit mit Träumen könne vielleicht gefährlich sein. Es gibt jedoch keine prinzipiellen Gefahren, die in der Arbeit mit Träumen an sich begründet wären, egal wie tiefgehend sie betrieben wird, Gefahren entstehen allenfalls aus der Art, wie sie durchgeführt wird. Wenn theoretische Formulierungen den Vorrang haben vor der gefühlsmäßigen Antwort des Träumers und wenn sie in autoritärer Form vorgebracht werden, kann dies die Psyche des Träumers verletzen. Unsere Träume sind dazu da, zu erhellen, was wir schon erfahren haben. Solange wir aber mehr Kenntnisse über uns erwerben, werden wir stärker und nicht schwächer. Also ist es nicht gefährlich, mit seinen Träumen zu arbeiten. Wohl aber kann es gefährlich sein, dies nicht zu tun.

In einem Museum des Mittleren Westen der USA hängt ein Gemälde, das den Titel »Warten auf den Chinook« trägt. Ein

Schneesturm hält eine Kuh in einer tiefen Schneewehe gefangen, und das Tier kann sich nicht bewegen, entweder wegen der Schneemassen oder auch aus einem Instinkt heraus, der sie vor noch tieferen Verwehungen um sie herum warnt. Ihre einzige Hoffnung ist der Chinook, ein warmer Wind, der durch die Ebene blasen, die Schneewehen davonfegen und die Tiere wie durch Zauberkraft befreien wird. Im Hintergrund der Szene sieht man jedoch ein Rudel hungriger Wölfe lauern. Die Gefahr ist, daß der Wind, der die Kuh befreit, auch ihre Feinde freigibt, wodurch die eine Form der Vernichtung gegen eine andere ausgetauscht würde.

Viele Menschen haben das Gefühl, daß Teile ihrer Kreativität und Spontaneität, ihrer Lebensgeister gelähmt sind, gefangen in einem unkontrollierbaren Wirrwarr oder in destruktiven Gewohnheiten, und daß sie durch ihre eigene psychologische »Landschaft« gebunden sind. Sie warten auf eine zauberkräftige Zukunft, die diese Fesseln zum Verschwinden bringt, fürchten aber zugleich, jede Bewegung könnte dann wieder neue Gefahren heraufbeschwören.

Wenn die Arbeit mit Träumen weiterhin ausschließlich in den Händen von Fachleuten liegt, heißt das für das Laienpublikum: lieber unbeweglich bleiben, als Träume ohne professionellen Rat nutzen. Ich dagegen denke, daß es an der Zeit ist, sich auf den Chinook zu freuen. Lassen wir die warmen Winde wehen! Wir sollten lernen, die Ressourcen unserer Träume auszuschöpfen. Der Sachverstand der Analytiker sollte sich mit der Kreativität anderer Leute verbinden, die ihrem Leben mit größerer Offenheit und Hoffnung ins Auge sehen wollen.

2. Streifzug durch die Geschichte der Traumdeutung

Die Frage nach Ursprung und Sinn der Träume ist natürlich nicht neu. Seit Jahrtausenden gibt es darüber Theorien. Aus einem einfachen Grund fragen die Menschen auch heute noch danach: Sie sind von der Rätselhaftigkeit und Eindrücklichkeit ihrer Traumbilder fasziniert. An dieser Stelle möchte ich einen kurzen Abriß geben, wie andere vor uns sich mit Träumen beschäftigt haben.

Im Altertum sah man Träume als übernatürlich an: Botschaften der Götter, mit denen sie warnten, Ratschläge gaben, prophezeiten und ermutigten. Die »guten« Träume wurden begrüßt und beachtet, die »schlechten« dagegen – als Werk der Dämonen – ignoriert.

Einer der ersten systematischen Einblicke in Traumauffassungen kommt aus dem alten Ägypten und stammt aus der Zeit um 2000 v. Chr.: der sogenannte ›Chester Beatty Papyrus‹. Dieses »Traumbuch« beschäftigt sich mit »guten« und »schlechten« Träumen, der Vorstellung der Gegensätzlichkeit (wer vom Tod träumt, werde lange leben), mit Assoziationen und Wortspielen. Zum Beispiel ähnelt das ägyptische Wort für Gesäß dem Wort für Waise; ein Traum, in dem man seinen Hintern entblößt, sollte also bedeuten, daß die eigene Mutter oder der Vater sterben würde.[1]

Träume sah man als Einrichtungen der Götter an, mit deren Hilfe sie dem Menschen nützliche und zum Weiterdenken anregende Informationen übermittelten. Offenbar war eine solche Hilfe überaus erwünscht. Ein Mensch, der einen wertvollen Traum haben wollte, brauchte dafür jedoch besondere Inkubationsmethoden und die Hilfe von Priestern, die sich der Aufgabe, derartige Träume hervorzurufen und zu deuten, gewidmet hatten. In Ägypten nannte man sie »Meister der geheimen Dinge« oder »Schreiber des doppelten Hauses«.[2] Die Prozedur des Herbeirufens von Träumen war ziemlich einfach. Ein kranker oder leidender Mensch sollte im Tempel schlafen, nachdem er einen Trank eingenommen hatte, der das Träumen förderte. Später würde der Priester den Traum deuten und das im Traum verordnete Heilmittel verabreichen.

Für die Babylonier war die Natur voll von Göttern, die versöhnlich gestimmt werden mußten, und von Dämonen, die abzuwehren waren. Ein sorgfältiges Studium der Träume war unerläßlich, um Wohlstand und Schutz zu garantieren. Da die Babylonier ständig nach Hinweisen für die Zukunft suchten, bezogen sie ihre Träume auf Ereignisse in ihrem Leben, sie betrachteten sie also als Omen. Wenn auf einen Traum von verendetem Vieh eine Dürreperiode folgte, konnte der nächste Traum von verendetem Vieh als Vorhersage einer neuen Dürreperiode angesehen werden. Hieraus ist unschwer zu erkennen, warum die Rolle des Traumdeuters oder Priesters so hoch geschätzt wurde: Jemand mußte ja dafür sorgen, daß die Prophezeiungen ihren Lauf nahmen.

Wie Freud in Kapitel II seines Buches ›Die Traumdeutung‹[3] ausführte, gab es im wesentlichen zwei vorwissenschaftliche Methoden der Deutung, ob ein Traum als göttlich, als gut oder schlecht anzusehen sei, und wie man seine Bedeutung herausfinden könnte: »Das erste dieser Verfahren faßt den Trauminhalt als ganzes ins Auge und sucht denselben durch einen anderen, verständlichen und in gewissen Hinsichten analogen Inhalt zu ersetzen. Dies ist die *symbolische* Traumdeutung.«[4] Zur Verdeutlichung dieser Methodik führte Freud das Alte Testament an. Zum Beispiel träumte Josef (I. Mose 37,7-8), er und seine Brüder »waren beim Garbenbinden auf dem Felde. Und siehe, meine Garbe richtete sich auf und blieb stehen; eure Garben aber stellten sich ringsumher und verneigten sich vor meiner Garbe.«[5] Seine Brüder sahen dies als Prophezeiung Josefs an, er werde eines Tages König sein und über sie herrschen.

Die zweite Methode, so fährt Freud fort, könnte man »als die ›Chiffriermethode‹ bezeichnen, da sie den Traum wie eine Art von Geheimschrift behandelt, in der jedes Zeichen nach einem feststehenden Schlüssel in ein anderes Zeichen von bekannter Bedeutung übersetzt wird.«[6] Die Tafeln von Ninive, gefunden in der Bibliothek eines assyrischen Königs des siebten Jahrhunderts v. Chr., enthielten Traumformeln, die auf Annahmen zur Bedeutung von Symbolen beruhten, welche von den Anfängen der überlieferten Geschichte herrühren.

Die Traumtheorien des alten Judentums waren denen der Ägypter ähnlich, was nicht überrascht, weil die Hebräer sowohl in

Ägyptischer als auch in Babylonischer Gefangenschaft waren. Allerdings hatten die Juden einen monotheistischen Glauben entwickelt. Durch ihren einen Gott Jahwe wurden alle göttlichen und guten Träume bewirkt. Jahwe benützte Träume, um mit seinem erwählten Volk in direkten Kontakt zu treten und es zu führen. In den Träumen, die als die Stimme Gottes verstanden wurden, sollte die Wahrheit offenbart werden, so daß der Mensch ein erfüllteres und freieres Leben führen könnte.

Überall in der Bibel finden sich Ermahnungen, genau zu prüfen, bevor man einen Traumdeuter erwählt und seinen Reden Glauben schenkt. »Falsche Propheten« deuteten Träume oft lügnerisch um, und zwar entweder zu ihrem eigenen Vorteil oder, gegen Bezahlung, für die manipulativen Absichten anderer.

Die Trauminterpretation wurde von den Rabbis und Weisen der talmudischen (nachbiblischen) Zeit zu dem Zweck benutzt, religiöses, soziales und politisches Verhalten und Denken zu formen. Man stellte sich vor, daß Träume von einer äußeren Quelle herrührten – von Gott und seinen Dienern oder von Dämonen – sowie von einer inneren Quelle, die dem Träumer zeigt, was er in seinem Herzen denkt.[7]

Der Talmud wies den Traumdeuter an, »die Persönlichkeit des Träumers zu berücksichtigen, seine unterschiedlichen Lebensumstände, sein Alter, seinen Beruf, ökonomische Umstände, wie glücklich oder unglücklich, wie besorgt oder entspannt er während der Zeit des Träumens war. Der Traum kann dann aus vielen Blickwinkeln und auf unterschiedliche Weise gedeutet werden.«[8] Aber als Voraussetzung galt weiterhin unverrückbar, daß nur der Traumausleger die Deutung eines Traums besorgte, niemals der Träumer.

Der vollständigste Traum im Alten Testament steht im Buch Daniel und wurde im zweiten Jahrhundert v. Chr. niedergeschrieben. Daniel deutet folgenden Traum des Königs Nebukadnezar (Dan. 4,7-13):

Siehe, da stand ein Baum von ungewöhnlicher Höhe, mitten auf der Erde. Der Baum wurde immer noch größer und mächtiger bis seine Spitze den Himmel erreichte und er an allen Enden der Erde sichtbar war. Prächtig war sein Blätterkleid, überreich sein Fruchtbehang, und er bot Nahrung für alle (...) Da sah ich in den

Gesichten (...) plötzlich einen heiligen Wächter vom Himmel stei-
gen. Er gebot (...): ›Fället den Baum und haut ab seine Äste!
Nehmt weg sein Blätterkleid und zerstreut seine Früchte! (...)
Doch lasset seinen Wurzelstock im Boden. (...) Und das menschli-
che Herz soll von ihm genommen und ihm ein tierisches Herz ge-
geben werden; so sollen sieben Zeiten über ihn hingehen!‹«[9]

Daniel deutet diesen Traum so: Nebukadnezars Autorität und
Einfluß sind bedeutend, seine Besitztümer und Untertanen weit
über die Erde verbreitet. Aber Nebukadnezar sieht sich selber als
Urheber seines Erfolgs an. In seinem Herzen hat sich der irdische
König zum Gott gemacht. Jahwe will all dies nicht und wird ihn
stürzen. Daniel versucht, den Traum therapeutisch zu nutzen, indem er den König dazu drängt, seine Lebensweise zu ändern: »so
daß du dich für lange Zeit des Friedens im Geiste erfreust«. Nebukadnezar lehnt es ab, sich durch diesen Traum von seinem
Größenwahn abbringen zu lassen, und erfüllt so dessen Prophezeiung.[10] Für sieben Jahre ist er dem Wahnsinn verfallen und
»fraß Heu wie die Ochsen (...), und seine Fingernägel (wuchsen)
wie Adlerklauen«. Nach sieben Jahren kommt der König wieder
zu Verstand und »pries den Höchsten (...), lobte und rühmte den
Allmächtigen«.[11]

Mohammed hatte großen Respekt vor Träumen; der Koran, das
heilige Buch des Islam, war ihm nämlich überwiegend in einem
Traum eingegeben worden. Wie bei der jüdischen Traumauffas-
sung gibt es im Islam eine Unterscheidung zwischen göttlichen
und falschen Träumen. Man brauchte Traumdeuter, und vor
falschen Propheten wurde gewarnt. Jeden Morgen nach dem Ge-
bet fragte Mohammed seine Schüler, was sie geträumt hätten, und
deutete dann jene Träume, die den Glauben zu stärken schienen.
Er meinte, einige Träume seien physiologisch begründet, was sie
wertlos mache. Dies seien die Träume von Weintrinkern, von
Leuten mit schlechtem Charakter, von solchen, die bestimmte
Speisen zu sich nehmen (Linsen und Pökelfleisch), und die Träume kleiner Kinder.[12]

Die alten Griechen machten sich aus dem ägyptischen und ba-
bylonischen Erbe das zu eigen, was ihnen als das Beste erschien,
und übernahmen von Handelspartnern und unterworfenen Völ-
kern ebenfalls alles, was sie für wertvoll erachteten. Zu Homers

Zeiten betrachteten sie, entsprechend der alten Überlieferung, Träume als von den Göttern gesandt. Im zweiten Gesang der Ilias wird Agamemnon von Zeus durch den Gott des Traumes (Morpheus), der Nestors Gestalt angenommen hat, aufgefordert, die Griechen gegen Troja zum Kampf zu führen – die Götter seien mit den Griechen.

Später beschränkten die Griechen ihr Interesse an Träumen zunehmend auf die Frage der Heilung durch sie. Kulte entstanden, die sich mit Krankheiten und Heilverfahren beschäftigten. Die chthonischen Gottheiten – Götter des Körpers – waren an bestimmte Orte gebunden. Dies erforderte eine Pilgerreise zu einem Heiligtum, wenn man Hilfe brauchte. Das berühmteste Orakel war das des Äskulap von Epidaurus, dessen Kult sich über mehr als 300 Inkubationstempel verbreitete. Die von den Ägyptern übernommene Methode, Träume hervorzurufen, nutzten die Griechen zur Diagnose und Behandlung chronischer physischer Beschwerden, die oft mit Unfruchtbarkeit einhergingen. Äskulaps Symbol war die Schlange, die bei vielen Naturvölkern auch eng mit Ahnenverehrung verbunden ist. Jahrhunderte später assoziierte die Freudsche Theorie die Schlange mit dem männlichen Sexualorgan.

Wer in Griechenland sich in einen Heilschlaf versetzen wollte, begab sich in eine Tempelanlage – Sterbende oder Hochschwangere hatten allerdings keinen Zutritt – und legte sich nach bestimmten Opfern und Reinigungsriten schlafen. Wenn er den »richtigen« Traum träumte, erwachte er geheilt. Manchmal erschien der Gott Äskulap dem Träumer in Gestalt eines bärtigen Mannes oder als Knabe. Oder er konnte als Hund oder Schlange erscheinen und berührte dann diejenige Körperregion des Träumers, die geheilt werden sollte. Wenn der Träumer nicht geheilt wurde, machte man die einleitenden Opfer dafür verantwortlich. Es wurde Brauch, im Tempel zu bleiben, bis die Opfer günstig waren und die Heilung stattfinden konnte. Die Geheilten glaubten fest an die Macht und Güte des Gottes. Dies war wahrscheinlich ein bestimmender Faktor, um den Behandlungserfolg dauerhaft zu machen.[13]

Die Griechen waren die Väter neuer Methoden, tiefer in das Wesen der Träume vorzudringen. Im fünften Jahrhundert v. Chr.

stellte Heraklit fest, daß der Mensch sich im Schlaf in seine Innenwelt zurückziehe – eine bemerkenswerte Ansicht, denkt man an das Gewicht, das man der göttlichen Beeinflussung des Trauminhalts vordem zugeschrieben hatte. Demokrit, der Begründer des atomistischen Weltbildes, behauptete, einige Personen und Dinge hätten die Fähigkeit, Emanationen zu erzeugen, die ins Bewußtsein des Schläfers eindringen, womit er einen ersten Hinweis auf Phänomene der außersinnlichen Wahrnehmung gab.[14]

Im vierten Jahrhundert v. Chr. beschäftigte sich Plato mit der Frage, wie Träume auf das Leben von Menschen einwirken. Er erinnert an die letzten Tage des Sokrates und beschreibt, wie dieser noch viele Stunden damit zubrachte, Äsops Fabeln in Versform zu bringen. Gefragt, warum er sich einer solch seltsamen Arbeit in der wertvollen Zeit widme, die ihm noch bleibe, berichtete Sokrates von einem Traum, der ihn angewiesen habe, sich dieser Anstrengung zu unterziehen.

Der große Erneuerer, gleichfalls im vierten Jahrhundert v. Chr., war jedoch Aristoteles, der mit der Theorie aufräumte, Träume kämen von den Göttern. Er argumentierte: Da die Götter vollständige Gewalt über den Prozeß der Vernunft hätten, sei anzunehmen, daß sie Träume nur denen schicken würden, die sie auch zu nutzen verstünden: den weisen und vernünftigen Menschen. Träume seien aber ohne Unterschied bei allen Menschen anzutreffen. Deshalb könnten die Götter nichts mit dem Auftreten der Träume zu tun haben!

Aristoteles führte die Träume auf die Tätigkeit der Sinne zurück. Einige Eigenschaften des Traumlebens untersuchte er und meinte sie zu verstehen. Er beobachtete zum Beispiel, daß Träumende schwache Sinnesempfindungen in den Traum einbauen, der diese aber in starke Empfindungen umwandelt: »Man bildet sich ein, man ginge durchs Feuer und würde dessen Hitze spüren, wenn irgendein Teil des Körpers sich lediglich leicht erwärmt.« Aus dieser Beobachtung folgerte er, daß die Ärzte bestimmte Träume als Hinweise auf körperliche Leiden oder Funktionsstörungen, die sich noch nicht in äußerlich sichtbaren Symptomen gezeigt haben, nutzen könnten.[15]

Hippokrates (460–375 v. Chr.), der Vater der modernen Medizin, war zu den gleichen Schlüssen gekommen, also schon vor

Aristoteles, und zwar, indem er die Traumsymbolik heranzog. Solche Träume wurden unter der Bezeichnung »prodromale Träume« bekannt (von dem griechischen *prodromos* = Vorläufer).[16]

In der Geistesgeschichte haben Träume eine bedeutsame Rolle bei den Versuchen gespielt, das alte erkenntnistheoretische Problem zu lösen, was Realität sei. Naturvölker glaubten seit jeher, der Geist eines Menschen verlasse während des Schlafs den Körper und wandere umher, besuche Orte und Personen und erlebe Abenteuer. Eine klassische Antwort aus uralter Zeit auf die Frage, was real sei, ist die des taoistischen Philosophen Tschuang-tse (um 350 v. Chr.). Da für den Taoisten alle Dinge relativ sind, lautete die Antwort: »Eines Tages wird es das große Erwachen geben, wenn wir nämlich begreifen werden, daß das Leben selbst ein großer Traum war.«[17] Tschuang-tse erzählt folgenden Traum:

»Eines Tages träumte ich, ich sein ein Schmetterling, der hierhin und dorthin flatterte, mit all den Absichten und Wünschen eines Schmetterlings. Ich war mir nur bewußt, als ein Schmetterling meinen Neigungen zu folgen, und ahnte nichts von meiner Individualität (...) Plötzlich war ich erwacht, und dort lag ich nun und war wieder ich selbst. Nun weiß ich nicht: War ich ein Mann, der träumte, er sei ein Schmetterling, oder bin ich ein Schmetterling, der nun träumt, er sei ein Mann?«[18]

In unserem Jahrhundert faßte der englische Mathematiker und Philosoph Bertrand Russell das Problem in die Worte: »Ich glaube nicht, daß ich jetzt gerade träume; beweisen kann ich es aber nicht.«[19]

In der Mitte des zweiten Jahrhunderts n. Chr. betrat der Römer Artemidor von Daldis die Szene. Aufgrund eigener Erfahrung und aus Büchern und Überlieferungen der Traumdeutung, die ihm zugänglich waren, stellte er fünf Bücher zusammen, welche zur Grundlage für das umfassendste Deutungssystem bis zu der Zeit Freuds wurden. Artemidor konzentrierte sich auf eine praktische Methode für das Verständnis von Träumen. Er erklärte, Träume seien oft die Fortsetzung von Aktivitäten des Tages. Er zog regionale Bräuche in Betracht, den Beruf des Träumers, seine Herkunft und wirtschaftlichen Verhältnisse sowie seine physischen Merkmale, einschließlich seines Gesundheitszustands. Er versuchte, die Deutung eines Traums durch Berücksichtigung der besonderen Umstände des Träumers zu präzisieren:

»Wenn eine junge Frau träumt, daß sie Milch in ihren Brüsten hat, zeigt das an, daß sie ein Kind empfangen, austragen und gebären wird. Für eine alte Frau dagegen, wenn sie arm ist, sagt es Besitztümer voraus; wenn sie reich ist, zeigt es Ausgaben an. Für ein junges Mädchen in der Blüte ihrer Jugend bedeutet es Heirat, denn sie könnte ohne Geschlechtsverkehr keine Milch bekommen. Aber für ein Mädchen, das noch sehr klein und noch nicht im heiratsfähigen Alter ist, sagt es den Tod voraus. Denn nur wenige Ausnahmen gibt es von der Regel: schlecht ist alles, was zur Unzeit sich ereignet. Für einen armen Mann ohne Auskommen jedoch sagt es Geld und Besitztümer in Hülle und Fülle voraus, so daß er sogar noch andere Leute ernähren könnte. (...) Für einen Athleten dagegen, einen Gladiatoren oder für jeden trainierten Menschen bedeutet es Krankheit, denn es sind die Körper des schwächeren Geschlechts, die Milch haben. Darüber hinaus ist mir ein Mann mit Frau und Kindern bekannt geworden, der diesen Traum erlebt hat, danach seine Frau verlor und seine Kinder alleine durchbrachte, ihnen also bewies, daß er die vereinigten Pflichten von Vater und Mutter erfüllen konnte.«[20]

Artemidor widmet mehrere Abschnitte einer Darstellung der Sonne als Symbol, vor allem als Spenderin von Leben und Erleuchtung. Stelle sich die Sonne aber auf unnatürliche Weise dar (wenn sie zum Beispiel selber direkt in ein Haus hineingeht – ein unerträgliches Ereignis), dann werde ein Unglück folgen.

Das Aufkommen des Christentums änderte wenig an den alten Traumtheorien. Es mußte sich jedoch mit dem alten Rätsel im Lichte der christlichen Philosophie und Ethik auseinandersetzen:[21] Woher kommen die Träume? Warum gibt es sie? Wir wollen uns einigen Männern zuwenden, die sich aus christlicher Sicht mit der Frage des Träumens beschäftigt haben.

Klemens von Alexandria war ein typischer Christ des späten zweiten Jahrhunderts, der wie viele andere durch die griechische Philosophenschule gegangen war. Er glaubte, daß wahre Träume aus den Tiefen der Seele kämen und die Beziehung zwischen Mensch und Gott offenbarten. Er folgerte, daß im Schlaf die Seele, befreit von Sinneseindrücken, in erhöhtem Maße zur Selbstreflexion fähig sei, wodurch eine festere und wahrheitsgemäßere Beziehung zur Wirklichkeit begründet werden könnte.

Bis zum Jahre 313 war die christliche Glaubensgemeinschaft ständig von der Vernichtung durch die Herrschenden bedroht. Nach dem Toleranzedikt Konstantins wurde die Verfolgung fast gänzlich eingestellt. Einigen Quellen zufolge ist diese Wende einem Traum Konstantins zuzuschreiben.[22]

In der zweiten Hälfte des vierten Jahrhunderts predigte Johannes Chrysostomos vor der griechischen Gemeinde von Konstantinopel, daß sich Gott den Gläubigen in Träumen offenbare und auch, daß wir nicht verantwortlich seien für den Inhalt unserer Träume, weshalb dem Träumer auch kein Traumbild Schande bereiten könne.[23]

Am Anfang des fünften Jahrhunderts schrieb Synesios von Kyrene, der spätere Bischof von Ptolemais, der Traum sei ein Produkt der Vorstellungskraft, die in der Mitte zwischen Vernunft und sinnlicher Erfahrung liege. Seine Beschreibung der Imaginationsfähigkeit ähnelt Jungs Begriff des kollektiven Unbewußten.

Für Augustinus (354–430) waren Träume ein wichtiges Werkzeug, sowohl die inneren Gesetze des menschlichen Geistes, als auch die Beziehung des Menschen zu Gott zu erfassen. Augustinus' eigene Bekehrung war seiner Mutter im Traum vorhergesagt worden.

Hieronymus, der spätere Kirchenvater, Zeitgenosse des Augustinus, war ein begabter, aber innerlich zerrissener Mensch. In jungen Jahren begeisterte er sich für die klassischen Philosophen wegen deren intellektueller Brillanz, weshalb er ihre Lektüre der der Bibel vorzog. Dann wurde er sehr krank und hatte einen Traum, der seine Interessen in entgegengesetzte Richtung lenkte. Er träumte, vor dem höchsten Richter zu stehen und dafür verurteilt zu werden, ein »Anhänger des Cicero und nicht von Christus« zu sein. Er litt entsetzliche Pein und geistige Qualen, die zu dem Gelübde führten, niemals wieder »weltliche Literatur« zu lesen. Eines seiner Hauptanliegen schien zu sein, vor falschen Träumen zu warnen und vor der Möglichkeit von dämonischen Einflüssen. Durch einen geschickten Dreh wurden Träume nun fast ausschließlich auf Hexerei zurückgeführt, und jegliches Interesse an ihnen wurde als Aberglaube angesehen.[24]

Eine Art Stagnation charakterisierte die darauffolgenden Jahrhunderte. Man trug große Sorge, den Glauben zu bestärken, daß die Träume nicht von Gott seien und verworfen werden müßten. Die mittelalterliche Kirche – von beherrschendem Einfluß auf Denken und Verhalten – war die Autorität. Auf alles, was sich nicht innerhalb ihrer Lehre abspielte, blickte sie mit Argwohn oder Mißbilligung. Der Kirche war das Wort Gottes gegeben worden. Kein anderes Wort hatte daneben Bestand. Gott brauchte nicht auch noch in den Träumen zu den Menschen zu sprechen, da Er es doch ständig tat. Die Lehren der Kirche enthielten alles, was zu wissen notwendig war.

Der im 13. Jahrhundert lebende italienische Kirchenlehrer Thomas von Aquin löste den Widerspruch zwischen seiner der aristotelischen Lehre folgenden Auffassung, es gebe keine göttliche Quelle für Träume, und seiner Bindung an die Lehre von Kirche und Bibel, Träume kämen entweder von Gott oder vom Teufel, indem er sich entschied, Träume soweit wie möglich zu ignorieren. Er anerkannte Aristoteles' Ansicht, daß wir Wissen nur durch sinnliche Erfahrung erwerben. Sein Leugnen einer möglichen Bedeutung der Träume entsprang seinem Verständnis des Begriffs der Willensfreiheit: Daß Gott in den Träumen der Menschen zu ihnen sprechen sollte, konnte Thomas von Aquin nicht mit dem Gedanken der Selbstbestimmung des Menschen in Einklang bringen.

Am Ende des Mittelalters betrat Martin Luther, der thüringische Reformator, die Szene. Er glaubte, Träume könnten die Selbsterkenntnis fördern, indem sie uns unsere Sünden, »die Freunde und Väter schmutziger Träume«, vor Augen führten. Er selbst aber war so verwirrt von seinen Träumen, daß er zu Gott betete, dieser möge nicht länger durch Träume zu ihm sprechen.[25]

Nachdem Gutenberg um 1450 die beweglichen Lettern erfunden hatte, wurde der Druck bald billiger. Bücher, ehemals nur im Besitz der weltlichen Elite oder der Kirche, gelangten jetzt auch in die Hände gewöhnlicher Bürger. Über die Dörfer reisende Händler sorgten für eine weite Verbreitung von Traumbroschüren, in erster Linie Traumlexika, die auf Artemidors Werk basierten, des Römers aus dem zweiten Jahrhundert n. Chr. Diese Druckschriften vermittelten die Bedeutung von Traumbildern sowie

Anleitungen für Heilschlafrituale in den eigenen vier Wänden. Zum Beispiel sollte ein Mistelzweig, den man zum Schlafen unter das Kopfkissen legte, oder das Essen eines Salzherings das Auftreten von Träumen über die Zukunft fördern, besonders über zukünftige Ehepartner.[26]

Schon am Beginn der Neuzeit warf aber die wissenschaftliche Methode der Erkenntnisgewinnung ihre Schatten voraus, denn die Angriffe der aufgeklärten Gelehrten auf diese althergebrachten Denkweisen wurden immer unerbittlicher. Trotzdem wurde in der Literatur der Gebildeten Träumen allmählich mehr Beachtung geschenkt. Viele Traumbeschreibungen waren über mehrere Jahrhunderte in der religiösen Literatur aufgezeichnet worden; und nun fanden sie sich auch in den Werken der großen weltlichen Schriftsteller und Dichter.

John Bunyans Ende des 17. Jahrhunderts erschienene ›Pilgerreise zur seligen Ewigkeit‹ beginnt so: »Als ich schlief, träumte ich einen Traum. Ich träumte, und aufblickend sah ich einen Mann, in Lumpen gekleidet, auf einem bestimmten Platz stehend mit einem Bild von seinem eigenen Haus, ein Buch in seiner Hand und eine große Last auf seinem Rücken.«[27]

Der im 19. Jahrhundert lebende amerikanische Schriftsteller Edgar Allan Poe befürchtete wie Hamlet, daß der »Schlaf des Todes« nicht traumlos wäre, und trieb das Dilemma der Realitätserkenntnis noch einen Schritt weiter: »Ist nicht alles, was wir sehen oder was uns erscheint, nur ein Traum in einem Traum?« (Vgl. sein Gedicht »Dream Within a Dream«.[28])

Der Mensch setzte sich nun mit der Möglichkeit auseinander, daß Träume, wie andere Produkte der Imagination, eine innere Notwendigkeit besitzen und von realen Erlebnissen herrühren könnten.

Fast zweitausend Jahre hindurch hatte der Mensch nicht viel mehr getan, als seine Ansichten über das Wesen und die Bedeutung der Träume zu erweitern oder umzuändern. Bis zum 19. Jahrhundert war der Rationalismus offen antireligiös geworden und hatte damit auch, nach Meinung vieler, gegen die Träume Stellung bezogen. Aber die Kraft und Emotionalität der Träume konnten nicht so leicht beiseite geschoben werden. Im Zeitalter der Naturwissenschaft war man endlich bereit, den Aberglauben und veraltete Annahmen zu zerschlagen. Traumtheorien wurden entwickelt, die die These aufnahmen und weiter ausarbeiteten, daß der Mensch ein intelligentes und logisch denkendes Wesen sei und imstande, sein eigenes Schicksal zu bestimmen. Man nahm an, daß Träume natürlicher Bestandteil des psychischen Funktionierens seien und dem Menschen etwas über sich selbst offenbaren könnten.

Die deutschen Philosophen Johann Gottlieb Fichte, Friedrich Wilhelm Joseph von Schelling und andere entwickelten das Konzept des Unbewußten. Als Freud mit seinen Forschungen begann, war es in Österreich und Deutschland schon eine etablierte Theorie. Deutsche Wissenschaftler und Gelehrte erfaßten die logische Beziehung zwischen dem Unbewußten und dem Traum. Daraus erwuchs die Erforschung der Träume als eine Spur, die zu verborgenen Bereichen der menschlichen Persönlichkeit führt. Zur gleichen Zeit befaßten sich englische Physiologen, wie zum Beispiel David Hartley, mehr mit den Ursachen der Träume als mit ihrem Wesen. Sie folgerten, die Träume könnten Eindrücke auf das Wachbewußtsein widerspiegeln oder den Gesundheitszustand des Träumers anzeigen.

Der Auftrieb der verstandesbetonten Forschung im späten 19. Jahrhundert schuf die Voraussetzung für die Konzeption von Freuds Meisterwerk ›Die Traumdeutung‹, das im Jahr 1900 erschien.

3. Die Entwicklung seit Sigmund Freud

Bis zum Erscheinen von Freuds ›Die Traumdeutung‹ hatte es keinen wirklich wissenschaftlichen Zugang zum Verständnis der Träume gegeben. Freuds grundlegendes Werk lieferte eine Beurteilung früherer Beiträge zur Traumtheorie und richtete das Hauptaugenmerk auf die Wunscherfüllung als treibende Kraft beim Träumen. Nach Freuds Theorie tauchen aktuelle Wünsche in unseren Träumen wegen ihrer Verbindung zu unbewußten Konflikten auf, die ihre Ursache in der Verdrängung frühkindlicher Strebungen haben. Diese Wünsche rühren von den unbefriedigten Sehnsüchten des Kindes in den frühen Entwicklungsphasen her: der oralen, analen, phallischen und genitalen Phase.

Freud untersuchte die Art und Weise, in der sich der Bereich des Unbewußten in den Träumen spiegelt, und benutzte die Technik der freien Assoziation, um auf die hinter den Traumbildern liegenden Gedanken zu kommen. Er bat gewöhnlich den Träumer, all das zu äußern, was ihm in Verbindung mit jedem Element des Traums einfiel, wobei Freud den Blickwinkel vom erinnerten Traum an sich (dem manifesten Inhalt) zu den Gedanken und Gefühlen verlagerte, die im Traum symbolisch ausgedrückt waren (den latenten Gedanken). Danach ging er dazu über, dem Träumer behilflich zu sein, die zugrundeliegenden Wünsche zu erkennen.

In Übereinstimmung mit seiner Betonung der Wichtigkeit sexueller Strebungen im Traum tendierte Freud dazu, gewisse Symbole als spezifische Indikatoren der Sexualität anzusehen: Den Penis symbolisierten lange, spitze Objekte, die Vagina alle Hohlkörper oder Gefäße.

Nach Freud werden verdrängte Impulse im Schlaf durch eine kürzlich gemachte Erfahrung (was als »Tagesrest« bezeichnet wird) wachgerufen, die dann nach Befriedigung suchen. Da der Träumer keinen Zugang zum motorischen System hat, werden sie nicht in einer äußeren Aktion, sondern durch innere Bilder ausgedrückt, der ursprünglichen Sprache des Unbewußten. Um in akzeptabler Form Zugang zum Bewußtsein zu bekommen, präsentieren sich diese Bilder als verhüllte Darstellung des nicht zugelassenen Wunsches. So schützt der Traum den Träumer davor, durch unerwünschte Triebimpulse irritiert zu werden, und erfüllt so seine Rolle als »Hüter des Schlafes«. Man muß also hinter die Verkleidung sehen, um auf ihren Sinn zu kommen. Anscheinend gehen das Ausdrücken und das Verbergen des Wunsches Hand in Hand.

Ein Traum aus einer meiner Traumgruppen soll Freuds Theorie veranschaulichen:

Marys Traum
Ich war in einem Büro im alten Gebäude der Lehrergewerkschaft, in der Zeit vor meiner Heirat. Gemeinsam mit einer mir nur flüchtig bekannten Frau verließ ich das Büro. Sie fragte mich, warum ich eine schlechte Beurteilung für eine »Millie« oder »Nellie« abgegeben habe. Ich erklärte ihr die Gründe dafür. Danach fand ich mich allein auf der Straße wieder und bemerkte, daß ich meine Handtasche nicht bei mir hatte. Ich dachte mir, ich könnte sie vielleicht im Büro vergessen haben. Ich war mir unsicher, auf welchem Weg ich wieder dorthin gelangen könnte. Lange lief ich herum und bog oft falsch ab. Je intensiver ich den Rückweg suchte, um so verwirrter und verlorener fühlte ich mich.

Dann fragte ich jemanden nach dem Weg. Ich versuchte den Hinweisen zu folgen, aber ich fand sie verwirrend und war frustriert. Schließlich bat ich jemand um Fahrgeld für den Bus, weil ich dachte, ich könnte ja auch nach Hause fahren. Man gab mir ein Zehncentstück. Was sollte ich mit nur zehn Cent anfangen? Ich merkte dann, daß ich mit meinem Onkel Walter sprach, vermutlich am Telefon. Er sagte mir, er habe zwei Dinge aus meiner Handtasche gefunden. Das eine war ein Foto meines Mannes mit mir und den Kindern (das vor Jahren aufgenommen worden war), das andere eine Art Personalausweis. Er glaubte, ich hätte die Tasche wohl eher im Taxi als im Büro liegenlassen.

Diese Träumerin war eine verheiratete Frau in den Fünfzigern mit zwei erwachsenen Söhnen, die weit entfernt in einer anderen Stadt lebten. Zur Zeit ihres Traums lebte sie in einem emotionalen Zwiespalt. Die Verhältnisse in ihrer Ehe hingen in der Schwebe. Vor zwei Jahren war ihr Mann in eine eigene Wohnung gezogen, da er eine Liebesaffäre mit einer wesentlich jüngeren Frau hatte.

Diese Sache war jetzt vorbei, aber Mary und ihr Mann lebten noch nicht wieder zusammen, obwohl sie sich häufig trafen. Keiner wollte die Scheidung.

Für Mary war dies eine bedrückende und schwere Zeit, aber sie war entschlossen, ihren beruflichen und persönlichen Lebensstil weiterzuführen und schrittweise auf eine bessere Gestaltung der ehelichen Beziehung hinzuarbeiten. Sie hatte sogar eine gemeinsame Afrikareise vorgeschlagen. Ihr Mann zeigte sich interessiert und fragte sie nach Einzelheiten. Als sie ihm diese mitgeteilt hatte, meinte er, daß er lieber allein reisen würde. Sie war verletzt, enttäuscht und verärgert darüber, aber sie mochte ihre Gefühle nicht zeigen aus Furcht, das aufs Spiel zu setzen, was in ihrer Beziehung zueinander gerade erst hinzugewonnen worden war.

Einige Tage vor dem Traum hatten sie gemeinsam Freunde auf dem Land besucht. Ihr Gastgeber meinte zu Mary: »Ich habe gehört, ihr geht nach Afrika.« Mary erklärte kurz, nur ihr Mann werde verreisen. Dann wurde sie von ihren Gefühlen überwältigt; sie verließ den Raum und brach in Tränen aus.

Ein wichtiges Stück ihrer Vergangenheit war plötzlich an die Oberfläche gekommen, als Mary den Ärger und die Hilflosigkeit wiedererlebte, die sie damals empfunden hatte. Als junges Mädchen war sie enttäuscht, aufgebracht und bestürzt gewesen (all diese Gefühle hatte sie unterdrückt), weil ihr Vater als Mitglied einer diplomatischen Mission für längere Zeit nach Afrika gehen mußte. Sie fühlte sich verlassen, denn da ihr Vater fortging, hatte sie ihre Pläne begraben müssen, aufs College zu gehen. Statt dessen mußte sie sich anstelle ihres Vaters um die Mutter kümmern, die an einer schweren chronischen Krankheit litt. Marys Vater war eine treusorgende und Beistand bietende Person. Mary wußte, daß die Notwendigkeit seines Weggangs nicht in Frage gestellt werden konnte, da dies aus einem wirklich gewichtigen Grund geschah, und deshalb hatte sie all ihre quälenden Gefühle weder erkennen noch ausdrücken können. Obwohl die Umstände der Afrikareise ihres Mannes ganz anders lagen, wurden ähnliche Gefühle geweckt, und es war dieselbe Unfähigkeit, ihren Zorn auszudrücken.

Das »Millie«-Motiv kam gleichfalls aus ihrer Vergangenheit, aber dies war noch nicht so lange her. Millie arbeitete als Haushälterin und Tagesmutter bei einer Mary bekannten Familie, in der Vater und Mutter zur Arbeit gingen. Obwohl freundlich und wohlmeinend, war Millie doch kühl und wenig einfühlsam und in vielerlei Hinsicht als Elternersatz ungeeignet.

Ein Freudianer würden diesen Traum benutzen, um zu eruieren, welches Licht die Vergangenheit auf die Gegenwart wirft. Sein theoretischer Hintergrund würde ihn auf die sexuelle Entwicklung des Kindes schauen lassen und auf die Rolle, die diese Entwicklung bei der Formung der in Vergangenheit und Gegenwart unbefriedigt gebliebenen Wünsche hatte. Er würde sich zunächst der Frage zuwenden, welche Bestrebungen in der Gegenwart blockiert werden, um an die früheren und tiefer verdrängten Wünsche zu gelangen. Er könnte zum Beispiel ihr Gefühl, von ihrem Mann in bezug auf die Afrikareise zurückgewiesen worden zu sein, mit ihrer Frustration aus jener Zeit vergleichen, als ihr Vater nach Afrika ging. Jedesmal stellten sich Gefühle der Verletzung, Verlassenheit und des Ärgers ein. Dies mag wiederum den Freudianer zu dem noch früher liegenden Ödipuskomplex führen (bei Frauen bezeichnet man dies auch als Elektrakomplex), wo es um das Besitzen des Vaters geht und um die Rivalitätsgefühle gegenüber der Mutter. Ihr Versagen bei diesen Konflikten könnte zu den ungelösten Abhängigkeitsgefühlen geführt haben (um Hilfe und um Fahrgeld bitten), ebenso zu der Erfahrung, als Frau unvollkommen zu sein (ihre Handtasche verlieren) und als Mutter unzulänglich (das Millie-Nellie-Motiv). Wegen der körperlichen Gebrechen ihrer Mutter mag sie früher Probleme mit dem Ausleben ihrer Frustrations- und Abhängigkeitsgefühle gehabt haben. Da Mary nicht auf die Hilfe ihrer Mutter zählen konnte, mag der Freudianer annehmen, daß sie den Abhängigkeits- und Ablösungskonflikt zu lösen versuchte, indem sie als Vaterersatz den Onkel einführte. Es gelang ihr aber nur teilweise, aus der Sackgasse herauszukommen. Ihre Selbstachtung als berufstätige Frau und als Mutter war wiederhergestellt, aber ihre Handtasche, Symbol ihrer sexuellen Identität (ein Freudianer sieht eine Tasche als vagina-ähnlichen Behälter an), hatte sie sich noch nicht wieder aneignen können. Die symbolischen Darstellungen ihres Traums sollten die Wünsche und Gefühle verbergen, die mit diesen früheren Konflikten verbunden waren.

Freud ging ausführlich auf die vielfältigen und in ihrem Erfindungsreichtum geradezu raffinierten Wege ein, durch die der Träumer Sinnbedeutungen in Bildern ausdrückt. Er machte Träume zu einem wirkungsvollen therapeutischen Instrument, indem er das Schwergewicht auf ihre Verbindungen mit unserer Vergangenheit und ihr Beschäftigtsein mit Spannungen und Konflikten legte, die seit der Kindheit in uns fortleben. Er schuf einen systematischen Ansatz, den Sinn von Träumen mit Hilfe der freien Assoziation aufzudecken. Und er betonte die der genaueren Wahrnehmung und der Unterstützung dienende Rolle einer anderen Person bei der Arbeit mit einem Traum.

Dies sind in meinen Augen die bleibenden Beiträge Freuds zu unserem Wissen über das Träumen; aber eine ganze Reihe seiner spezifischen Ausführungen kann ich nur schwer akzeptieren. Für mich reflektieren die Träume ein breiteres Spektrum von Gefühlen und Interessen, als sich unter dem Stichwort »Wunscherfüllung« zusammenfassen läßt.

Im Gegensatz zu Freud, der die primitiven und spannungslösenden Aspekte des Traums in den Vordergrund stellte, gehe ich stärker auf die heilende Erfahrung ein, die der Traum durch seine Konfrontationskraft vermittelt, denn indem er uns mit uns selber konfrontiert, enthüllt er wichtige Aspekte von uns selbst, die wir im Wachleben nicht sehen.

Ich meine auch, daß die freie Assoziation sich für das Arbeiten an Traumbildern nur begrenzt eignet. Sicherlich können die Traumbilder wichtige Erinnerungen wachrufen, die in die Vergangenheit zurückführen; sie können aber auch einen Sinn vermitteln, der lediglich von besonderen Merkmalen oder Eigenschaften der Bilder herrührt. Ich selbst würde die Art und Weise stärker betonen, wie diese besonderen Merkmale sich für einen metaphorischen Ausdruck eignen. Wenn zum Beispiel eine Frau von sich träumt, sie trage ein scharlachrotes Kleid *(scarlet gown)*, zeigt dieses Bild metaphorisch die Gefühle, die sie von sich selbst als einer scharlachrot gekleideten Hure hat *(scarlet woman)*, von der die Bibel spricht.

Obwohl Freuds Schriften über Träume viel von Laien gelesen werden, tragen sie nur wenig dazu bei, Träume außerhalb eines klinischen Rahmens zugänglich zu machen. Tatsächlich sind sie sogar sehr dazu angetan, die Verbreitung der Beschäftigung mit den eigenen Träumen zu hemmen. Denn man glaubte, daß eine besondere psychoanalytische Ausbildung nötig sei, um die Symbole zu entschlüsseln und die Dynamik ihres Auftretens zu verstehen. Freud konstruierte um die Träume herum einen einengenden Rahmen theoretisch abgeleiteter Kategorien, die ein zu imposantes Gebilde darstellen, als daß sich jemand ohne professionelle Anleitung herantraute.

Schließlich wird in meinen Augen der Freudsche Ansatz dem Traum als einzigartiger Äußerung unseres Selbst nicht gerecht, das sich theoretisch begründeten Bemühungen, seinen Sinn zu fixieren, meistens entzieht. Jede einzelne Theorie, auch die Freudsche, ist nur eine aus einer ganzen Reihe möglicher Deutungssysteme, die der Träumer heranziehen kann. Keine Theorie darf für sich Vorrang vor den Gefühlsreaktionen des Träumers auf seine Traumbilder beanspruchen. Der Träumer, nicht die Theorie, ist die Autorität für seinen Traum. Der Traum ist die eigene Theorie des Träumers in bezug auf das, was er ist und was er gegenwärtig durchmacht.

Carl Gustav Jung, Freuds Schüler und zeitweiliger Mitarbeiter, meinte, daß Freuds Ansatz für die Arbeit mit Träumen zu stark in die Richtung verborgener erotischer Probleme führe. Er sah das Konzept der Wunscherfüllung als insgesamt nicht tragfähig an. Jung schrieb:

»Es ist wahr, daß es Träume gibt, die unterdrückte Wünsche und Ängste darstellen, aber was gibt es überhaupt, das ein Traum bei irgendeiner Gelegenheit nicht darstellen könnte? Träume können unausweichliche Wahrheiten, philosophische Erklärungen, Illusionen, wilde Phantasien, Erinnerungen, Pläne, Vorstellungen, irrationale Erfahrungen, sogar telepathische Visionen, und Gott weiß, was alles noch, ausdrücken.«[1]

Nach Meinung von Jung führen uns unsere Träume zur Ganzheit, weil sie Bilder benutzen, die uns von Bereichen unserer selbst erzählen, Bereichen, die wir ignorieren, unterdrücken oder die wir einfach brachliegen lassen. Also ist unser Unbewußtes Partner und nicht Gegenkraft. Es ist kein gefährliches Ungeheuer, sondern ein natürlicher Teil unseres Seins, ein riesiges Reservoir des Unbekannten. Ein Teil dieses Unbekannten sucht im Traum

Beachtung und Akzeptanz durch unser bewußtes Ich. Die von uns produzierten Bilder dienen nicht zur Tarnung oder Verhüllung, es sind vielmehr Botschaften, die wir aufnehmen sollten. Der innere Wert des Traums liegt gerade in der Ehrlichkeit und Genauigkeit seiner Darstellung unseres inneren Zustands zu einer bestimmten Zeit. Während nach Freuds Ansicht der Traum verhüllt, ist er in Jungs Sicht dazu da, um zu enthüllen.

Jung betonte, wie wichtig es bei der Arbeit mit Träumen sei, daß alle vorgefaßten Meinungen und theoretischen Voreingenommenheiten aufgegeben werden. Er verlangte vom Therapeuten, »sich darauf gefaßt zu machen, in jedem einzelnen Fall eine völlig neue Theorie des Träumens zu schaffen«[2].

Für Jung beschränken sich Träume keineswegs nur auf die Darstellung in die Vergangenheit weisender, kausal begründbarer psychischer Phänomene. Er sprach von ihrer antizipatorischen oder prospektiven Funktion: Sie helfen dem Träumer, seine Zukunft zu gestalten. Jeder Traum wird aus einem bestimmten Grund geträumt, so daß wir uns jeweils fragen sollten: »Welchen Anstoß will der Traum mir wohl geben? Weshalb hatte ich diesen Traum?«

Nach Jungs Auffassung dehnen sich unsere Träume über den Bereich des persönlichen Unbewußten hinaus aus und reichen in das hinein, was er das »kollektive Unbewußte« nennt. Er war der Ansicht, daß die tiefsten Schichten unseres Unbewußten gewisse Muster beherbergen, die allen Menschen gemeinsam sind. Diese Dispositionen sind genetisch bedingte Reaktionen auf die kritischen Ereignisse, denen wir alle im Laufe unseres Lebens gegenüberstehen (Geburt, Individuation, Kampf mit dem Bösen, usw.). Diese Reaktionen treten in Form archetypischer Bilder ins Bewußtsein. Der Archetyp als solcher ist die ererbte Disposition. Die von ihm herrührenden Bilder haben vieles gemeinsam mit Mythen, Folklore und Aberglauben; diesbezügliche Imagines wären zum Beispiel die Schöpfung, das Paradies, Mutter Erde, der allmächtige Vater, das Monster. Jung bezeichnete bestimmte Träume als archetypische oder »große« Träume, für welche ein Bezug auf mythische Figuren, erhabene Visionen und andere nicht im Alltag auftretende Elemente charakteristisch ist. Solche Träume sah er als besonders bedeutsam und als Hinweis auf größere Veränderungen an, die im Unbewußten des Träumers vor sich gehen.

Jung entfaltete den Sinn der Traumbilder in einem Prozeß, den er als »Amplifikation« bezeichnete: Farben, Formen, Strukturen und Funktionen der gezeigten Objekte müssen dabei hinsichtlich der existentiellen Bedeutung für den Träumer untersucht werden.

Jung stellte eine wohldurchdachte Theorie der Struktur des kollektiven Unbewußten auf, bereicherte sie um eigene Konstrukte (Schatten, Anima, Animus) und verband seine Forschungen mit der Alchemie und Astrologie. Hierin konnte ich Jung allerdings nie ganz folgen.

Im allgemeinen erscheint mir aber der Ansatz von Jung passender als der von Freud. Wenn ein Jungianer den zuvor dargestellten Traum deuten würde, würde er sich mehr von den kompensatorischen als von den sexuellen Aspekten des Traumes leiten lassen. Er würde sein Augenmerk auf die hervorstechendsten Gefühle und Bilder richten, die im Traum auftreten und durch deren Amplifikationen zu verstehen versuchen, was der Traum dem Träumer sagen wollte. Oberflächlich betrachtet, versuchte Mary, ihre Gefühle bezüglich der Art und Weise, wie ihr Mann mit der Afrikareise umging, zurückzuhalten. Der Traum enthüllte aber, wie sie sich wirklich fühlte.

Nimmt man das Bild vom Gebäude des Gewerkschaftsbundes *(union building)* und des Auf-der-Straße-Seins heraus, käme man zu der Schlußfolgerung, sie stünde draußen in der Kälte und wäre getrennt vom »Ehebund« *(union)*. Im Traum ist sie mit dem wahren Ausmaß ihres Zorns konfrontiert, weil sie entrüstet und beleidigt darauf reagiert, so »übers Ohr gehauen« worden zu sein (nur ein Zehncentstück bekommen zu haben). Für einen Jungianer ist der Traum prospektiv in dem Punkt, daß er die Sinnlosigkeit des Unterfangens aufzeigt, Wege zu verfolgen, die in die Vergangenheit führen: Der Traum konfrontiert Mary mit der schmerzlichen Wahrheit, daß es keinen Weg zurück in den »Bund« gibt, wie er einstmals war. Statt dessen führt er sie zu ihrer eigenen Individualität und zu ihren familiären Bindungen, die durch Walter aufgezeigt werden. Der Traum in seiner Offenheit endet in einem Hinweis auf beides: Hoffnung und Ungewißheit mit Blick auf ihre weibliche Identität.

Ich denke nicht, daß ein Jungianer diesen Traum als »großen« Traum bezeichnen würde oder als einen, der archetypische Bilder enthält, ausgenommen vielleicht die Anspielung auf die unterstützende Vaterfigur in der Person von »Onkel Walter«.

Ich halte Jungs grundsätzliche Betonung der Klarheit und Offenheit des Traums als einer Botschaft, die unser Wissen bereichert, für berechtigt. Ich stimme mit ihm auch darin überein, das persönliche Unbewußte allgemein eher als den Bereich des Unbekannten aufzufassen denn als eine »Spielwiese« der Triebe. Jungs Sichtweise des kollektiven Unbewußten und dessen archetypischer Strukturierung teile ich nicht. Doch gibt es, glaube ich, etwas in unseren Träumen, das diesen universalen Aspekt von Jung nahelegt. Es scheint zum Wesen des Menschseins zu gehören, daß wir unsere Bindungen zur Menschheit fühlen und uns in die verschiedenen Krisen hineinversetzen, die das Leben auf unserem Planeten charakterisieren. Im Wachen sehen wir meist nur einen beschränkten Ausschnitt des Lebens und befassen uns hauptsächlich mit Leuten, die für uns unmittelbar bedeutsam sind. Aber unser Traum-Ich hat niemals den Blick auf eine grundlegende Wahrheit verloren, nämlich die, daß wir, trotz der vielfachen Zersplitterung der Menschheit im Laufe der Geschichte, alle Mitglieder einer einzigen Spezies sind. Es gibt Zeiten, in denen diese umfassendere Vision durchscheint und jene Form annimmt, von der Jung spricht, wenn er sich auf die mythischen Bilder bezieht, die in einem Traum erscheinen, Bilder, die einen wichtigen Aspekt der Conditio humana verdeutlichen.

Jung räumte mit den meisten der kategorialen Beschränkungen auf, die der Freudschen Sicht innewohnen. Damit tat er einen Riesenschritt hin auf das Ziel, die Träume potentiell jedem Menschen zugänglich zu machen, also auch dem Laien. Er meinte, wir sollten Träume als natürliche Ereignisse sehen, welche Botschaften überbringen, die verstanden werden wollen. Seine Kategorien sind weniger starr und eindeutig als die von Freud und tun der Schlichtheit und leichten Verständlichkeit seines Ansatzes keinen Abbruch. Allerdings konnte eine gewöhnliche Person bei Jung nicht lernen, wie man mit Träumen arbeitet, denn Traumdeutung und die Ausbildung dazu blieben weiterhin auf den therapeutischen Prozeß beschränkt.

Dieser knappe Hinweis auf Freud und Jung kann der Umfänglichkeit und Originalität ihrer Auffassung von Träumen nicht gerecht werden. Er soll nur dabei helfen, zu beurteilen, wie ihre Theorien dazu beitragen können, den Zugang zu den Träumen zu erleichtern.

Meine Art, mit Träumen zu arbeiten, leitet sich von meiner direkten Erfahrung mit ihnen her sowie von einigen eigenen Vorstellungen. Meine Grundannahmen werden an anderer Stelle dieses Buches erklärt, aber es scheint nützlich, schon jetzt einige der hinsichtlich Freud und Jung bestehenden Unterschiede tabellarisch zu verdeutlichen:

Freud	Jung	Ullman
Funktion des Träumens		
a) Verdrängte Triebimpulse freisetzen und b) diese triebhaften Spannungen dem Bedürfnis nach Schlaf anpassen (Traum als Hüter des Schlafs).	a) Träumer auf unerkannte Aspekte seines Selbst hinweisen: b) kompensatorisch zur Erhaltung des Gleichgewichts, c) prospektiv als Leitlinie für das eigene Verhalten.	a) Untersuchung und Abschätzung der emotionalen Auswirkung jüngster Erfahrungen (und evtl. Aufwachen, wenn die angesprochenen Gefühle zu intensiv sind). b) Der Traum stellt dem Menschen, wenn er sich darauf versteht, einen natürlichen Heilmechanismus auf gefühlsmäßiger Basis zur Verfügung.
Grund des Träumens		
Wunscherfüllung (Verbindung eines gegenwärtigen Wunsches mit einem aus der Kindheit stammenden Wunsch).	Mehr als Wunscherfüllung: alle anderen Interessen und Strebungen.	Wie Jung: Wunscherfüllung als einziges Kriterium ist unhaltbar. Träumen ist einfach die Form, die unser Bewußtsein in der Nacht annimmt, um unsere Gefühle aufzuzeigen.

Freud	Jung	Ullman
	Konzept des Unbewußten	
a) Das Unbewußte als Sammelbecken des Verleugneten, unterdrückten, Abgewehrten. b) Der Traum als »via regia« (Königsweg)· zum Unbewußten.	a) Das persönliche Unbewußte als Quelle höherer Bestrebungen wie auch der Triebbedürfnisse. b) Das kollektive Unbewußte als derjenige Teil unseres Unbewußten, der genetisch determiniert und nicht direkt erfahrbar ist und sich in archetypischen Bildern manifestiert.	a) Das Unbewußte als Reich des Unbekannten, aber doch Erkennbaren. b) Das Unbekannte besteht aus geleugneten und abgewehrten Inhalten.
	Unveränderliche bzw. universelle Symbole	
Tendenz zur Vorstellung unveränderlicher sexueller Symbole.	Keine unveränderlichen Symbole im persönlichen Unbewußten; archetypische Bilder sind universell.	Keine unveränderlichen oder universellen Symbole.
	Struktur des Traums	
Latenter und manifester Trauminhalt; letzterer ist die verhüllte Wiedergabe des latenten Inhalts.	Traum als »manifeste Fassade«, keine absichtliche Verhüllung.	Wie Jung.
	Sprache des Traums	
Bilder als Sprache des Unbewußten, vorsprachlich und prälogisch.	Bilder als archaische, symbolische Weise des Denkens.	Die archaische Fähigkeit, in Bildern zu denken, wird für den Ausdruck von Gefühlen in visuellen Metaphern verwendet.

Freud	Jung	Ullman
	Rolle der Lebenssituation	
Tagesreste rühren an frühere Konflikte.	Tagesreste öffnen einen Bereich, der im Wachen nicht bewußt war. Stärkere Betonung der gegenwärtigen Lage des Träumers.	Keine wesentliche Differenz zu Jung.
	Technik der Arbeit mit Träumen	
Freie Assoziation.	a) Amplifikation, b) begrenzte »freie Assoziation«.	Bewertung des metaphorischen Potentials der Bilder in Beziehung zur vorausgegangenen Lebenssituation.
	Rolle der anderen (des Therapeuten)	
Autorität, die mit einer besonderen, strukturierten Sichtweise arbeitet.	Autorität als Führer oder Begleiter; keine strukturierte Theorie des persönlichen Unbewußten, jedoch strukturierte Sichtweise des kollektiven Unbewußten (Archetypen).	Helfer, der im Traum die einmalige, persönliche Sicht des Träumers auf das erblickt, was für ihn unbewußt ist. Es gibt keine a priori strukturierten Träume als Gefäße bestimmter Inhalte, die der Therapeut nur deuten müßte.

Es hat seit den Arbeiten von Freud und Jung noch viele Beiträge zur Traumtheorie gegeben, aber meist waren es nur Verbesserungen oder Modifikationen dieser zwei unterschiedlichen Standpunkte, wie man den Sinn der Träume aufzufassen habe: Enthüllen oder verhüllen unsere Träume? Unter den frühen Analytikern unterschieden sich Wilhelm Stekel[3] und Emil Gutheil[4] hinsichtlich der Technik von Freud. Beide arbeiteten eher intuitiv mit Träumen, und beide glaubten, daß der Gebrauch der freien Assoziation eine umständliche und unzuverlässige Methode für das Verständnis der Träume sei. Sie hoben hervor, wie beschränkt in

Wirklichkeit die Freiheit der Assoziationen des Patienten sei, weil diese durch die theoretischen Vorannahmen des Therapeuten gesteuert würden. Die in den Träumen erscheinenden Bilder werden in ähnlicher Weise beeinflußt, so daß sexuelle Symbole öfters in den Träumen von Patienten erscheinen, die von Freudianern analysiert werden, und archetypische Bilder öfters im Falle von Jungianern. Thomas French und Erika Fromm[5], die mit dem Freudschen System arbeiteten, betonten die problemlösende Natur der Träume und die Art und Weise, wie der Träumer auf frühere Lösungen zurückgreift, um die von French so bezeichneten gegenwärtigen »Fokalkonflikte« zu bewältigen.

Was den Charakter der in unseren Träumen wirkenden Kräfte betrifft, so verwarf Erich Fromm in seinem Buch ›Märchen, Mythen, Träume‹ sowohl Freuds als auch Jungs Auffassung. Freud stellt das Irrationale dieser Kräfte heraus, während für Jung ein in den Träumen enthaltenes höheres Wissen die zentrale Rolle spielt. Eine mittlere Position einnehmend, meinte Fromm, daß Träume unsere irrationale wie auch unsere rationale Natur offenbarten: »Wir sind in unseren Träumen nicht nur weniger vernünftig oder weniger anständig, sondern sind im Schlaf auch weiser, intelligenter und urteilsfähiger als im Wachsein.«[6]

Existentialisten wie Medard Boss in seinem Buch ›Der Traum und seine Auslegung‹ wollten alle Theorien über Bord werfen. Wie für Jung ist auch für Boss der wesentliche Aspekt des Traums sein manifester Inhalt, aber anders als Jung sieht Boss im Trauminhalt weder die Reflexion eines (individuellen oder kollektiven) Unbewußten noch eine besondere (kompensatorische) Funktion. Boss betrachtet den Traum einfach als eine andere Art des In-der-Welt-Seins. Der Träumer bewege sich in einem Bereich seiner Existenz, in dem er sein Potential des In-der-Welt-Seins in Gestalt wahrnehmbarer Bilder erlebt.[7]

Samuel Lowy führte in seinem Buch ›Foundations of Dream Interpretation‹ eine Anzahl neuer Vorstellungen über die Rolle ein, die Träume bei der Aufrechterhaltung des emotionalen Gleichgewichts spielen.[8] Er war der Ansicht, Träume dienten vor allem den Bedürfnissen des schlafenden Organismus, weshalb sie Gefühle hervorriefen und das emotionale Leben des Träumers regulierten. Vergangenheit und Gegenwart träfen im Traum zusammen, was Teil der Bemühungen ist, die Einheit des Psychischen aufrechtzuerhalten. Lowy meinte auch, daß freie Assoziation ihre Grenzen habe und daß auf Träume intuitiv eingegangen werden müsse. Für mich waren Lowys Vorstellungen besonders stimulierend und nützlich, als ich meine eigenen theoretischen Ansichten entwickelte. Auch ich empfand es als wichtig, nachdrücklich zu betonen, daß Träume eine Form des Bewußtseins sind, welche an unseren Bedürfnissen während des Schlafs orientiert ist.

Lesern, die an einem Buch interessiert sind, das zweierlei bietet: eine wissenschaftliche Beurteilung der verschiedensten Beiträge zur Traumtheorie und eine sorgfältige und originelle Integration von Theorie und den Ergebnissen experimenteller Forschung, möchte ich das Buch von Richard M. Jones ›The New Psychology of Dreaming‹ empfehlen.[9]

Der Gestalt-Ansatz von Frederick S. Perls führte zu einer neuen methodischen Ausrichtung.[10] Die Arbeit mit Träumen findet hier im Rahmen einer Gruppe statt, in der der Träumer mit Hilfe eines Rollenspiels in einen Dialog mit jedem belebten oder unbelebten Element seines Traums tritt. Perls sah in jedem Traumelement ein Indiz für ein »unerledigtes emotionales Geschäft«, das in der Vergangenheit liegengelassen worden ist. Er bezeichnete sie als »emotionale Löcher«. Die Gestalt-Technik ist ein wirksamer Weg, zu den Gefühlen hinter den Bildern zu gelangen, und ermöglicht der Gruppe, sowohl eine stimulierende als auch eine unterstützende Rolle zu spielen. Ich habe diesen Ansatz nicht verfolgt, weil er aus meiner Sicht zu viele nicht dazugehörige Elemente in die Arbeit mit Träumen einführt und, so scheint mir, den Traum in seiner natürlichen Aufeinanderfolge zerstückelt und auseinanderreißt. Für mich erlangen die Traumelemente oft eine spezifischere Bedeutung, sobald man sie in Beziehung zu dem vorangehenden oder folgenden Bild setzt.

Wenn ich diese verschiedenen Ansätze in Analogiebildern zusammenzufassen hätte, würde ich für die Ansätze von Freud und seinen Schülern den Dampfkessel nehmen, für den Jungschen Ansatz einen Drehspiegel und für den Gestalt-Ansatz das Bild eines Menschen, der Löcher im Boden zuschaufelt. Beim Dampfkessel gelingt es einem unter Druck stehenden Medium zu entweichen, allerdings in veränderter Form. Durch das Drehen des

Spiegels wirft dieser das Bild einer unbekannten Seite des Selbst zurück. Und der »Gestalt-Anhänger« ist eifrig dabei, festen Boden zu schaffen, indem er die aus der Vergangenheit herrührenden Löcher auffüllt.

Das Vorhandensein unterschiedlicher Denkweisen legt nahe, daß es eine einzige theoretische Struktur gar nicht gibt, die alles umfaßt, was über das Traumleben herausgefunden werden kann. Bei der Arbeit eines fähigen Therapeuten kommt es meines Erachtens weniger auf seine spezielle theoretische Kenntnis bestimmter Symbolgehalte an (sei es der sexuellen Symbolik der freudianischen Theorie, sei es der jungianisch-archetypischen), sondern vielmehr auf seine Fertigkeit, die verschiedenen Auswege aufzudecken, durch die der Mensch im Wachzustand sich der Botschaft, die ihm sein Traum-Ich übermittelt, entzieht. Manche Menschen brauchen wirklich professionelle Unterstützung, um zu der Wahrheit zu gelangen, die ihre Träume ihnen mitteilen wollen. Für die meisten Menschen jedoch liegt die Wahrheit der Träume nicht außerhalb ihrer Reichweite. Was sie an Hilfe und Unterstützung vielleicht benötigen, braucht nicht professioneller Art zu sein.

Das vorliegende Buch verzichtet auf alle theoretischen Kategorien für die Arbeit an Träumen. Oder anders gesagt: Es ist offen für alle Kategorien, jedoch nur als Möglichkeiten, die einem Träumer dazu verhelfen können, daß er mehr über sein persönliches Traumvokabular lernt.

Aber es genügt nicht, einen Traum ohne theoretische Voreingenommenheit anzugehen. Ein Prozeß der Schulung und des Umdenkens ist ebenfalls erforderlich. Wir müssen uns an die metaphorische Natur der Traumkommunikation gewöhnen und an die Art, wie diese von einer sehr realen und aktuellen Lebenssituation abhängt. Wir müssen auch einiges über unsere diversen persönlichen Tricks lernen, die wir anwenden, um uns von dem Wissen abzuschneiden, das uns die eigenen Träume vermitteln wollen. Ausgestattet mit diesem Wissen, können wir mit offenerem Blick wagen, dem zu begegnen, was wir heute sind oder was wir gestern waren. Dies sind die Bereiche, die wir miteinander erkunden sollten.

Dieses Kapitel möchte ich gerne mit einigen warnenden Bemerkungen abschließen. Die meisten von uns sind versucht, außerhalb von sich selbst nach dem Sinn ihrer selbstgeschaffenen Traumbilder Ausschau zu halten. Man hat uns eingebleut, daß wir bei äußeren, autoritativen Instanzen nach dem Schlüssel für die von uns gewählten Bilder suchen müssen. So sehen wir uns nach Experten und nach Traumbüchern um und merken nicht, daß uns eigentlich keine äußere Instanz sagen kann, warum wir ein bestimmtes Traumbild gewählt haben. Alles, was Außenstehende tun können, ist, ein paar Ideen zu liefern, mögen diese dem Sinn unserer Traumbilder einigermaßen nahekommen oder nicht.

Da das Interesse an Träumen weit verbreitet ist, bietet sich das Thema für Geschäftemacherei geradezu an. Mit schneller Feder geschriebene Bücher sprechen oft die eine oder andere besondere Eigenschaft des Traums an, um sie für kommerzielle Zwecke in einseitiger Weise zu präsentieren. Es gibt vieles, was wir im Umgang mit unseren Träumen lernen können, aber es gibt dabei sicher auch Grenzen des Möglichen. Wenn wir ernsthaft an unseren Träumen arbeiten, werden wir großen Nutzen daraus ziehen, nur können Träume allein nicht all unsere Lebensprobleme lösen. Unser Traum-Ich sucht durchaus nach Wegen, mit Spannungen fertig zu werden, aber die von ihm gegebenen Antworten beziehen sich auf unsere Lebensgeschichte und werden durch diese auch relativiert. Träume werden oft Antworten auf Probleme liefern, denen wir gegenüberstehen, oder eine Richtung anzeigen, in der eine Antwort gefunden werden könnte, jedoch vermögen sie keine Lösung für Lebenssituationen zu geben, solange eine solche sich noch nicht abzeichnet. Das Versprechen, mit Hilfe von Träumen unsere sämtlichen Probleme zu lösen, ist ein leeres Versprechen.

Ein leeres Versprechen ist es auch, mit der Möglichkeit der Traumkontrolle zu spielen. Träume setzen spontane, kreative, das Leben bereichernde Energien in uns frei. Wir können zu diesen Energien eine Beziehung finden und von ihnen profitieren, aber wir können sie nicht manipulieren. Es ist ein Glück für uns, daß unsere Träume sich nicht durch bewußten Vorsatz kontrollieren oder manipulieren lassen. Sie wären nämlich viel weniger ehrlich, wenn man dies könnte.

4. Kleine Physiologie des Schlafens und Träumens

Wir wissen nicht sicher, warum wir schlafen oder warum wir träumen, aber was wir genau wissen, ist, daß unsere Träume in den Schlaf eingebettet sind. Also sollten wir uns einmal genauer mit dem Phänomen des Schlafes befassen.

Da wir, wenn wir gut durchgeschlafen haben, uns frisch und munter fühlen, scheint es, daß der Schlaf eine Phase der körperlichen Erholung ist. Aber es gibt keine physiologischen oder biochemischen Beweise, daß dem so ist. Schlaf scheint für den Menschen wesentlich zu sein, aber das benötigte Ausmaß an Schlaf variiert sehr stark zwischen den Extremen von weniger als drei Stunden bis zu über zehn Stunden. Doch wenn Versuchspersonen über längere Zeiträume hinweg wachgehalten worden sind, haben sich bei ihnen Reizbarkeit, Verwirrtheit und gelegentlich halluzinatorische und sogar psychotische Episoden eingestellt.

Moderne Laborversuche, zu denen elektroenzephalographische Aufzeichnungen der Gehirnaktivität während des Schlafs gehören, werden zweifellos neues Licht auf die Natur des Schlafs werfen. Wir haben bereits erste deutliche Fortschritte im Verständnis verschiedener Arten von Schlaflosigkeit und anderen Schlafstörungen gemacht.

Mit dem Wechsel vom Wachen zum Schlafen gehen grundlegende physiologische und psychologische Veränderungen einher. Beim Einschlafen löst sich unser Körper automatisch von der Außenwelt, indem er das sensorische System »ausschaltet« und die willentliche Kontrolle über unseren motorischen Apparat hemmt. Wie in Experimenten gezeigt wurde, erreicht uns bei mechanischer Blockade der sensorischen Bahnen keinerlei Information über die Außenwelt, was zu einem grundlegenden Wechsel in unserem Bewußtseinszustand führt. Das Fehlen äußerer Reize für das Gehirn bewirkt, daß im Bewußtsein Bilder beherrschend werden, die Realitätscharakter besitzen können. Wenn derartige Bilder im Wachleben als wirklich erfahren werden, nennt man dies eine *Halluzination*. Wenn diese im Schlaf auftreten, werden sie *Traum* genannt.

Beim Schlafen lösen wir uns von der Welt, aber wir nehmen an, daß unsere Beziehung zu ihr sich während dieser kurzen »nächtlichen Ferien« nicht wesentlich ändern wird. Mit andern Worten, wir glauben, daß es ungefährlich ist, vorübergehend »Urlaub« zu nehmen. Wenn wir in ungewohnter Umgebung zu Bett gehen, ist unser Schlaf tendenziell leichter, so als müßten wir wachsamer sein als sonst. In unseren eigenen Betten erwarten wir kaum etwas Ungewöhnliches oder störende äußere Ereignisse, so daß wir unsere Aufmerksamkeit völlig auf uns selbst richten und uns ganz dem Schlafen und Träumen hingeben können. Natürlich gibt es auch Gelegenheiten, bei denen ein besonderer Kanal nach außen geöffnet bleibt, wie zum Beispiel bei der Mutter, die fest schlafen kann, aber eine selektive Aufmerksamkeit für den geringsten Laut ihres Babys bewahrt.

Das Einschlafen scheint einfach und harmlos zu sein, es ist aber begleitet von größeren Veränderungen und Umstellungen. Den Schlafbeginn erlebt man im allgemeinen als ein Abgleiten ins Unbewußte. Während der Übergangsphase zwischen Wachen und Schlafen nehmen wir gelegentlich auch Bilder wahr. Diese sind uns als *hypnagogische Bilder* bekannt. Sie spiegeln visuell die letzten Gedanken, die uns beschäftigen, bevor wir einschlafen. Zum Beispiel:

Letzter erinnerter Gedanke: Jemand hatte mich gebeten, eine bestimmte Aufgabe zu erledigen, die aber nicht in meine Verantwortlichkeit fiel. Ich wiederum habe sie meinem Mitarbeiter Bob übertragen. Zu meinem großen Ärger machte er alles falsch.

Hypnagogisches Bild: Wir spielten Football. Ich flankte den Ball auf Bob und glaubte fest, ihm würde ein Touchdown gelingen. Aber er verstolperte den Ball.

Im Vergleich zu richtigen Träumen sind diese Bilder gewöhnlich einfacher und statischer, dazu weniger verworren und weniger lebhaft. Die meisten von uns werden sich ihrer nicht bewußt, wenn sie nicht zufällig während ihres Ablaufs geweckt werden.

Im Laboratorium wird das Schlafen auf dem Elektroenzephalogramm (EEG) als eine Veränderung der elektrischen Aktivität des Gehirns registriert, die mit einer Verlangsamung der Frequenz und einer Erhöhung der Amplitude der Hirnwellen (bei größerer Schlaftiefe) einhergeht. Beim Absinken in den Tiefschlaf kann man auf dem EEG vier unterschiedliche Zustände unterscheiden. sie sind bekannt als die absteigende Stufe I und die Stufen II, III, IV. Bis zur Stufe IV hat sich der Rhythmus überwiegend auf langsame Hirnwellen mit hohen Amplituden eingestellt. Obwohl gelegentlich auch in diesen Stufen von Träumen berichtet wird, zeigen sich in ihnen mehr die Gedanken und Beschäftigungen aus dem Wachleben.

Wenn Stufe IV erreicht wurde, kehrt sich der Prozeß um, über Stufe III und II hin zu der sogenannten *aufsteigenden Stufe I.* In dieser aufsteigenden Stufe I finden sich die meisten Träume. Sie wird ungefähr 90 Minuten nach dem Einschlafen erreicht und kehrt dann alle 90 Minuten wieder. Je nach Schlafdauer können vier bis sieben Wiederholungen dieses Zyklus auftreten, wobei jede weitere Traumperiode länger dauert als die vorhergehende. Die erste Periode dauert fünf bis zehn Minuten, während die letzte bis zu 30 oder 40 Minuten lang sein kann.

Während der Traumphase gibt es plötzlich auftretende Abfolgen rascher horizontaler und vertikaler Augenbewegungen; sie sind so charakteristisch für die Phase, daß sie nach ihnen als REM-Phase *(Rapid Eye Movements)* benannt wurde.

Es ist offensichtlich, daß der REM-Zustand eine eigene, getrennte Phase des Schlafzyklus ist, die sich physiologisch von allen anderen, den Non-REM-Phasen, unterscheidet. Auch wenn wir äußerlich friedlich zu schlafen scheinen, ist unser Gehirn derart aktiviert, daß die Aufzeichnung des EEGs derjenigen ähnelt, die für den Wachzustand charakteristisch ist. Es treten auch andere Merkmale eines Zustands besonderer Aktivierung auf: Die Pulsfrequenz steigt, und das Atmen wird unregelmäßiger. Gleichzeitig sinkt der Muskeltonus ab, als ob der Körper sich versichern wollte, daß das motorische System nicht in Bewegung gesetzt werden kann, egal was in den Träumen während der REM-Phasen erlebt wird.

Beginn, Dauer und Veränderungen des Gesamtumfangs des REM-/Non-REM-Zyklus werden durch Zentren im Hirnstamm kontrolliert, wobei aber die Dauer des REM-Schlafs vom Alter des Träumers abhängig ist. Ein Erwachsener verbringt jede Nacht im Durchschnitt etwa eineinhalb Stunden im Traumschlaf – rund 20 Prozent der Gesamtschlafdauer. Im Alter verringert sich dies auf etwa 15 Prozent, wohingegen der Schlaf bei einem Neugeborenen zu 60 bis 70 Prozent REM-Schlaf ist, und für Frühgeburten liegt dieser Anteil sogar noch höher. Weil wir ein Kleinkind natürlich nicht über seine Träume befragen können, müssen wir uns an die physiologischen Veränderungen während des REM-Schlafs halten.

Nicht alle Traumerlebnisse beschränken sich auf den REM-Zustand – sicherlich gibt es auch Träume während eines »Nickerchens« am Tage. Wenn ich also von der REM-Phase als Traumphase spreche, will ich damit nur sagen: Die meisten Träume treten in diesem Zeitraum auf, denn die Wahrscheinlichkeit, daß ein Traum erinnert wird, wenn man den Träumer während der REM-Phase aufweckt, liegt bei 80 bis 90 Prozent. Kurz nach dem Ende einer REM-Phase verblaßt die Erinnerung sehr schnell.

Obwohl wir unsere Träume oft unterbrechen können, ist es uns nicht möglich, einen Traum bewußt einzuleiten. (Auch von außen her läßt sich das Traumgeschehen kaum steuern.) Die Wirkung eines Außenreizes auf die schlafende Person hängt von seiner Stärke und vom Zeitpunkt ab, also von der Schlafphase, in der er auftritt. Ein Stimulus während einer Non-REM-Phase hat je nach Intensität entweder gar keine Wirkung oder wird den Schläfer aufwecken. Aber wenn der während einer REM-Phase auftretende Außenreiz gerade so stark ist, daß er vom Schläfer wahrgenommen wird, ihn aber nicht aufweckt, kann er in symbolischer Form in den Traum eingebaut werden, und dies geschieht oft in übertrieben verstärkter Weise: Ein Luftzug über der nackten Haut des Schlafenden wird im Traum zu einem tobenden Tornado. Der Grund für diese Wirkung könnte der sein, daß der Reiz in ein verhältnismäßig ruhiges sensorisches Feld eindringt und nicht mit anderen sensorischen Reizen konkurriert, weshalb er als stärker registriert wird, als dies sonst der Fall wäre.

Diese Befunde können wir verwenden, um einige gängige Ansichten über Träume zu erklären und zu diskutieren. Wenn wir zum Beispiel etwas gegessen haben, das uns nicht bekommen ist, setzt das keineswegs den Traumprozeß in Gang, obwohl es ihn beeinflussen kann. Die Folge einer Magenverstimmung kann sein, daß wir unruhiger und weniger tief schlafen und deshalb eher dazu neigen, einen Traum zu erinnern. Auch wenn wir während einer Traumperiode körperliche Beschwerden erleben, kann dies den Trauminhalt beeinflussen und sich im Traum niederschlagen. Um es aber noch einmal zu sagen: Solche Beschwerden können einen Traum nicht *hervorrufen.* Auch die Körperhaltung im Schlaf hat von sich aus kaum etwas mit dem Träumen zu tun.

Oft zieht sich ein bestimmtes Thema durch die gesamte Traumfolge einer Nacht, auch wenn es in Traumbildern dargestellt sein mag, die auf den ersten Blick keine Beziehung zueinander zeigen. Die ersten und kürzeren Träume einer Nacht sind gewöhnlich eher gegenwartsorientiert, weniger emotional und weniger verzerrt hinsichtlich Raum und Zeit als die später auftretenden Träume. Am besten erinnern wir uns an die Träume vom frühen Morgen, weil dann die Zeit der längsten Traumphase gekommen und das allgemeine Aktivierungsniveau dabei höher ist. Wir sind dann am Ende des nächtlichen Schlafs angelangt.

Wenn wir uns mit dem Vorgang des Träumens und mit den Träumen selbst beschäftigen wollen, brauchen wir einige Begriffsbestimmungen. Das Träumen ist eine einzigartige, gewöhnlich visuelle Form der Darstellung, die während der Nacht auftritt, und zwar, wie ich meine, um die Wirkung jüngstvergangener Lebensereignisse zu bewerten. Der Traum ist davon der erinnerte Teil – in Form kreativ zusammengesetzter bildlicher Metaphern.

Das Träumen

Für mich ergeben sich aus der Tatsache, daß die REM-Perioden biologisch gesteuert werden und daß sie uns mit einigen Säugetieren gemeinsam sind, interessante Folgerungen. Von einem evolutionären Standpunkt aus ist es verständlich, daß ein Tier, das ja im Schlaf Gefahren gegenüber ungeschützter ist als im Wachzustand, sich eines biologischen Mechanismus bedient, um sich während bestimmter Zeiträume trotz des Schlafens dem Aufwachen anzunähern – als ob es einen eingebauten Wächter seine Umwelt nach möglichen Gefahren absuchen ließe. Diese Erklärung der Traumfunktion nenne ich die »Selbstschutzhypothese«.

Obwohl wir die gleichen Änderungen des Schlaf-Wach-Zyklus wie Tiere durchmachen, liegen beim Menschen dabei wesentlich komplexere Umstände vor. Als Menschen sind wir eher auf Veränderungen in unserer unmittelbaren sozialen Umgebung orientiert als auf Raubtiere, die unsere physische Existenz bedrohen. Die Selbstschutzhypothese legt nahe, daß wir die Traumphase innerhalb des Schlafzyklus dazu nutzen, die mögliche Wirkung solcher Veränderungen auf unser Leben zu untersuchen.

Wenn man will, kann man sich dabei einen Soldaten vorstellen, der des Nachts ein Feldlager zu bewachen hat und vor einem betriebsbereiten Radargerät sitzt, das jedes sich nähernde feindliche Flugzeug ortet. Erscheint auf dem Bildschirm ein Echozeichen, das ein herannahendes Flugzeug anzeigt, so muß er es als das identifizieren, was es ist, nicht aber als etwas, das er sich herbeiwünscht oder erhofft. Er muß es im Auge behalten, bis er genügend Informationen gesammelt hat, um die Situation beurteilen zu können. Der Träumer ist in einer ähnlichen Situation. Seine Aufmerksamkeit wird zu einem Gefühlsrest hingezogen. Auch er sieht sich einer Herausforderung gegenüber, die zuwenig eindeutig ist, als daß er ohne weitere Informationen auf sie eingehen würde. Auch für ihn steht viel auf dem Spiel, wenn er den Grund des Problems bewertet. Der Soldat entscheidet, ob er das Lager wecken soll, der Träumer, ob er sich selbst wecken soll. Dies ist keine einfache Entscheidung. Es bedeutet, in einen wichtigen biologischen Prozeß einzugreifen, und führt dann zu einer radikalen Änderung des Zustands. Sie kann nicht leichthin unternommen werden, sondern muß auf soliden Tatsachen beruhen. Diese Fakten sind beim Träumer die wahrheitsgemäße Widerspiegelung seiner eigenen Gefühle. Er selbst erscheint im Traum so wie er ist, nicht wie er zu sein sich selbst vorstellt. Der Traum spiegelt auch die Art und Weise wider, wie er sich anderen gegenüber verhält, nicht wie er gerne meint, daß er es tue. Jedenfalls würden auf Selbstschutz bezogene Handlungen keinen Sinn ergeben, wenn sie nicht die Wahrheit herausfänden.

Nehmen wir an, daß ein vor kurzem stattgefundenes Ereignis zu einem Spannungszustand führt, der uns ständig zusetzt. Die damit verbundenen Gefühle kommen während des Traumschlafs an die Oberfläche und werden in den ersten Bildern des Traums dargestellt. Es ist, wie wenn wir uns fragen würden: Da ich jetzt die Gelegenheit habe, einigermaßen bei Bewußtsein zu sein, wessen soll ich mir bewußt sein? Was geschieht jetzt gerade mit mir? Vor der Entscheidung, ob Weiterschlafen ungefährlich ist oder nicht, müssen wir den auf uns eindringenden Reiz beurteilen, indem wir untersuchen, welches Licht unsere Vergangenheit auf ihn wirft. Die nächste Frage ist dann: Welche Informationen brauche ich, um die Spannung, die ich wahrnehme, zu prüfen?

Das Gehirn ähnelt einem Computer mit einem bemerkenswert großen Datenspeicher, in den wir die ersten Traumbilder und die mit ihnen assoziierten Gefühle einspeisen. Heraus kommt dann eine Menge Bilder von verschiedenen Abschnitten unserer Vergangenheit. Diese Bilder gehen manchmal bis zur frühen Kindheit zurück – aber alle sind irgendwie emotional mit dem gegenwärtigen Problem verbunden. Haben wir erst einmal in einem Bild die Informationen ausgedrückt, die wir brauchen, um die gegenwärtige Lage einzuschätzen, dann können wir zu der vorigen Frage zurückgehen: Was kann ich damit machen? An diesem Punkt fahren wir fort, sinnvolle Bilder zu integrieren, um neue Lösungen zu erkunden. Wenn es uns mißlingt, d.h. wenn die mit den Bildern verbundenen Gefühle zu intensiv sind, um mit einer Fortsetzung des Schlafs vereinbar zu sein, wachen wir auf. Alles, was wir während einer REM-Phase tun, ist also, gewissermaßen die Grundlage für eine Ja-Nein-Entscheidung zu schaffen darüber, ob der Traumzustand unterbrochen werden soll. Auf eine differenzierte und außergewöhnliche Weise kommen wir beim Träumen an Daten, die diese Entscheidung ermöglichen.

Der Traum – ein Kunstwerk

Da ich in meiner Definition des Traums den Begriff »kreativ« benutzt habe, möchte ich von den Eigenschaften des Traums schreiben, die er mit der Kunst gemein hat, vor allem mit jener Kunst-
form, die sich in hohem Maße der Metapher bedient: der Dich-
tung. Der Dichter formt die Sprache um, damit er die Gefühle, die
er ausdrücken will, metaphorisch übermitteln kann. Wenn der
Dichter Wallace Stevens schreibt:

> Zwischen zwanzig Schneegebirgen
> Bewegte sich nichts
> Als das Auge einer Amsel,[1]

dann teilt er über das Wesen der Einsamkeit mehr mit, als er es
durch eine Formulierung tun könnte, die sich an Fakten hält.
Auch der Träumer ist damit beschäftigt, Gefühle auszudrücken,
verwendet aber ein anderes Medium und spricht zu einer anderen
Zuhörerschaft. Er studiert sein persönliches Repertoire verfügba-
rer Bilder und kombiniert sie derart, daß sie metaphorischer Ausdruck seiner Gefühle und Interessen zu diesem Augenblick werden. Während ein Dichter sich an ein Publikum wendet, das
außerhalb seiner selbst ist, ist der Traum ein Zwiegespräch mit
sich selbst, das nur für den Träumer, jedoch nicht für andere Menschen bedeutungsvoll sein soll. Wir können zufällig auf ein vor
Hunderten von Jahren geschriebenes Gedicht stoßen und uns dabei ertappen, daß wir auf die darin ausgedrückten Gefühle reagieren. Vom persönlichen Kontext getrennt, wird der Traum einen
begrenzteren Sinn haben. Und noch einen interessanten Unterschied gibt es: Im Traum geschieht alles ohne Anstrengung, unbewußt, scheinbar spontan.

5. Traumbilder und Metaphern: Botschaften an uns selbst

Der Schlaf ist die natürliche Heimat des Traums; was wir allerdings einen Traum nennen, ist in Wahrheit nur ein blasses Abbild des Träumens, so wie es sich ursprünglich ereignet hat. Wenn wir einen Fisch aus dem Wasser ziehen, können wir nicht erwarten, daß wir sehen, fühlen und verstehen, wie er gelebt hat, als er noch frei umherschwamm, aber wir können etwas über ihn erfahren, bevor er stirbt. Und so ist es auch mit dem Traum. Uns steht nur eine kurze Zeit zur Verfügung, in der wir etwas über ihn erfahren können, bevor er in lebloser Erinnerung erstarrt.

Der erinnerte Traum ähnelt jenem zappelnden Fisch, den wir mit etwas Glück endlich gefangen haben. Wir müssen dann etwas mit ihm anstellen oder ihn zurück ins Wasser werfen. Damit ist die erste und vielleicht wichtigste Unterscheidung angesprochen, nämlich die zwischen der Art und Weise, wie wir im Schlaf zu einem Traum in Beziehung treten und wie im Wachsein. Im Schlaf haben wir keine andere Wahl, als den Bildern, die vor uns erscheinen und uns in Handlungen verwickeln, Aufmerksamkeit zu schenken. Sobald wir wach sind, können wir wählen, ob wir uns der Erinnerung an die nächtlichen Bilder widmen wollen oder nicht. Haben wir uns entschieden, dem Traum Beachtung zu schenken, werden wir ganz zwanglos Nutznießer einer intensiven Forschungsarbeit, die während der »Nachtschicht« geleistet wurde, in der unser Körper sich vergewissert hatte, daß er weiterschlafen könne. Meines Erachtens träumen wir keinen Traum, um den Interessen des Wachlebens entgegenzukommen, aber das Wachleben kann trotzdem von ihm profitieren. Wenn wir nämlich beim Erwachen den Traum zu erinnern das Glück haben, dann können wir all das, was sich bisher an Informationen angesammelt hat, betrachten, danach zurücktauchen in die fremden Gewässer, aus denen der Traum kam, und mehr von diesem Medium lernen, das die Bilder geformt hat.

Wir wissen sehr wenig Gesichertes über Ursprung und Zweck unserer Träume. Ich sehe es pragmatisch: Mir scheint, daß die emotionale Auswirkung jüngstvergangener Erfahrungen im

Traum untersucht, eingeschätzt und in Bildern vor uns hingestellt wird – und daß wir diese Bilder im Wachzustand »nachspielen« und dadurch Einsicht und Verständnis gewinnen können.

Sobald wir wach sind, verfügen wir über die Information, die unseren Traumbildern zugrunde liegt. Indem unsere Träume den Zusammenhang zwischen Gegenwart und Vergangenheit aufdecken, werfen sie Licht sowohl auf die Stärken wie die Schwächen unseres emotionalen Erbes. In diesem Sinne kann man von ihnen sagen, sie trügen zur Heilung emotionaler Konflikte und Beeinträchtigungen bei.

Wir haben wohl keine Schwierigkeiten, den Begriff der körperlichen Heilung zu verstehen, aber was bedeutet nun die Heilung unserer Gefühlswelt? Ganz einfach die Verbesserung unserer Beziehungen zu anderen Menschen. Obwohl sie sich deutlich von den physiologischen Vorgängen abhebt, da sie sich weniger innerhalb der Grenzen unserer eigenen Haut abspielt als in der Interaktion mit anderen Menschen, ist sie genauso real und wichtig wie diese. Gefühle erfassen den Zustand unserer Beziehungen zu anderen. Auf eben diese Seite unseres Lebens weisen die Träume höchst eindringlich hin.

Die Bilder, die wir nachts produzieren, drängen sich in unseren Schlaf und konfrontieren uns mit der Aufführung eines Schauspiels, das Gefühle wachruft. Wenn es uns gelingt, diese Erfahrung in den Wachzustand hinüberzunehmen, können wir all das untersuchen, was das Bild sowohl an Bedeutungen als auch an Gefühlen enthält. Wir werden dabei auf weniger vertraute und oft abgelehnte Teile von uns selbst stoßen. Die Arbeit mit Träumen und die mit ihr einhergehende Selbsterkenntnis sind unentbehrlich für die Wiederherstellung unserer Verbindung mit diesen Teilen unseres Selbst.

Die heilende Wirkung des Träumens beruht auf der Ehrlichkeit, mit der die Bilder gestaltet werden, der Tragweite und Bedeutung der in ihnen enthaltenen Informationen sowie der Tatsache, daß sie eine wachstumsfördernde Begegnung mit anderen Aspekten unserer Persönlichkeit ermöglichen. Das Wachstumspotential des Traums steht also in Beziehung zu der Information, die er enthält, und der Art und Weise, wie sie ausgedrückt wird. Im Wachzustand scheinen Träume oft rätselhaft zu sein, aber nicht, weil sie darauf abzielen, sondern wegen unseres Widerstands, diese anderen Aspekte unseres Wesens zu akzeptieren.

Ein erinnerter Traum ist für mich also eine Einladung zu einer emotionalen Wachstumserfahrung. Wir nähern uns dem Ziel der Ganzheit, wenn wir die an uns selbst gerichteten Botschaften lesen können, die in unseren Träumen enthalten sind, und wenn wir uns von unseren Lebenslügen zu trennen vermögen, von der Selbsttäuschung und auch von der einfachen Unwissenheit, denn sie alle trüben die wahre Natur eines für uns wichtigen Problems. Es bedeutet emotionales Wachstum für uns, wenn wir uns gestatten, der Wahrheit der Dinge ins Auge zu sehen.

Unsere Emotionen formen unsere Beziehungen zu den Mitmenschen und sichern diese Verbindungen. Es ist gerade die Verbindung und Verbundenheit mit für uns wichtigen Menschen, die es uns erlaubt, von emotionalem Wachstum zu sprechen. Aber oft begreifen wir diese Verbindungen nicht. Manchmal gehen Dinge in der Kindheit fehl, so daß wohl jeder von uns unbewältigte emotionale Konflikte der Vergangenheit mit sich herumschleppt. Unsere Träume spiegeln uns immer wieder das Unverstandene, das, was wir schlecht im Griff haben, das Abgelehnte und Verleugnete – all das, was uns unbekannt ist und/oder ängstigt, und all das, was unserem Wach-Ich fremd ist. Um an die darin enthaltenen Wahrheiten zu gelangen, müßte man mit dem emotionalen Status quo brechen, ob diese Wahrheiten nun schmerzhaft sind oder nicht. Ich kann nur betonen, daß es sich lohnt.

Betrachten wir nun den Heilungs- bzw. Wachstumsprozeß im einzelnen, und sehen wir, wie die speziellen Eigenschaften des Traums hierzu beitragen. Zur Veranschaulichung nehmen wir einen weiteren Traum aus einer meiner Gruppen.

Paulas Traum
Es sollte ein Klavierwettbewerb stattfinden, bei dem verschiedene Preise ausgesetzt waren, wobei 500 Dollar der Hauptpreis war. Ich ging zu der Veranstaltung. Meine Familie war irgendwie auch dort. Ich fühlte mich zu alt, um noch an dem Wettbewerb teilzunehmen, und recht deplaziert, da ich seit Jahren nicht mehr richtig Klavier gespielt hatte. Ich war verlegen und lustlos. Ich ging das Repertoire durch und begann, eines der Stücke zu spielen.

Draußen auf der Straße sah ich einen kleinen schwarzen Jungen, sehr nett, etwa vier bis fünf Jahre alt. Er ging gerade von zu Hause weg und sagte in kindlicher Naivität: »Geben die den Leuten wirklich fünfhundert Dollar?« Seine Mutter erklärte es ihm. Und da erwartet meine Familie von mir, daß ich mich diesem Wettbewerb stelle! Ich weiß doch, es paßt sich nicht. Für so etwas bin ich einfach zu alt.

In Träumen gibt es fünf Aspekte, die mit Wachstum in Verbindung stehen: die Bedeutung des Traums für eine gegenwärtige Konfliktsituation; das Herbeibringen sachdienlicher Informationen aus der Vergangenheit; die Offenheit, mit der die Informationen dargeboten werden; der Einfluß, den der Traum auf die Form unserer Beziehungen zu den uns wichtigen Menschen hat; und schließlich die selbstkonfrontierende und nachdrückliche Art und Weise, wie wir uns all das vorstellen. Wir wollen dies anhand Paulas Traum ausführlich erörtern.

Die Bedeutung des Traums für eine aktuelle Konfliktsituation

Der Inhalt eines Traums wird durch ein oder mehrere jüngstvergangene Ereignisse bestimmt. Man spricht von sogenannten Tagesresten, die wichtig sind, weil sie mit unserer Vergangenheit in Verbindung stehen. (Der Begriff Tagesreste ist insofern etwas unscharf, als er nicht nur die Ereignisse von dem Tag direkt vor dem Traum umfaßt, sondern auch die etwas weiter zurückliegenden.) Einiges an dem ablaufenden Ereignis scheint uns herauszufordern, unvertraut oder in gewisser Hinsicht ungewöhnlich zu sein. Damit ein solches Ereignis Zugang zu unserem Traumleben erhält, muß es noch eine Eigenschaft besitzen: emotionalen Nachdruck. Das Ereignis selbst oder die damit verbundenen Gefühle lassen uns nicht los und steigen oft in den Augenblicken in unser Bewußtsein auf, wenn wir einschlafen.

Unsere Träumerin Paula ist eine unverheiratete und berufstätige Frau von Mitte dreißig, die in New York lebt. Zur Zeit ihres Traums faßte sie größere Veränderungen ins Auge im Hinblick darauf, wo sie künftig leben und welche Arbeit sie ausüben wollte. Am Abend vor dem Traum erhielt sie einen Telefonanruf von ihren Eltern. Diese lebten in Chicago und riefen nur selten an. Ihr Vater hatte ein Inserat für eine Arbeitsstelle in Indianapolis gelesen, von dem er meinte, es könne interessant für sie sein. Paula sah dies nicht als wohlgemeinten Vorschlag an, sondern als versteckten Hinweis, daß es an der Zeit für sie wäre, an einen Ort zu ziehen, der ihrer Heimat näher lag. Je mehr sie betonte, sie sei nicht daran interessiert, da sie den Wunsch habe, im Osten zu bleiben, um so mehr insistierte ihr Vater darauf. Widerwillig gab sie schließlich seinem Drängen nach, doch wenigstens nähere Informationen anzufordern.

Der Telefonanruf und die Gefühle, die er weckte, waren unmittelbar mit dem Traum verknüpft. Sie befand sich wieder in einer Situation, die ihr von Kind auf vertraut war: Ihre Eltern versuchten sie zu beeinflussen, ohne ihren Standpunkt zu verstehen. Als sie diese Verbindung deutlicher sah, kamen einige ihrer gegenwärtigen Sorgen stärker ins Blickfeld.

Ihre Ängste kreisten um den Ortswechsel, mit dem sie sich in Gedanken auseinandersetzte. Dies schloß die Frage ein, an welchem Ort sie sich niederlassen und welche Richtung sie in ihrer beruflichen Laufbahn einschlagen sollte. Eine ihrer Sorgen war, genug Geld für den Umzug zu haben, für den sie auch ein Auto kaufen mußte. Sie hatte außerdem gerade erst eine Krankheit überstanden, wodurch sie körperlich noch angeschlagen war.

Der Telefonanruf kam also zu einer Zeit, zu der ihre physischen und finanziellen Ressourcen erschöpft waren und sie beträchtliche Zukunftsängste durchlebte. Früher hatten ihre Eltern ihr gelegentlich angeboten zu helfen, aber sie hatte es aus Furcht abgelehnt, daß daran Bedingungen geknüpft sein könnten. Sie war von ihrer Familie finanziell unabhängig, seit sie das College begonnen hatte. Als sie an jenem Abend am Telefon mit ihren Eltern sprach, spürte sie erneut ihren Widerstand gegen deren Annäherungsversuche. Diesmal aber war eine gewisse Bitterkeit dabei, da sie, nach so vielen Jahren der Trennung, doch zurück zu ihrer Familie wollte. Aber sie fühlte sich jetzt noch nicht bereit dazu.

Die Wiederbelebung der Vergangenheit

Die neue Information in unseren Träumen kann etwas Vergessenes aus unserer Vergangenheit oder etwas Bekanntes und Vertrautes sein, das aber durch Umgruppierung in einem neuen Licht erscheint.

Der Klavierwettbewerb führte Paula zurück in ihre Kindheit, hin zu der autoritären Erziehung, der sie unterworfen gewesen war. Er erinnerte sie an die vielen Stunden, in denen sie als Kind in Bereichen, die zwar die Interessen ihrer Eltern berührten, aber keinerlei Verbindung zu ihren eigenen Bedürfnissen und Fähigkeiten hatten, ihre Auftritte absolvieren mußte. Klavierspielen gehörte hierzu. Es war die Sache ihres Vaters, nicht ihre eigene.

Der Betrag von 500 Dollar im Traum hatte mehrere verschiedene Bedeutungen für sie. Es war der Geldbetrag, den sie sich einst von ihrem Vater geborgt, aber nie zurückgezahlt hatte. Die Erinnerung daran weckte ungute Gefühle der Verpflichtung und Dankesschuld ihren Eltern gegenüber. Die Zahl 500 rief ihr aber auch das berühmte 500-Meilen-Autorennen von Indianapolis ins Gedächtnis und beschwor Bilder eines gefährlichen Wettkampfs und des Triumphs beim Sieg herauf. Konkurrieren und Herausragenwollen waren wichtige Werte in ihrem Elternhaus. Die Zahl hatte also auch mit diesem Indianapolis zu tun, wo ihr Vater sie gerne gehabt hätte.

Wenn ein einziges Element in einem Traum, so wie die Zahl 500, mehrere Bedeutungen vermittelt, sagt man, daß es überdeterminiert sei. Das ist ein übliches Muster unseres Traumlebens.

Das Bild des skeptischen schwarzen Jungen brachte ihr zum Bewußtsein, wie unreflektiert sie den Lebensstil ihrer Eltern übernommen hatte. Schwarz und ein Junge zu sein, bestärkte sie in ihrem Eindruck, daß sie, ungeachtet ihrer Hinnahme der Situation, irgendwie anders sei.

Die Situation am Schluß ihres Traums war ihr vertraut. Die Erwartungen ihrer Familie machten ihr schmerzhaft bewußt, wie wenig Erwartungen dieser Art mit ihren eigenen Bedürfnissen im Einklang standen und wie sehr es ihre Familie doch an echtem Verständnis ihr gegenüber fehlen ließ.

Die Offenheit des Traums

Wir haben die Offenheit hervorgehoben, mit der sich unsere Gefühlswelt in unseren Träumen enthüllt. Wenn wir uns mit den metaphorischen Verästelungen von Paulas Traumbildern beschäftigen, erkennen wir, daß alle Aspekte des Konflikts sichtbar gemacht werden, exakt so, wie sie die Träumerin gerade erlebt. Dies ist die Botschaft, die der Träumerin übermittelt wurde: »Wenn ich so lebe, wie es meine Eltern von mir erwarten, kann ich im Kampf um den großen Preis mitmischen. Daß ihre Erwartungen meinen Bedürfnissen diametral entgegengesetzt sind, kommt ihnen heute ebensowenig in den Sinn wie mir seinerzeit als Kind. Obwohl ich das weiß und obwohl ich die alte Peinlichkeit und Unangemessenheit empfinde, fühlt sich etwas in mir von der Situation angezogen.« Sie ertappte sich dabei, daß sie mit dem Gedanken spielte, auf das Angebot ihrer Eltern einzugehen. Zugleich bewahrte die Erinnerung daran, wie die Dinge in der Vergangenheit abgelaufen waren, sie davor, ihre derzeitige Freiheit aufs Spiel zu setzen. In ihrem Verhältnis zu den Eltern fühlte sie sich noch immer verwundbar.

Wenn wunde Punkte in unserem Gefühlsleben fortbestehen, dann deshalb, weil wir die falschen Auffassungen, die wir von uns selbst haben, beibehalten. Diese Mißverständnisse verzerren die Selbstwahrnehmung und die Wahrnehmung anderer. Ich werde den Ausdruck »Lebenslüge« *(personal myth)* benutzen, um auf das grundlegende Mißverständnis hinzuweisen, und den Ausdruck »Selbsttäuschungsstrategie«, wenn ich mich auf die Fehlwahrnehmungen beziehe, die uns dabei unterstützen, den persönlichen Mythos am Leben zu erhalten.

Es gehört zum Wesen des Traums, Lebenslügen aufzudecken und zum Einsturz zu bringen und damit Licht auf die Selbsttäuschungsstrategien zu werfen, mit denen wir die Wahrheit vor uns selbst verheimlichen. Irgendwann kann die Lebenslüge die darunterliegenden Tatsachen nicht länger verbergen, und sie werden sichtbar. Paula kämpfte mit einem bei jüngeren Leuten nicht ungewöhnlichen Mythos: daß sie die »Superfrau« sein müsse, sich hervortun, glänzen in allem, was sie unternahm. Und das aus eigener Kraft, ohne irgend jemandes Hilfe. Der Mythos kann nur durch Fehlwahrnehmungen ihrer eigenen Talente und der Ressourcen und Absichten der anderen aufrechterhalten werden. Ihre Erfahrungen mit der eigenen Familie brachten sie dazu, den Absichten anderer zu mißtrauen und der Überzeugung zu sein, daß der Preis für die Hilfe von anderen in jedem Fall zu hoch sein würde. Sie war an einen Wendepunkt in ihrem Leben gekommen, an dem die Lebenslüge von der »Superfrau« begraben werden mußte. Aber sie hatte die Furcht noch nicht überwunden, Abhängigkeit von anderen könne ihre Autonomie gefährden.

Zwischenmenschliche Beziehungen im Spiegel der Träume

Dieser Traum verdeutlichte Paula, daß die Lösung der Probleme, mit denen sie sich auseinandersetzen mußte, nur durch das Vermischen ihrer eigenen Ressourcen mit denen der anderen gelingen konnte. Vom Verstand her wußte sie dies, aber der Traum zeigte ihre gefühlsmäßigen Bedenken, sich entsprechend zu entscheiden. Als ihr der Vater anbot, ihr beim Kauf eines Autos behilflich zu sein, erlebte sie dies sowohl als Versprechen (auf finanzielle Unterstützung) als auch als Bedrohung (du wirst wieder Vaters kleines Mädchen). Davor schreckt sie zurück, weicht aber nicht wieder auf den »Ich kann es allein machen«-Mythos aus, sondern spürt: Es ist nun ihre Aufgabe, sich neu zu orientieren, um der Tatsache ins Auge sehen zu können, daß es sehr wohl Menschen gibt, deren Bedürfnisse sich mit ihren berühren und die sie auch um Hilfe bitten kann. So kann sie auch ihren Wunsch akzeptieren, zu ihrer Familie zurückzukehren – dies aber erst dann, wenn sie dazu bereit ist, erst dann, wenn sie es tun kann, ohne befürchten zu müssen, dadurch etwas von ihrer Unabhängigkeit einzubüßen. Der Traum löste nicht das Problem für sie, aber er half ihr doch bei der Entscheidung, in welche Richtung sie gehen sollte.

Die Tendenz, unsere Beziehung zu andern zu beleuchten, ist, wie schon erwähnt, ein wichtiges Merkmal der Träume. Im

Wachleben opfern wir viel Energie, um unsere Individualität zu wahren, unsere Autonomie genau zu bestimmen und unsere eigenen Grenzen zu schützen. Wir erleben uns selbst als voneinander getrennte Individuen. Wir gehen aber anderen Menschen entgegen, und sie uns auch, durch den »emotionalen Raum« – dessen Ausdehnung sich durch die Nähe oder Distanz unserer Beziehungen zu anderen bestimmt.

Aber wenn wir uns schlafen legen und zu träumen beginnen, konzentrieren wir uns nicht auf unsere Abgegrenztheit, sondern darauf, diesen emotionalen Raum zu verkürzen. Wir sind mit dem Zustand unserer Beziehungen zu anderen, für uns wichtigen Menschen beschäftigt und damit, was sich ein oder zwei Tage vor dem Traum in diesen Beziehungen abgespielt hat.

In welchem Ausmaß hat eine Begegnung mit der Umwelt diese Beziehungen verletzt, beeinträchtigt, untergraben oder bedroht? Oder umgekehrt: In welchem Ausmaß wurden bereichernde, unbekannte und vertiefende Aspekte unserer Beziehung zu anderen berührt? Es ist, als befasse sich unser Traum-Ich noch mit gewissen Grundtatsachen, die wir im Laufe der menschlichen Geschichte vernachlässigt zu haben scheinen: daß wir alle zu der einen Spezies Mensch gehören; daß das Wesentliche unseres Menschseins ist, Beziehungen zu anderen Menschen zu haben; und daß die von uns aufgerichteten Trennwände uns davon abhalten, im Wachleben zu dieser Einsicht zu kommen, einer Sicht, die im Träumen niemals verlorengegangen ist.

Selbstkonfrontation

Paulas Traum kann als Beispiel dafür gelten, wie der Traum uns selbst darstellt. Schauen wir uns das ein wenig genauer an.

Die Bilder eines Traums sind, im Kern ihres Wesens, konfrontierend und ausdrucksvoll. Wir träumen in Bildern, weil sie auf ganz natürliche Weise metaphorische Bedeutungen übermitteln. Geeignete Bilder werden ausgewählt und zusammengesetzt, um die anstehenden Probleme zu veranschaulichen, zu untersuchen und sich mit ihnen zu befassen. In der Eingangsszene des Klavierwettbewerbs können wir das Unbehagen und die Bestürzung der Träumerin spüren, können fühlen, daß die Situation für sie peinlich und befremdend ist, während ihre Familie dies nicht zu beachten scheint. Das Bild ist eine treffende, anschauliche Metapher für die Art von Qualen, die Kinder empfinden, wenn von ihnen erwartet wird, daß sie etwas zum Wohle ihrer Eltern leisten. Ein einziges Bild konfrontiert Paula mit dem Dilemma ihrer Kindheit, faßt es einfach und prägnant zusammen.

Das schwarze Kind, das so ungläubig auf den ausgesetzten Preis reagiert, liefert einen weiteren Kommentar, nicht nur zu der Kindheit der Träumerin, sondern zur Kinderwelt im allgemeinen. Kinder glauben tatsächlich oft, daß sie anders wären, als sie in Wirklichkeit sind; und sie können auf die Preise hereinfallen, die Erwachsene ihnen in Aussicht stellen.

Im Traum beginnt Paula ein Klavierstück zu spielen. Wir können die Versuchung bei ihr spüren zu konkurrieren, um die Erwartungen der Eltern zu erfüllen, sowie ihr Widerstreben, schließlich ihren Rückzug und die Erkenntnis, daß sie dem entwachsen ist.

Der Traum endet mit einem Ausdruck von Ungewißheit, der anzeigt, daß der Konflikt noch nicht gelöst ist. Aber der Traum stellt ihn klarer und drastischer dar, als Paula ihn bewußt jemals gesehen hatte. Sie hatte keine Wahl getroffen: gerade das Fehlen einer Lösung wird durch den Traum hervorgehoben. Sobald Paula diese Botschaft erkannt hatte, wurden ihr Ausmaß und Art des Einflusses, den ihre Vergangenheit noch immer auf die Gegenwart ausübte, stärker bewußt. Erweiterte Selbsterkenntnis und nicht eine magische Lösung der Probleme ist das Endprodukt einer erfolgreichen Arbeit mit unseren Träumen. Dies ist auch der Weg, um alte emotionale Wunden zu heilen.

6. Einführung in die Arbeit mit Träumen

Die Arbeit mit Träumen besteht also im wesentlichen in dem Bemühen, sich in unerforschte Bereiche unserer Persönlichkeit zu begeben. Aber welche Strategie und Taktik sind erforderlich, um das emotionale Territorium, das in den Geltungsbereich des Traums fällt, zu erobern? Zuallererst muß man sich klar darüber sein, daß wir nicht darauf aus sind, einen Feind zur Strecke zu bringen, sondern einen Freund zu gewinnen. Wir suchen keinerlei Macht oder Kontrolle über ein zu unterwerfendes Territorium. Eher suchen wir an Tiefe zu gewinnen, indem wir unsere Identität mit Hilfe der in diesem Territorium angesiedelten Bilder reorganisieren. Dafür müssen wir zunächst einmal unser Bewußtsein dafür schärfen, daß es dieses Gebiet überhaupt *gibt,* das zu erkunden ist. Das führt uns zu den Fragen der Traumerinnerung und der Aufzeichnung der Träume.

Wie man Träume erinnert

Wer an einem Traum arbeiten will, muß ihn natürlich erinnern, weshalb die Beschäftigung mit unseren Träumen häufig eine bewußte Anstrengung erfordert, uns der Träume zu bemächtigen, ehe sie uns entschlüpfen. Sie scheinen schwer faßbar zu sein und sich bald, nachdem sie geträumt worden sind, aufzulösen. Selbst wenn sie nach dem Aufwachen zum Greifen nahe sind, verblassen sie häufig kurz danach. Ein intensiver Traum kann ein langes Eigenleben führen, aber solche Träume scheinen eher die Ausnahme als die Regel zu sein.

Es ist auch gut, daß wir keinesfalls eine hundertprozentige Traumerinnerung haben; sonst würden wir in unser Wachleben Bilder und Gefühle tragen, die mit den Traumepisoden der vergangenen Nacht assoziiert sind – annähernd 100 Minuten in der Nacht –, und wären dabei derart von unseren eigenen Träumen überflutet, daß wir vielleicht keine Zeit hätten, mit den Realitäten des Wachlebens fertig zu werden.

Der beste Weg, mit dem Erinnern eigener Träume anzufangen, ist, sich selbst einzureden, daß man schon dabei sei. Wenn man es nur stark genug will, kann man die eigene spontane Ausbeute an Träumen steigern. Fragen Sie mal diejenigen, die eine Psychoanalyse beginnen: Selbst wenn sie seit ihrer Kindheit keine Träume mehr gehabt zu haben glauben, beginnen sie oft bald nach Behandlungsbeginn, sich ihrer Träume zu erinnern. Man muß sich also selbst anweisen, die Träume zu erinnern, und zwar, wenn man im Begriff ist einzuschlafen.

Manche Menschen bringen es durch Training sogar soweit, während der Traumphasen aufzuwachen. Die meisten müssen allerdings mit ihren Bemühungen um die Traumerinnerung anfangen, wenn sie morgens aufwachen. Es gibt eine dreiteilige Strategie, die dafür nützlich sein kann.

Erstens sollte man trainieren, sich sofort beim Aufwachen (sei es in der Nacht oder morgens) nach innen zu wenden, um Traumgefühlen oder Bildern das Aufsteigen zur Oberfläche zu ermöglichen. Zu diesem Zweck liege man ruhig da, bewege sich sowenig wie möglich und vermeide Ablenkungen. Bemühen Sie sich bewußt und mit Bedacht, jede Handlung oder Geste zu vermeiden, die das »Nachleuchten« der Traumerfahrung vertreiben könnten. Machen Sie kein Licht, gehen Sie nicht ins Badezimmer, verändern Sie nicht einmal Ihre Lage im Bett. Es ist nicht wichtig, ob das, was erscheint, vom Anfang oder vom Ende des Traums stammt. Die Hauptsache ist, alles zu vermeiden, was mit dem Zustand absoluter Ruhe interferieren könnte, der für das Wiederaufleben des Traums nötig ist. Haben Sie erst einmal Teile des Traums im Griff, dann ist es viel leichter, sie in die Reihenfolge zu bringen. Wenn Sie gleich beim Erwachen bei Ihrem Traum bleiben können, wird Ihre Erinnerung spontan und detailliert sein. Aber wenn er Ihnen entgleitet, werden Sie in dem Bemühen, seiner wieder habhaft zu werden, ihn Stück für Stück zusammensuchen müssen.

Zweitens, besonders wenn Sie nachts aufwachen: Schreiben Sie alles auf, was Ihnen einfällt – ein Bild, ein Bruchstück oder einen ganzen Traum. Das heißt also, daß Sie neben Ihrem Bett etwas zum Schreiben bereithalten müssen. Manche finden es auch leichter, ein Tonbandgerät dafür zu verwenden. Man kann vermeiden, Licht anzumachen und dadurch den Partner zu stören, indem man eine kleine Taschenlampe oder einen Kugelschreiber mit Beleuchtung parat hält. Denken Sie daran, daß, wenn Sie den Traum nicht unverzüglich niederschreiben, er wahrscheinlich am Morgen entschwunden sein wird. Also den Traum nicht einfach noch mal durchgehen und sich in dem Glauben wiegen, man werde ihn schon wiedererinnern! Am Morgen kann es dann leicht vorkommen, daß Sie sich nur noch daran erinnern werden, daß Sie sich an einen sehr wichtigen Traum haben erinnern wollen.

Und drittens: Gehen Sie mit Optimismus an die Aufgabe heran, Ihren »Traumabbruchapparat« auszutricksen, selbst wenn Sie im Augenblick des Erwachens spüren, daß der Traum schon beinahe entschwunden ist. Vielleicht ist dem so, aber ganz oder teilweise mag er noch zu retten sein. Versteifen Sie sich nicht auf den Gedanken, daß ja doch nichts daraus würde. Fangen Sie statt dessen in aller Ruhe damit an zu versuchen, ob sich nicht noch ein Tagesrest, ein Bild, ein Bruchstück oder ein Gefühl ins Bewußtsein zurückholen läßt. Wenn ja, können Sie diese vielleicht als Hebel benutzen, um ein paar weitere Fragmente herauszulösen. Auf diese Weise kann ein vollständiger Traum wiedereingefangen werden.

Wie man Träume aufzeichnet

Es ist wichtig, einen Traum möglichst sofort nach seinem Auftreten niederzuschreiben. Je größer die Verzögerung, bevor man ihn zu Papier bringt, um so größer die Gefahr, ihn »frei zu bearbeiten«, einige seiner Details oder sogar ganze Abschnitte zu vergessen. Und je länger wir gezögert haben, um so eher ist es möglich, daß ein Teil des Inhalts mit Wachgedanken vermengt wird. Schreiben Sie möglichst alle Einzelheiten nieder und jedes Gefühl, an das Sie sich erinnern. Räumen Sie in einem Traum nicht auf oder um, damit er im Wachen einen Sinn ergibt. Obwohl die eigentümlichen Traumaspekte oft nur schwer in Worte gefaßt werden können, müssen Sie es doch versuchen. Und lassen Sie sich nicht hinreißen, irgendeinen Aspekt des Traums zu »verschönen«.

Beim Niederschreiben des Traums sollten Sie auch all jene von Ihnen erinnerten Gedanken hinzufügen, die Ihnen unmittelbar vor dem Einschlafen durch den Kopf gingen. Womit waren Sie beschäftigt? Diese Gedanken geben oft wichtige Hinweise für den Traum. Hier ist ein Beispiel für einen solchen Fall. Es handelt sich um eine Frau, die eine Psychoanalyse machte:

Ich erwachte mit der Vorstellung, auf der Spitze einer Fahnenstange aufgespießt zu sein.

Die Frau fand keine Assoziationen hierzu und konnte mit dem Traum auch nichts anfangen. Nach ihren Gedanken vor dem Einschlafen befragt, sagte sie:

J. (ihr Mann) wollte Sex haben. Ich war nicht in Stimmung dafür und sträubte mich etwas. Zu meinem Verdruß bestand er aber darauf, und ich fühlte mich schließlich hilflos und zugleich beleidigt.

Als ihre Aufmerksamkeit auf die Gedanken gelenkt wurde, die sie vor dem Einschlafen gehabt hatte, kam ihr die Verbindung zu ihrem Traum augenblicklich zu Bewußtsein: Es kam ihr vor, als wäre sie von einem Penis aufgespießt worden in einem Geschlechtsakt, bei dem ihr Widerstand einfach ignoriert worden war.

Auch ein Traumtagebuch kann recht nützlich sein. Allein als Verzeichnis Ihrer Träume wird es viel über Ihren persönlichen Traumstil, die von Ihnen bevorzugten Symbole und die typischen Konflikte aussagen. Hier sei jedoch eine Warnung angefügt: Wenn Sie die Träume nur aufschreiben, also nicht an ihnen arbeiten und über diese Traumarbeit Buch führen, werden sie Ihnen beim Wiederlesen Ihres Tagebuchs dunkel und leblos vorkommen. Damit das Traumtagebuch von optimalem Nutzen sein kann, sollte man die Träume schon bald nach dem ersten Erinnern aufschreiben und viel Zeit und Energie darauf verwenden. Lassen Sie aber noch Platz für spätere Gedanken, denn Ihre erste Arbeit kann Dinge in Gang setzen, die erst nach einiger Zeit klar in Ihr Bewußtsein steigen. Also, wenn Sie sich entschließen, ein Traumtagebuch zu führen, sorgen Sie dafür, daß Sie die wesentlichen Komponenten so schnell wie möglich niederschreiben – besonders das beim Erwachen vorherrschende Gefühl. Machen Sie sich keine Gedanken darüber, wie Sie den ganzen Traum in die richtige Reihenfolge bringen, wenn Sie keine so lebhafte Erinnerung an seinen ursprünglichen Ablauf haben, daß Sie ihn einfach vom Anfang bis zum Ende runterschreiben könnten. Wichtig ist nicht so sehr, wie Sie den Traum berichten, als vielmehr, daß Sie seine Stimmung, seine Bilder und Szenen bewahren, bis Sie weiter daran arbeiten können. Wenn Sie beginnen, Ihre nächtlichen Notizen in die endgültige Form zu bringen, werden Sie sich oft an weitere Einzelheiten erinnern, sogar an Szenen, die Sie beim ersten Erinnern ausgelassen haben.

Manchmal, wenn wir beim Erwachen überhaupt keine Erinnerung an einen Traum hatten – uns nur daran entsinnen konnten, daß wir etwas träumten –, wird sich der Traum später am Tag einblenden, ausgelöst durch irgendein Erlebnis. Welcher Art die auslösende Erfahrung war, sollte genauso gewissenhaft wie der Traum aufgeschrieben werden. Es könnte gut sein, daß dies den Schlüssel für den Sinn des Traums liefert.

Und denken Sie bitte daran: Kein geschriebener Bericht vermag den Traum in seiner Ganzheit wiederzugeben. Er liefert nur einfach das »beste Aufklärungsfoto«, das wir von dem während der Nacht uns vor Augen geführten Gebiet machen können.

Und nun sind wir bereit, uns mit dem Traum selbst zu beschäftigen.

Wie man einen Traum bearbeitet

Bevor wir damit beginnen können, den Traum als uns zugehörig anzunehmen, müssen wir etwas über unseren Wachzustand wissen, über seine Grenzen und Schwächen. Bei allem ist unser Ziel, Teile unserer Persönlichkeit wiederzuerlangen, die unserem Wachbewußtsein bis jetzt entweder unbekannt geblieben sind oder die es aktiv verleugnet hat. Die Bilder, die unser Traum benutzt, um diese Aspekte auszudrücken, kommen uns seltsam vor, weil wir sie aus der Perspektive des Wachzustands betrachten. Leider brachte unsere Kultur uns bei, unser Traumleben zu vernachlässigen. Die ganze Geschichte der Menschheit hindurch haben wir uns viel mehr auf Leistungen draußen in der Welt konzentriert als auf den Zustand unseres Innenlebens. Wir haben unsere Begabung für Sprache, Logik und Ordnung kulturell optimal genutzt. Wie schon ausgeführt, sind unsere sprachlichen Fähigkeiten in der linken Hirnhemisphäre angesiedelt (die normalerweise die dominante ist), und so sind wir heute auf die linke Hemisphäre ausgerichtet. In der Schule brachte man uns Lesen und Schreiben bei, jedoch nicht, wie wir mit unserem von Bildern erfüllten Traumleben umgehen können. Die Fähigkeiten unserer rechten Hirnhälfte wurden zu wenig gewürdigt; meistens müssen wir mit unserer Emotionalität und den von ihr aufgeworfenen Problemen allein fertig werden, was oft auf falschen und verworrenen Wegen geschieht. Dennoch sind unsere Träume genauso ein Teil unseres Lebens wie unser Wachzustand.

Man muß gegen Widerstand anarbeiten, um das seltsame Szenario eines Traums in etwas Verständliches und Sinnvolles umzuwandeln. Wenn man einen Traum aus seiner natürlichen nächtlichen Umgebung löst und ihn unserem Wach-Ich vorführt, wird er von Freunden wie auch von Feinden umringt. Die Freunde des Traum-Ichs sind auf die Wahrheit aus, während die Feinde die Distanz und das Gefühl der Entfremdung aufrechtzuerhalten suchen, um jenen Teil in uns selbst zu unterstützen, der noch nicht fähig oder willens ist, nach innen zu schauen. Je tiefer man in die Arbeit mit Träumen eindringt, um so mehr wird man dieser von unserem Wach-Ich aufgestellten Sperren gewahr und auch der Arbeit, die nötig ist, sie zu umgehen. Alles, was man tun kann, ist dies: sich mit jenem Teil von sich selbst anzufreunden, der einen drängt, die verborgenen Wahrheiten des Traums zu entdecken, und hoffen, dieser Impuls möge sich als stärker erweisen als die Tendenz, den Traum sanft entschwinden zu lassen.

Am besten fängt man damit an, daß man sich auf die Gefühle konzentriert, die von den Bildern und der Handlung des Traums vermittelt werden. Können Sie sich Ihrem Traum so nahe fühlen, um an seine Stimmung und ihre Veränderungen im Fortgang des

Traums heranzukommen? Gibt es irgendwelche Gefühle, die in den Wachzustand hinüberreichen? Konzentrieren Sie sich auf die Bilder des Traums und versuchen Sie, die Verbindungspunkte zwischen jenen Bildern und Ihrem eigenen vergangenen und gegenwärtigen Leben zu identifizieren. Sehen Sie jede Traumfigur und jedes Objekt als einen eigenständigen Traumteil an und als potentiell wichtig. Gestatten Sie sich, zu jedem Traumteil frei zu assoziieren, aber bleiben Sie dabei nahe am gezeigten Bild; verwenden Sie den Traum nicht als Sprungbrett für ein Herumsuchen in Ihrer eigenen Vergangenheit. Es sollen nur jene Teile Ihrer Erfahrungen in Betracht kommen, die zu im Traum auftauchenden Gedanken und Gefühlen in Beziehung stehen.

Nehmen wir ein häufiges Traummotiv. Man befindet sich in einem Klassenzimmer, nimmt an einer Prüfung teil und hat vor dem Ergebnis Angst. Ich habe mein Medizinstudium schon vierzig Jahre hinter mir und träume immer noch davon, in der letzten Prüfung des Staatsexamens zu sein. Fragen Sie sich, welche Gefühle bei Ihnen vorherrschten: Gefühle von Unzulänglichkeit, Unfähigkeit, Angst vorm Versagen; Leistungsdruck, Konkurrenzgefühle; der Drang, sich hervorzutun; die Empfindung, bewertet zu werden; Angst vor Bloßstellung oder der Reiz einer Herausforderung. Erinnern Sie diese speziellen Gefühle an irgendwelche neueren Ereignisse, bei denen Sie dieselben Empfindungen hatten?

Manchmal ist das, was uns an einem Traum gefällt, das *Fehlen* von Gefühlen oder das im Blick auf die jeweiligen Bilder *Unangemessene* von Gefühlen. In einem Traum könnten Sie sich zum Beispiel auf einem Schlachtfeld vorfinden und von den Granaten und Kugeln, die um Sie herumschwirren, scheinbar unbeeindruckt sein. Dann fragen Sie sich: Welche Verbindung zu vergangenen oder gegenwärtigen Situationen kann ich ausmachen, die andere als gefährlich betrachteten, ich jedoch nicht? Oder vielleicht sollte die Frage lauten: In welcher Gefahrensituation befand ich mich, der ich mir nicht bewußt war? Die Hauptsache ist, die verschiedenen Möglichkeiten zu eruieren.

Sobald Sie einen Schimmer haben, wohin die Traumbilder führen, müssen Sie mit dem Traum näher in Verbindung kommen, indem Sie sich den Bildern zuwenden und lernen, wie man sie metaphorisch sehen kann. In jedem Fall stellt sich folgende

Frage: Welche Lebensumstände werden von irgendeiner Eigenschaft des Traumbildes angesprochen? Wenn Sie dies von den Bildern Ihres Traums erfragen, kommen Sie leicht auf eine ganze Reihe von Antworten, die nicht zueinander passen. Früher oder später jedoch wird sich eines der Bilder mit Bedeutung aufladen. Unsere Träume sind ja nicht eine einfache Wiederholung der Tagesereignisse, wenn es auch zeitweise so erscheint. Es gibt gleichnisartige Anklänge, welche viel weiter reichen als jede buchstäbliche Bedeutung, die Ereignisse für uns haben können.

Im folgenden wollen wir auf einige Bereiche eingehen, in denen sich unsere Träume abspielen können.

Sexuelle Träume

Die sexuellen Vorstellungen sind eine wichtige Seite unseres Traumlebens, und zwar wegen der großen Bedeutung, die die Sexualität in unserem Leben hat, wegen der sozialen Regeln und Zwänge, die sie beherrschen, und der Probleme, die oft um sexuelle Bedürfnisse herum entstehen. Darüber hinaus ist Sex das einzige wichtige körperliche Bedürfnis, bei dem während des Träumens statt einer vorgestellten eine wirkliche Befriedigung auftreten kann und auch auftritt. Sexuelle Traumbilder mit ihren dramatischen und eindringlichen Metaphern können auch andere Gefühle übermitteln. In der Vulgärsprache werden schließlich das Sexualleben betreffende Ausdrücke oft gebraucht, um aggressive oder feindselige Absichten auszudrücken.

Unter einem sexuellen Traum verstehen wir einen, in dem sowohl inhaltlich als auch auf der Gefühlsebene die Sexualität im Vordergrund steht. Vielleicht war der Träumer in besonderer sexueller Erregung, ohne die Möglichkeit einer Abfuhr gehabt zu haben. Jede ungewohnte oder aufgezwungene Abstinenzphase kann zu einem sexuell getönten Traum führen. Offen sexuelle Träume treten häufig während der Adoleszenz auf und sind nicht selten von nächtlichen Ergüssen beim Mann und dem Erlebnis eines Orgasmus bei der Frau begleitet. Bei dieser Art von Träumen kann es vorkommen, daß es kaum ein oder gar kein Abweichen von der realistischen Darstellung des Geschlechtsverkehrs gibt.

Erwachsene gehen mit sexuellen Bedürfnissen und Neigungen gewöhnlich indirekter um. Wenn der Träumer bildliche Szenen kreiert, die durch ein jüngstvergangenes Lebensereignis noch verstärkt werden, so dienen diese Metaphern tatsächlich dazu, die Beziehung des Träumers zu einer besonders problematischen Seite seiner eigenen Sexualität klarzustellen. Ein männlicher Klient zum Beispiel, der sich von unbefriedigten sexuellen Strebungen bedrängt fühlte, träumte, er befände sich in einem kleinen Boot, das von einem riesigen Flugzeug (dem erigierten Phallus) über das Wasser geschleppt würde. Der Träumer sieht sich selbst (d.i. das Boot, in dem er sich befindet) als jemand, der von seinem übertrieben wichtig genommenen Penis (das riesige Flugzeug, das in die Luft aufsteigt) durchs Leben gelenkt wird.

Oft gibt es sowohl direkte als auch indirekte Darstellungen des Themas Sexualität, wobei sich die Metaphern auf den Kontext beziehen, in dem der Geschlechtsakt ausgeführt wird (zu Hause oder außerhalb, mit dem Ehepartner oder einem Fremden), oder auf das Ergebnis (Befriedigung, Frustration, Mißerfolg usw.).

Manchmal sind sexuelle Bilder Metaphern, um Gefühle von Nähe und Intimität ebenso wie die Abwehrmaßnahmen, die derartige Gefühle verhindern, auszudrücken. Oder der Träumer ist vorrangig mit dem Problem von Überlegenheit oder Unterlegenheit beschäftigt. Auch Probleme des Kontrollierens oder Verlustes von Kontrolle können in sexuellen Bildern ihren Ausdruck finden. Und Taktiken wie Aggression oder Rückzug können als Teil des im Träumer stattfindenden Kampfes gegen Intimität und Nähe der sexuellen Begegnung dargestellt werden.

Das Auftreten sexueller Traumbilder kann deshalb in dem begründet sein, was den Träumer gegenwärtig beschäftigt – vom expliziten sexuellen Verlangen bis hin zum Bedürfnis nach vertrautem und liebevollem Umgang mit einem anderen Menschen.

Ein Beispiel: Ein Mann hatte einen Traum, der auf latent homosexuelle Neigungen hindeutete. Der Traum muß durchaus nicht bedeuten, daß der Träumer latent homosexuell *ist*, sondern eher, daß irgendeine besondere sexuelle Empfindung in ihm aufsteigt. Er braucht die Freiheit, dies zu erkennen und zu bestätigen. Jemand, der besonders stark gehemmt ist, könnte seine Sexualität in seinen Träumen anfänglich als Beziehung zu jemand vom eigenen Geschlecht ausdrücken, weil dies bekannter und vertrauter ist. Es gibt keinen Grund, ein von einer orthodoxen Theorie geliefertes Etikett zu akzeptieren. Deshalb sollte sich der Träumer fragen: Ist mein Traum das Resultat unerfüllter sexueller Spannungen? Drücke ich ein Problem meines Sexuallebens aus? Stelle ich ein Lebensproblem in sexuellen Bildern dar?

Luzide Träume

Ein luzider Traum ist, wie schon ausgeführt, ein Traum, in welchem wir uns der Tatsache bewußt sind, daß wir träumen. Celia Green beschreibt in ihrem ausgezeichneten Buch ›Lucid Dreams‹[1] die zu solcher Luzidität führenden Bedingungen, die vielen Formen, in denen luzide Träume auftreten können, und die Art und Weise, wie sie enden. Sie definiert einen »präluziden« Traum als einen, in dem eine kritische Einstellung des Träumers ihn fragen läßt: Träume ich oder wache ich? Sie beschreibt auch ein mit den luziden Träumen verbundenes Phänomen, das sogenannte »falsche Erwachen«: Der Träumer ist überzeugt, daß er aufgewacht ist, muß aber entdecken, daß er noch immer träumt, oder er schläft, wie in dem folgenden Beispiel, wieder ein und entdeckt dann, daß das Ganze ein Traum war.

Ein Träumer, der gerade an seiner ersten Traumgruppe teilnehmen wollte, hatte solch ein »falsches Erwachen« im Traum:

Ich träumte, daß ich träumte und dann erwachte und mich an den Traum erinnerte. Ich sagte mir nun im Traum, ich könnte doch wirklich nicht mit einem billigen, kümmerlichen und langweiligen Traum daherkommen. Ich war so enttäuscht, daß ich mir sagte, ich müsse wieder einschlafen, um eine interessantere »Traumproduktion« anlaufen zu lassen.

Viele luzide Träume entwickeln sich im Verlauf eines Alptraums und entstehen in Verbindung mit dem Versuch des Träumers, sich selbst aufzuwecken. Wenn ein Träumer sich in einem Traum bedroht fühlt, ist es für ihn nicht ungewöhnlich, sich selbst zu beruhigen, indem er sagt, daß es »nur ein Traum« sei. Die Phase der Luzidität ist in diesen Träumen sehr kurz und führt fast immer sofort zum Erwachen.

Luzide Träume sind in ihrem Inhalt oft realistischer als normale Träume. Der Träumer entdeckt oder schließt, daß es ein Traum ist, wenn er irgendeinen unstimmigen Traumteil bemerkt oder sich des Fehlens irgendeines realen Details bewußt wird. Sobald beim Träumer Luzidität einsetzt, kann er versuchen, den weiteren Verlauf des Traums zu beeinflussen.

Wiederholte Träume

Träume, die ähnliche Szenen wie frühere Träume enthalten und mit ähnlichen Gefühlen verbunden sind, können sporadisch oder regelmäßig auftreten. Solche Träume befassen sich mit einem wiederkehrenden Lebensproblem des Träumers, das noch nicht gelöst ist. Obgleich der Träumer Bilder übernimmt, die er in Verbindung mit diesem Problem schon in der Vergangenheit verwendet hatte, setzt er sie doch so ein, daß sie seine derzeitige Situation reflektieren sowie das, was sich eventuell an Veränderungen ergeben hat. Sobald das Problem gelöst ist, sei es in der Realität oder durch ein erfolgreiches Durcharbeiten des Traums, verschwindet der Wiederholungstraum.

Diese Träume beziehen sich häufig auf etwas, das verlorengegangen ist: eine sichere Zuflucht oder eine Quelle von Freude oder Vergnügen. Sie können sich auch mit der Suche nach einer verlorengegangenen Beziehung beschäftigen, die erfüllend war.

Eine junge Frau hatte wiederholt einen Traum, in dem ein Freund, von dem sie sich schon vor Jahren getrennt hatte, wieder auftauchte und ein anderes Mädchen mit seiner Zuneigung überschüttete. Die Träumerin war verdutzt, weil sie die Trennung nicht bewußt bedauerte und auch kein Verlangen hatte, den Freund zurückzugewinnen. Sie hatte sich damals zu ihm hingezogen gefühlt wegen seiner, wie sie es beschrieb, »Lebenskraft«.

Dies war eine charakteristische Eigenschaft von ihm, die ich bewundere und in mir selbst haben möchte. Ich sehe ihn als lebendig, tatkräftig, vital bei allem, was er in seinem Leben tut und liebt. Im Unterschied dazu meine ich, daß ich meine Zeit vergeude, meiner selbst unsicher bin und mich leer fühle, wenn ich an meine Zukunft denke.

Die Beschreibung ihres früheren Freundes führte zu der Aufdeckung des Einflusses, den dieser Traum auf sie hatte. In Wirklichkeit ist auch sie eine vitale, lebendige Person, die sich nur noch nicht selbst gefunden hat. Sie ist dabei, mit dem konventionellen Lebensstil zu brechen, und versucht aktiv, in Bereiche vorzustoßen, mit denen sie sich wirklich beschäftigen möchte. Da sie sich ihrer Vitalität und Lebenskraft bewußt war, sich jedoch nicht zu deren Verwirklichung aufraffen konnte, bestand ihre Traumstrategie darin, sich mit jemandem zu verbinden, der diese Eigenschaften in sich trug.

Problemlösung in Träumen

Auf viele Arten helfen Träume Probleme lösen, denen wir im Leben gegenüberstehen. In der Tat sind sämtliche Träume Problemlösungen oder sind zumindest Lösungsversuche. Unser Leben besteht aus einer langen Reihe von Lernbegegnungen, in denen wir aufgerufen sind, Entdeckungen über uns selbst zu machen. Unsere Träume registrieren die entstandenen Spannungen und erforschen die Kräfte, die wir entwickelt haben, um damit zurechtzukommen. Träume sind manchmal wirklich bemerkenswert, was die Methode betrifft, mit der sie uns Entdeckungen und Erfindungen ermöglichen. Es gibt viele bekannte Berichte dieser Art von Einfallsreichtum im Traum, der zu präzisen Lösungen führte. Hierzu gehört die Erfindung der Nähmaschine. Elias Howe sah in einem Traum furchterregende Eingeborene, die Speere mit Löchern trugen, und dies führte ihn zu der entsprechenden Position des Lochs in der Nadel, die er brauchte, um die Nähmaschine zu vervollkommnen.

Weil uns die Träume unsere persönlichen Belange wieder vorhalten, scheint es oft so zu sein, daß sie auf unser bewußtes Anliegen reagieren, ein bestimmtes Problem zu lösen. Wenn wir irgendeine Art von Lösung zu erreichen scheinen, so deshalb, weil unser Traum-Ich weiter und tiefer blickt und das Problem ins richtige Verhältnis zu unserem Lebenshintergrund rückt. Wird das Problem, das wir an unser Traum-Ich herantragen, von diesem in Wirklichkeit trotz unserer Besorgnis als relativ unwichtig angesehen, dann ignoriert es dieses Problem leicht zugunsten eines von ihm für wichtiger erachteten.

Wenn vom Beeinflussen unserer Träume die Rede ist, dann sprechen wir von etwas, das nur begrenzt möglich und nicht vorhersagbar ist. Wem dies klar ist, der wird sich nicht von der Vorstellung irreführen lassen, wir könnten unsere Träume kontrollieren, sondern wird lernen, auf ihre Hilfe für wirklich wichtige Anliegen zu zählen. Dem Traum-Ich steht eine umfassendere Sicht der Realität zur Verfügung als unserem Wach-Ich, und es ist deshalb nicht von letzterem manipulierbar. Unsere beiden Ichs sind dennoch in Wirklichkeit eines und versuchen, in Übereinstimmung miteinander zu arbeiten.

Ein Erstinterview mit einem jungen Psychologen, der zu mir in Therapie kommen wollte, hat mich einmal vor ein Rätsel gestellt. Er legte einen skeptischen, herausfordernden Ton an den Tag und zeigte ein Ausmaß an Aggression, mit dem nicht leicht umzugehen war. Ich versuchte, mit Anstand zu folgen, hatte aber ein unbehagliches Gefühl, war unsicher über meine Wirkung und machte mir Gedanken über den Ernst seiner Störung. Ich ging zu Bett mit der bewußten Hoffnung, daß ein Traum etwas Licht auf die Dynamik der Situation werfen würde. In dieser Nacht hatte ich einen Traum, in dem ich einen sehr zahmen und freundlichen Affen völlig problemlos einen Pfad entlangführte. Dies erwies sich dann als ein richtigeres Bild meines Patienten als jenes von dem wilden unkontrollierbaren Gorilla, den meine Befürchtungen in ihm gesehen hatten!

Prophetische, prognostische und warnende Träume

Während des Träumens sind wir äußerst sensibel für jene Veränderungen, die so subtil sind, daß sie von unserem Wachbewußtsein noch nicht registriert werden. Wir nehmen psychologische und physiologische Veränderungen in ihren Anfangsstadien auf, und wenn wir für die Botschaft des Traums sensibilisiert sind, können wir von ihrem Auftreten vorgewarnt werden. Es gibt viele Schilderungen über Veränderungen in dem einen oder anderen Körperorgan, die zuerst in einem Traum wahrgenommen worden sind. Es ist durchaus möglich, daß der Weg, den psychische und emotionale Strömungen nehmen, deren wir uns nicht bewußt sind, zuerst in einem Traum und erst danach in unserem Wachleben zu Ende beschritten wird.

Dabei müssen echt präkognitive Träume, solche, die Ereignisse voraussagen, für welche es in der Gegenwart weder subtile noch andere Anzeichen gibt, von den nur scheinbar präkognitiven unterschieden werden. Ein Beispiel für letztere: Jemand geht im Traum eine ihm vertraute Treppe hinunter und sieht dabei, daß das Geländer entzwei ist; am darauffolgenden Tag erlebt er, wie genau dieses Geländer bricht. Dabei ist es wahrscheinlich, daß der Betreffende ein minimales Anzeichen des bevorstehenden Bruchs mit seinen Sinnen registriert hatte und dies wichtig genug war, um im Traum untersucht und wahrgenommen zu werden. Anders wäre es, wenn sich das zerbrochene Geländer in einem Gebäude befände, in dem der Träumer vorher noch nie gewesen ist; dann könnte dieser Traum wirklich präkognitiv genannt werden.

Eine Frau erzählte uns in einer Traumgruppe, daß jedesmal, wenn ihr in einem Traum irgendwie Wasser erscheine, sie am nächsten Tag unweigerlich starke Kopfschmerzen habe. Zwei Tage danach berichtete sie einen Traum, der das scheinbar unbedeutende Detail enthielt, daß eine kleine Wasserpfütze auftauchte. Am folgenden Tag hatte sie ihre typischen Kopfschmerzen.

Lassen Sie uns zu den häufiger erlebten Traumarten kommen und einige der metaphorischen Bedeutungen betrachten, die von ihren Bildern abgeleitet werden können.

Flugträume

Diese treten in verschiedenen Formen auf. Man träumt, daß man durch die Luft geht, läuft, springt oder für längere Zeit in ihr verweilt. Oder man fliegt sogar durch die Lüfte. *Einige* der möglichen metaphorischen Bedeutungen können diese sein:
Ich fühle mich zufrieden, befriedigt, berauscht wegen etwas, das ich getan habe.

Ich fühle mich kompetent, erfolgreich und stark in bezug auf ein neueres Ereignis in meinem Leben.
Ich halte mich für etwas Besonderes, ich denke, ich sei anders oder anderen in gewisser Hinsicht überlegen.
Ich bin überrascht von der Entdeckung einer ungewöhnlichen Fähigkeit, von der ich nicht wußte, daß ich sie besitze.
Ich bin sexuell potent, mein Penis ist oben.

Fallträume

Diese können jede beliebige Form annehmen, von der einfachen Empfindung, daß man fällt, bis hin zu speziellen Szenen, etwa daß man von einer Klippe herunterfällt:
Ich habe die Kontrolle verloren.
Ich fühle mich hilflos.
Ich bin in Gefahr.
Bei einer Frau: Ich habe sexuelle Schuldgefühle – die Metapher des »gefallenen Mädchens«.
Ich habe in den Augen von jemand an Prestige verloren.
Ich bin in Ungnade gefallen.
Ich bin ohne Stütze, habe kein Fundament.
Die Anzahl von Metaphern, die schon vom einfachsten Bild abgeleitet werden kann, ist nur durch unsere Phantasie begrenzt. Auf je mehr Sie kommen, um so größer ist die Wahrscheinlichkeit, daß Sie auch die richtige treffen.

Zahnausfall

Dieses Motiv kann von unterschiedlichen Gefühlen begleitet sein:
Gefühlen von Verlegenheit und Schwäche;
Verlustgefühlen, besonders bei etwas, dessen man sich sicher glaubte;
Gefühlen von Passivität, Impotenz;
keine Worte finden zu können;
der Beschäftigung mit dem Altwerden und mit dem allgemeinen Nachlassen der Lebenskräfte.

Ein Traum, in dem die Milchzähne verloren werden, kann bedeuten, daß man bereit ist für das, was das Leben zu bieten hat.

Träume von Wasser

Wasser taucht häufig in Träumen in sehr unterschiedlichen Zusammenhängen auf. Es kann eine ganz unspezifische Beziehung zum Unbewußten haben, zum Mutterschoß und der Sicherheit der intrauterinen Existenz, zum Gebären, Nähren usw. Es kann etwas Mysteriöses, Drohendes, Gefährliches repräsentieren. Es kann auch eine spezifische sexuelle Anspielung auf den Ort sein, wo Sperma (Fisch) umherschwimmt. Es kann auch das Traumleben repräsentieren (in einem anderen Medium umherschwimmen).

Die entscheidende Frage könnte sein: Welche Art von Wasser? Ein Schwimmbecken kann Muße, Wettkampf oder auch Beschränkung der Beweglichkeit bedeuten; ein fließender Fluß: den Lebensstrom; Flutwellen, die gegen das Ufer anbranden: Kräfte jenseits unserer Kontrolle oder sexuelle Aufwallung; ein stiller, tiefer Teich: das Vorhandensein innerer Quellen.

Nacktsein in der Öffentlichkeit

Haben Sie sich vor kurzem in einer peinlichen Situation befunden? Fühlten Sie sich allen Blicken ausgesetzt, beschämt, verletzt? Ist Ihre soziale Fassade weggezogen worden? In solch einem Traum ist der Träumer oft der einzige, der sich seiner Nacktheit bewußt ist. Sind Sie möglicherweise in Gefahr, so gesehen zu werden, wie Sie nun einmal sind? Akzeptieren Sie wirklich, daß Sie so gesehen werden können, wie Sie sind? Versuchen Sie, so gesehen zu werden, wie Sie sind?

Todesträume

Träume vom Tod, sogar von unserem eigenen, haben meistens keine bedrohliche Bedeutung. Sie können in Wirklichkeit Gram, Verzweiflung oder Verlust ausdrücken. Oder sie können einfach das Ende eines Abschnitts im eigenen Leben anzeigen oder sogar die Vorwegnahme eines Neubeginns sein. Ein Todestraum kann mit aggressiven, feindseligen Gedanken gegenüber der toten Person verbunden sein: Unsere Träume greifen oft zu Übertreibungen, um ihren Sinn klarzumachen.

Verfolgungsträume

Sind Sie in einer schwierigen Lage? Sind Sie Gefühlen ausgeliefert, die außer Kontrolle zu geraten drohen? Werden Sie durch jemandes Aggressionen schikaniert? Haben Sie Schuldgefühle oder Angst, ertappt zu werden? Versuchen Sie, wegen etwas ungeschoren davonzukommen? Sind Sie in derselben Lage wie als Kind, als Sie sich von Mächten bedroht fühlten, die stärker als Sie waren?

Farbe in Träumen

Farbe kann in Träumen viele Gefühle und Vorstellungen ausdrücken. Grün und Rot erscheinen am häufigsten und können jeweils die volle Bandbreite emotionaler Reaktionen hervorrufen. Grün kann zum Beispiel die Bedeutung der Lebensbereicherung, der Nahrung und Pflege haben oder aber negative Bedeutungen wie Neid, Eifersucht oder Boshaftigkeit annehmen. Rot kann sich auf Leidenschaft, Erregung, Gefahr beziehen oder spezifischere Bedeutungen haben, wie der rote Fleck, der auf die Regelblutung der Frau hinweist. Gelb kann Glänzendes, Idyllisches, Aufregendes oder Furcht und Feigheit nahelegen. Blau kann sowohl auf Offenheit als auch auf melancholische Introvertiertheit hinweisen. Sogar die Farbe Schwarz kann positive wie negative Konnotationen haben: Sie kann sich auf schreckliche Ahnungen beziehen, auf düstere Stimmungen, Angst, Gefahr – oder aber auf tröstliche Vorstellungen von der Nacht.

In unseren eigenen Träumen greifen wir oft auf spezifische Farben zurück, um besondere Stimmungen oder spezifische Erinnerungen darzustellen. Für eine Träumerin bezog sich Gelb immer auf ihre Mutter wegen der charakteristischen gelben Schürze, welche diese trug. Wichtig ist also, darüber nachzudenken, welche Farben jeweils in Ihrem Leben eine Bedeutung hatten.

Menschen in Träumen

Menschen eignen sich genau wie Objekte für den metaphorischen Ausdruck in Träumen. In unseren Träumen auftauchende Leute können uns bekannt oder unbekannt sein, am Leben oder tot, berühmt oder unbedeutend. Wir können gegenwärtig mit ihnen beschäftigt sein, oder sie können der Vergangenheit entstammen. Sie können klar im Bild sein oder als vage Figuren erscheinen, die schwer zu beschreiben sind.

Die Menschen in unseren Träumen können die gleichen sein wie in unserem Wachleben, aber in ihrem Wesen erscheinen sie uns nicht so, wie wir sie gewöhnlich erleben. Vielleicht stehen sie so vor uns, weil sich in unserer Beziehung zu ihnen eine bislang entweder nicht vorhandene oder nicht wahrgenommene Spannung zeigt, oder wegen etwas Neuem in uns selbst. Mit anderen Worten: daß das Wesen jenes Menschen in unserem Traum in Erscheinung tritt, kann auf eine Veränderung in unserer Beziehung zueinander hindeuten. Oder aber wir bringen die Person ins Spiel wegen einer Eigenschaft in uns selbst, die wir mit deren Charakterzug assoziieren, jedoch an uns selbst erst wahrzunehmen beginnen.

Ferner gibt es Träume, in denen Menschen, die uns etwas bedeuten, mehr oder weniger so erscheinen, wie sie auch im Wachleben sind. In diesen Fällen geht es um die für uns wichtige Beziehung als solche. Wir beschäftigen uns mit ihr, und deshalb werden wir, sobald sich in ihr emotional etwas verändert, auch von ihr träumen.

Wenn in unseren Träumen Menschen aus unserer Vergangenheit wiederauftauchen, mit denen wir an sich wenig zu tun hatten, oder wenn wir von Menschen träumen, die uns im Wachleben wenig oder überhaupt nichts bedeuten, dann geschieht dies vermutlich deshalb, weil jene Personen etwas veranschaulichen, das wir bei uns selber oder bei jemandem, der uns im Augenblick nahesteht, eben erst zu spüren oder zu fühlen beginnen.

Sind Traumfiguren vage, verschwommen, nicht eindeutig, so hat dies oft irgend etwas mit uns selber zu tun. Es können zum Beispiel Männlichkeit und Weiblichkeit nebeneinandergestellt werden, um die in uns existierende jeweils andere Seite hervorzuheben.

Wichtige Beziehungen enden nicht mit dem Tod. Deshalb gelten dieselben Möglichkeiten, wenn wir von jemandem träumen, der gestorben ist.

Die Eigenschaften berühmter Leute berühren uns oft auf persönliche Weise, und wir können diese Affinität ausdrücken, indem wir irgendeine Koryphäe in unsere Träume einbeziehen.

Wenn Leute in großer Anzahl auftreten, kann sich dies auf eine besondere Szene oder ein besonderes Ereignis beziehen: eine Party, ein Picknick, eine bedrohliche oder unterstützende Macht.

Wortspiele

In unseren Träumen unternehmen wir mit der Sprache interessante Dinge. Wir sind äußerst talentierte Wortspielmacher. Wir erfinden neue Wörter. Wir haben Spaß mit doppelten Bedeutungen. Wir gebrauchen alte Wörter in seltsamer oder anscheinend unangemessener Weise. Wir schaffen neue Zusammensetzungen von Wörtern. Wir tun all dies, um uns die Gefühle über uns selbst klarzumachen. Diese Manipulation von Sprache ist eine beliebte metaphorische Taktik. Die Namen von Leuten oder Plätzen liefern auch reiche Möglichkeiten für Wortspiele und Mehrdeutigkeiten.

Eine Frau träumt, einen verflossenen Liebhaber in Connecticut zu treffen: Sind sie nun verbunden *(connected)*, oder sind die Beziehungen gelöst *(connections cut)?*

Eine Frau träumt von einem Mann namens Israel. Sie scheint sich zu fragen: Ist er echt *(Is he for real)?*

Eine Frau mit dem Namen Janice taucht in einem Traum auf, und es wurde deutlich, daß die Bedeutung die von Janus ist, dem altrömischen Gott mit den zwei Gesichtern.

Zeit und Raum

Beim Nachdenken über unsere Traummetaphorik sollten wir unbedingt in Rechnung stellen, wie willkürlich wir mit den Raum-Zeit-Verhältnissen umgehen, wenn wir Dinge ausdrücken wollen, die emotional miteinander verbunden sind. Subtil oder kühn kombinieren wir Vergangenheit und Gegenwart. Wir können uns selbst oder andere als jünger oder in verschiedenen Altersstufen im selben Traum träumen. Die Zeit kann schnell oder langsam vergehen. Es kann den Anschein haben, daß Ereignisse keinerlei logischer, zeitlicher Reihenfolge unterliegen. Die natürliche zeitliche Folge der Dinge interessiert uns also nicht, sondern eine Zeitwiedergabe, die uns ermöglicht, unsere Gefühle anschaulich darzustellen. In derselben Weise wird der Raum gehandhabt. Die Größen von Objekten oder Leuten, die angezeigten Distanzen, die Orientierung nach rechts, links, oben oder unten sind alles Fingerzeige für irgendeinen metaphorischen Ausdruck.

Der Kontext des Traums

Die Arbeit, die wir mit Gefühlen, Assoziationen und Metaphern leisten, kann eine befriedigende Bedeutung dessen, was der Traum sagt, erbringen oder auch nicht. Oft werden wir als erstes jene relevanten Erfahrungen des Wachlebens bestimmen müssen, die als Ordnungskern des Traums dienten. In seinem Werk ›Die Traumdeutung‹ bezeichnet Freud dies als Tagesreste und stellte hierfür die folgenden fünf Gruppen auf:
»1. Das während des Tages durch zufällige Abhaltung nicht zu Ende Gebrachte, 2. das durch Erlahmen unserer Denkkraft Unerledigte, das Ungelöste, 3. das bei Tag Zurückgewiesene und Unterdrückte. Dazu gesellt sich als eine mächtige 4. Gruppe, was durch die Arbeit des Vorbewußten tagsüber in unserem Ubw [Un-

bewußten] regegemacht worden ist, und endlich können wir als 5. Gruppe anfügen: die indifferenten und darum unerledigt gebliebenen Eindrücke des Tages.«[2]

Ich ziehe es vor, von diesen bedeutsamen Ereignissen als vom *gegenwärtigen Kontext des Traums* zu sprechen. Etwas in diesem Kontext wird von uns als neu, ungewöhnlich oder herausfordernd angesehen. Wir sind uns seiner vielleicht nur schwach, beiläufig und am Rande bewußt, aber es verschwindet doch nicht. Es berührt einen ungeklärten Teil der emotionalen Vorgänge in einer sensiblen Zone unseres Innern. Es verhält sich wie eine Art emotionaler Zeitbombe, die während des Tages so leise tickt, daß wir sie gar nicht hören. Sie geht los, sobald wir zu träumen beginnen.

Gedanken vor dem Einschlafen liefern oft einen wichtigen Hinweis zum Kontext des Traums. In der friedlichen Stille der Schlafenszeit scheinen wir die Bühne für die kommenden Träume aufzubauen. Seien Sie bewußt bemüht, sich jene Gedanken und Gefühle ins Gedächtnis zu rufen, die Sie direkt vor dem Einschlafen hatten. Wenn dies keinen Hinweis zu den Traumbildern liefert, dann gehen Sie im Detail all das durch, was Sie am Tag vor dem Traum getan haben.

Sofern es uns nicht gelingt, die Brücke zwischen den Traumbildern und unserem gegenwärtigen Lebenszusammenhang zu schlagen, wird uns das erregende Gefühl der Gewißheit über den Sinn des Traums wahrscheinlich versagt bleiben. Ein Traum, der in einem zeitlichen Vakuum hängenbleibt, getrennt von seinem unmittelbaren Kontext, kann wohl intellektuell stimulieren, wird jedoch eine blasse, abstrakte Nachbildung dessen sein, was er sein könnte. Wenn Sie den Kontext mit den Traumbildern in Verbindung bringen können, dann sind Sie auf dem rechten Weg, den Traum zu verstehen.

Oft, wenn auch nicht immer, können wir die Beziehungen eines Traums zu Erlebnissen der Vergangenheit verfolgen. Solche Erinnerungen werden unser Verständnis der Bedeutsamkeit des gegenwärtigen Kontexts bereichern und ausweiten, so wie die Einsicht in den gegenwärtigen Kontext unser Verständnis der Bedeutsamkeit bestimmter vergangener Erfahrungen fördern kann. In diesem Sinne können Träume als multidimensionale Begegnungen mit besonderen Ergebnissen angesehen werden.

Die Untersuchung der einzelnen Traumsequenzen ebenso wie die einer Reihe von Träumen, die in derselben Nacht auftreten, wird uns helfen, den Bildern nachzuspüren. Wenn wir uns an zwei oder mehr Träume in einer Nacht erinnern, kann die Arbeit mit jedem von ihnen Licht auf die anderen werfen. Sobald ein Problem von großer Wichtigkeit ist, taucht es leicht in allen Träumen auf, obwohl es keine direkten Zusammenhänge geben mag. Die Traumsequenz kann eine Abfolge verschiedener Wege anzeigen, mit dem Problem umzugehen, wobei der jeweils nachfolgende Weg sich aus den Bemühungen der vorherigen Sequenz entwickelt.

Das Wissen über uns auszugraben, das die Träume enthalten, fordert zur Nutzung unserer kreativen Möglichkeiten auf. Wir müssen unserer Phantasie nur freien Lauf lassen. Wir müssen mit den metaphorischen Möglichkeiten der Traumbilder spielen, selbst wenn uns dies an Orte führt, an die wir lieber nicht gehen würden.

Das persönliche Symbolbuch

Wenn Sie über Ihre Träume Bericht führen, sollten Sie dabei auch alle realen Ereignisse aufschreiben, die mit speziellen Traumbildern verbunden zu sein scheinen. Dies wäre der Beginn für den Aufbau eines eigenen, persönlichen Symbolbuchs. Bestimmte Farben können auf bestimmte Erfahrungs- oder Gefühlskategorien hinweisen, jedesmal wenn sie in Ihren Träumen auftauchen, und spezielle Gegenstände können als sinnvolle Selbstbilder dienen. Der eine Träumer sieht sich beständig als Schiffskapitän, General oder Orchesterleiter. Der nächste wird das Bild eines alten, zerdellten, aber unverwüstlichen Volkswagens als Selbstbild anwenden. In ihren Träumen zitierte eine ältere Frau das Bild eines längst verstorbenen jungen Geliebten herbei, sobald sie sich frustriert und sexuell unbefriedigt fühlte. Römische Szenen erschienen bei einem jungen Mann italienischer Abstammung immer dann, wenn er die Atmosphäre seiner amerikanischen Heimat als zu bedrückend empfand. Jegliche Bezüge auf Essen oder Kochen hatten in den Träumen einer jungen Hausfrau sehr negative Assoziationen: Ihre Mutter hatte dem Essen viel zu große Bedeutung beigemessen.

Sie werden herausfinden, daß Ihre eigenen Traumbilder als Wegweiser zu bestimmten Spannungen und Problembereichen dienen. Wenn Sie diese alle aufschreiben, haben Sie das einzige Symbolbuch zur Hand, das ganz auf Sie selber abgestellt ist, weil es auf Ihren eigenen Träumen beruht.

Selbst dann sollten Sie darauf achten, nicht irgendeine äußere Deutung den Sinn, den Sie Ihren Träumen geben, bestimmen zu lassen. Halten Sie Ihr Symbolbuch auch immer auf dem neuesten Stand. Metaphern können für Sie ihre Bedeutung verändern, sobald sich die Bereiche Ihrer Erfahrung erweitern und Sie befriedigendere Möglichkeiten der Problemlösung lernen.

7. Die Darstellung unserer Konflikte im Traum

Bis jetzt haben wir ganz allgemein von den Traumbildern und dem Umgang mit ihnen gesprochen. Nun wollen wir unser spezielles Augenmerk auf die Konfliktsituationen lenken, mit denen sich unsere Träume beschäftigen: Situationen mit einem unterschiedlichen Ausmaß an Spannung, die nicht sofort gelöst werden kann. Wir alle müssen lernen, uns mit Autoritätspersonen zu arrangieren, eine eigene Identität zu entwickeln, uns mit einem Verlust oder einer Trennung abzufinden. In jedem dieser Bereiche können wir in Konflikte geraten.

Ruft die Begegnung mit Autorität Gehorsam und Anpassung hervor oder Widerstand und Trotz? Ist unser Unabhängigkeits- und Selbstbehauptungswille stark genug, daß wir mit jeder einschlägigen Situation fertig werden? Wieder andere Spannungen bringt der Kampf mit sich, die eigene Identität aufzubauen und zu verteidigen. Können wir unsere Einzigartigkeit deutlich machen und hochhalten, oder ziehen wir uns in die Sicherheit der Anonymität zurück?

Sind wir in Probleme verwickelt, die unsere sexuelle Identität betreffen? Sind wir in den Geschlechterkampf verwickelt? Verlangt es uns nach Echtheit, und meiden wir Heuchelei? Suchen wir hinter Leistung oder Besitz einen Schutz für unser Sein und Fühlen? Unterdrücken gesellschaftliche Zwänge unsere Individualität? Haben wir eher einen Bezug zu unserem Selbstwertgefühl als Person, oder streben wir eher nach materiellen Gütern? Pflegt die egoistische oder die selbstlose Seite unseres Wesens den Sieg davonzutragen? Zaudern wir in Situationen, die uns Entscheidungen abfordern? Fühlen wir uns bedroht angesichts eines Verlusts? Beharren wir auf unrealistischen Erwartungen, oder können wir vorhandene Einschränkungen akzeptieren?

Was eine Konfliktlage kennzeichnet, sind die gegensätzlichen Kräfte, die wir spüren, wenn wir uns in einer derartigen Situation befinden. Obwohl Konfliktlagen in Form und Erscheinung äußerst variabel sind, lassen sie sich generell in die folgenden Polaritäten auflösen:

Unabhängigkeit – Abhängigkeit
Selbstbehauptung – Unterordnung
Selbstbestimmung – Anonymität
Aktivität – Passivität
Echtheit – Unechtheit
Substanz – Äußerlichkeit
Sein – Haben oder Leisten
Anerkennung – Ablehnung

Unsere Verwundbarkeit wird bestimmt durch unsere Vergangenheit; in welche Konfliktsituationen wir vorzugsweise geraten, ist deshalb individuell. Einer der besten Wege, etwas über sie zu erfahren, ist die Arbeit mit unseren Träumen, denn sie kann uns lehren, wie unsere Vergangenheit uns bei der Bewältigung von Entscheidungskonflikten unterstützt oder behindert. Wir erfahren, wo unsere verwundbaren Stellen liegen und wie sie entstanden sind. Wir lernen, wer wir sind und wer wir waren. Solches Lernen ist mühevoll. Es mag sogar schmerzhaft sein. Aber ganz bestimmt ist es nicht mysteriös oder für uns unerreichbar.

Wir haben uns mit unseren Traumbildern und ihren Verbindungen zu konkreten Situationen des Alltagslebens beschäftigt. Nun wollen wir uns mit den Kategorien des *Wachlebens* befassen, die für unser Traumleben wichtig sind. Zwei Wege führen uns zu unseren Träumen: Der eine berücksichtigt unseren inneren Dialog während des Träumens, der andere die im Augenblick gegebene problematische Situation, in die wir durch einen fehlerhaften Dialog mit unserer Vergangenheit geraten. Träume geben uns die Möglichkeit, diesen Dialog aufs richtige Gleis zu bringen; unser Kampf, das zu erreichen, zeigt sich im Inhalt des Traums.

Die Entscheidungskonflikte variieren in ihrer Wichtigkeit, was sich auch in den Gefühlen zeigt, die durch die jeweiligen Traumbilder wachgerufen werden. Unsere Träume können uns ängstigen, amüsieren, anregen und beschämen. Wir sind oft schockiert über die Intensität all der Gefühle, die da hervorkommen. Träume können recht wirkungsvoll auf unsere Schwächen hinweisen, indem sie sie übertreiben, und sie setzen uns einen Dämpfer auf, wenn es nötig ist. Gleichzeitig lassen sie unsere inneren Ressourcen zutage treten.

Schauen wir uns ein paar alltägliche menschliche Entscheidungskonflikte an, wie sie einige der mir berichteten Träume zum Thema hatten.

Sich Veränderungen stellen

Die Aussicht auf einen Wechsel weckt Hoffnungen, Wünsche und Ängste. Robert, ein junger Astronom, für den seine erfolgreiche Karriere alles bedeutete, hatte den Gedanken an eine Heirat beiseite geschoben. Als er 35 Jahre alt war, hatte seine Mutter schon alle Hoffnungen aufgegeben, daß er doch noch heiraten würde, und schickte ihm eine Tafel mit der Aufschrift: »Der Junggeselle: ein rollender Stein setzt kein Moos an.« Aber kurz nachdem er diese bekommen hatte, traf er ein junges Mädchen und entschloß sich, sie zu heiraten. In der Nacht, in der er sich zu dieser Entscheidung durchgerungen hatte, legte er sich mit dem Gedanken schlafen, welche Wirkung dieser große Schritt wohl auf sein Traumleben haben werde und welche Ängste als Konsequenz daraus wohl auftauchen würden. Er erzählte: »Ich erwachte mit dem Bild, wie ich selber die Tafel, die meine Mutter mir geschickt hatte, in den Müllkasten warf.«

Robert ist ein großer, kräftiger Mann. In der nächsten Nacht hatte er den folgenden Traum:

Ich war in New York und sah zum Empire State Building hinauf und wunderte mich, warum sie noch 26 Stockwerke auf das Gebäude draufsetzten.

Seine Braut war 26 Jahre alt.

Robert war verständlicherweise mit den Auswirkungen seiner Entscheidung und den Veränderungen beschäftigt, die sich aus ihr für sein Leben ergeben würden. Sein Konflikt bestand darin, ob er den Wechsel nun wünschte oder ablehnte. Seine Träume kamen ihm mit Direktheit und Humor zu Hilfe: Er würde den alten Lebensstil leicht abwerfen, und sein Leben würde durch diese Veränderung erweitert und nicht eingeschränkt.

Ein anderer Traum, der einen Wechsel darstellt: Grace, eine Frau in mittleren Jahren, nahm an einer Traumgruppe im Rahmen einer spirituellen Klausur teil. Sie berichtete folgenden Traum:
Jemand ist in meinem Schlafzimmer und will nicht gehen. Ich sitze, noch wach, zusammengekauert in meinem Bett, rühre mich nicht und warte darauf, daß diese Person und die anderen Gäste gehen. In einem Hof zeigen meine Freundin Helen und ihr Mann auf ein flaches, terrassenartiges Gebilde von Steinen und sagen: »Sind die Steine nicht hübsch!« Ich lege mich hin, und die Steine werden so angeordnet, daß sie den Umrißlinien meines Körpers folgen. Ein 86jähriger Freund, ein Künstler, sagt, ich hätte ihnen hierfür die Anweisung gegeben. Die Person, die vor dem Fenster wartet und uns beim Schlafen beobachtet, verschwindet. Ich stehe auf, und vor mir liegt eine sehr große Gartenfläche mit hohen, gut gewachsenen, aber überreifen Broccoli-Pflanzen, die der Besucher für uns zurückgelassen hat.

Die Arbeit an Graces Traum zeigt ihr Beschäftigtsein mit der Frage, ob sie mit dem fortfahren sollte, was sie bisher beruflich gemacht hatte, oder ob sie etwas Neues anfangen sollte. Sie fühlte, daß sie sich auf vielerlei Arten eingeigelt hatte. Passiv ließ sie sich in verschiedene Betätigungen treiben, ohne sich für irgendeine wirklich zu engagieren. Ihre Freunde hielten die Steine für hübsch (so sehen andere ihr Leben), aber sie erlebte diese Steine als einschränkend, weil sie ihr Leben in seinen Möglichkeiten begrenzten. Der alte Künstler ist jemand, der viel Zeit damit verbringt, regungslos in einer Zen-Haltung zu verharren. Er scheint auf die familiären Ursprünge ihrer Passivität hinzuweisen. Die Blütenstände an den Broccoli-Pflanzen waren schön, aber überreif, was ihre Gefühle spiegelt, bereits verblüht zu sein.

Ihr Konflikt, der sich in ihrem Traum darstellt, ist der, ob sie sich aus ihrer passiven Position (ihren Körper mit Steinen umgrenzen) heraus- und in eine aktive (aufstehen und die Pflanzen sehen) hineinbewegen soll, ob sie ihr Leben, so wie es ist, sehen kann, also die positiven Seiten (die hohen, gutgewachsenen, schönen Blütenstände) und die negativen (die überreifen Pflanzen), damit sie fähiger würde, eine Entscheidung zu treffen. Die Person, die wartet, daß sie aufwacht, ist jene Seite in ihr, die das ungenutzte Potential spürt und bereit ist, ihr Leben zu ändern.

113

Die eigene Identität suchen

Rose, eine weitere Teilnehmerin beim gleichen Workshop, stellte folgenden Traum vor:

Ich befand mich an einer Kreuzung. Es war keine breite Auto-straße, sondern eher eine Nebenstraße, nicht befestigt, mit einer Schmutzschicht und ohne Asphaltdecke. Kleine Pfützen hatten sich gebildet, als ob es geregnet hätte. Ich blickte über die Kreu-zung hinaus und sah ein Geschäft. Es war Sears (ein Kaufhaus). Wie schön! Die haben einen Laden hier draußen, wo sie sonst nie vorher einen Laden hatten, hier auf dem Land, wo ich mich dar-über freuen kann. Ich schaute mir das Schild näher an: »Verkauf« *stand darauf. Ich dachte mir, hoffentlich haben sie den Verkaufs-tisch mit all den hübschen Dingen, nach dem ich gesucht hatte.*

Rose hatte stark das Gefühl gehabt, sich an einem Scheideweg zu befinden, als sie auf die Suche nach spirituellem Rückhalt ge-gangen war. Eine Klausur wie die, an der sie jetzt teilnahm, gab ihr etwas, das ihr die Kirche zu Hause nicht geben konnte. Mit ihren eigenen Worten: »Die ganzen sechs Jahre, die ich hierher-komme, glaube ich, daß mein Grundbedürfnis nicht von meiner Kirche erfüllt wird. Nun ist in meiner Gemeinde etwas in Gang gekommen, aber ich merke, daß ich das nicht mehr brauche. Das ist der Laden im Traum, in der ländlichen Umgebung, wo ich le-be, mit so vielen Sachen zum Auswählen, und ich habe die Wahl.« Der Traum hatte Bezug zu einem Lied, das ihr in den Sinn kam, als sie meditierte: »Die Augen haben nicht gesehen, die Oh-ren nicht gehört.«

In Ergänzung zum offensichtlichen Bezug – »Sears« ist ein Ort, an dem man fast alles finden kann – ist der Name metapho-risch verbunden mit den »Sehern« *(seers)* im spirituellen Sinn. »Ich glaube, daß ich diesen Traum hatte, weil ich letzte Nacht er-wogen habe, ob ich diese Quelle zuschütten soll oder nicht, das heißt, ob ich nicht mehr zu diesen Klausuren kommen sollte, also ob ich bereit war, diesen Schritt zu tun.«

Ihr Konflikt: War sie bereit, aus ihrer passiven, unterwürfigen Rolle herauszutreten und zu ihrer wahren Identität als Leiterin und Übermittlerin neuer Ideen zu kommen?

Bei einer meiner Traumgruppen, an der Psychotherapeuten teilnahmen, brachte Lena, eine junge Frau mit zwei kleinen Kindern, folgenden Traum:

Ich kam mit Eva (6 Jahre) und Billy (4 Jahre) an einen Swimmingpool. Dieses Schwimmbad wird von der Tagesstätte benutzt, in der ich die Kinder lasse, wenn mein Mann und ich arbeiten. Eva badet gern, und sie geht mit den anderen Kindern schwimmen. Ich weiß, daß ich nicht baden gehen wollte. Billy, der klein und mager ist, geht in den großen Swimmingpool, und das Wasser reicht ihm bis zum Kinn. Ich weiß, daß das zu hoch ist. Zuerst ärgere ich mich darüber, daß ich auf ihn aufpassen muß. Dann ist er plötzlich im flacheren Schwimmbecken auf der linken Seite. Ich sehe ihn unter der Wasseroberfläche, wie er zu mir heraufschaut. Ich bekomme einen Schreck. Ich muß ihn rausholen. Er sieht mich lächelnd, erwartungs- und vertrauensvoll an. Ich habe ein liebevolles, herzliches Gefühl und keine Angst mehr, daß er ertrinkt.

Die Teile fügten sich für Lena zusammen, als jemand aus der Gruppe das letzte Bild von Billy in dem kleinen Schwimmbecken mit einem Fötus im Uterus verglich. Nachdem wir lange an dem Traum gearbeitet hatten, sah Lena ihn folgendermaßen:

Letzte Woche war meine Tochter mit anderen Kindern für drei Tage verreist. Ich war traurig, daß sie weg war, und dachte, daß sie eines Tages endgültig fort sein würde. Als sie zurückkam, war sie unabhängiger, und hierdurch spürte ich den Konflikt gleichfalls. Sie braucht mehr Freiheit, und in dem Traum verschwand sie mit den anderen Kindern. Billy scheint noch ein Baby sein zu wollen. Das Bild von ihm im Traum konfrontiert mich mit der Frage, noch einmal schwanger zu sein. Ich plane für die nächsten paar Jahre nicht, weitere Kinder zu haben, und wenn ich noch einmal schwanger werden sollte, sah ich es schon als selbstverständlich an, eine Abtreibung machen zu lassen. Ich wollte kein Kind mehr, und jetzt bin ich stark in Versuchung, doch eins haben zu wollen. Es gab etwas Erfreuliches an dem Bild von Billy in der »Gebärmutter«. Bei der Tagesstätte fragten sie mich, ob ich nicht ein Picknick mit den Kindern machen könnte. Ich sagte, ich hätte nicht genug Zeit, da ich arbeiten müsse. Ich war traurig, aber gleichzeitig erleichtert, weil ich meine Arbeit hatte, um mich zu rechtfertigen. Diese zwei Dinge gingen mir letzte Nacht durch den

Kopf – ich fühlte mich traurig, weil Eva jetzt dem Kleinkindalter entwachsen ist, und ich fühlte mich zerrissen, weil ich nicht mehr aus der Elternrolle machte.

Lenas Konflikt erwuchs aus zwei unterschiedlichen Bestrebungen, die sie spürte: sie selbst zu sein und ihre berufliche Karriere zu verfolgen oder für andere da zu sein und ihr Verlangen nach weiteren Kindern zu erfüllen. Die Reaktion der Tochter und Lenas Reaktion auf die drei Tage Ferien waren der Kontext, in dem der Konflikt offensichtlich wurde. Der Traum machte Lena die Stärke ihrer mütterlichen Instinkte deutlicher, und sie beendete die Besprechung, indem sie sage: »Ich bin mir nicht mehr so sicher, daß ich, sollte ich schwanger werden, eine Abtreibung machen ließe.«

Sarah, 83jähriges Mitglied einer Traumgruppe, hatte immer noch Spaß daran, ihre aktive Karriere als Malerin zu verfolgen. Das Thema vieler ihrer Bilder waren kleine, spielende Kinder. Ihr Mann, der zu Hause lebt, war schon recht senil und brauchte ziemlich viel Pflege. Sie erzählte diesen Traum:

Ich war plötzlich im dritten Monat schwanger. Ich machte mir keine Gedanken. Ich war ruhig und sorglos. Ich hatte schon alles geregelt, um in sechs Monaten in eine bestimmte Privatklinik zu gehen. Die Leiterin war stark und mütterlich. Ihr Mann kam zu mir nach Hause und erzählte, daß seine Frau nicht länger in Verbindung mit dem Krankenhaus stehe. Ich wußte, daß ich trotzdem dort hingehen wollte, aber ich fühlte mich verunsichert. Ich war besorgt, beunruhigt und enttäuscht. Ich würde dort auf jeden Fall hingehen müssen. Im Traum war ich in meinem jetzigen Alter. Ich wußte, daß ich gebären würde. Ich dachte nicht daran, eine Abtreibung machen zu lassen.

Der Tag vor dem Traum war für Sarah ziemlich schwierig gewesen. Sie arbeitete bis spät in die Nacht in ihrem Atelier, und zum ersten Mal wurde ihr ein bedrückendes Gefühl bewußt: Sie war belastet mit der Verantwortung, Gemälde für den Versand fertig zu machen, mit den finanziellen Transaktionen, die dazu gehörten, und dergleichen. Als sie nach Hause kam, war sie verwirrt und entmutigt. Aber am Morgen nach dem Traum fühlte sie sich ganz anders. »Der Traum klärte meinen Kopf. Ich ging ins Atelier und entschied, daß ich es schaffen könnte, wenn ich nur *eine* Sache auf einmal mache. Mein Kopf war klar, und ich konnte meine Arbeit organisieren.«

Entweder der Traum oder die Nachtruhe hatten das bewirkt. Wenn es der Traum war, hat sie auf ihn rein emotional reagiert, da sie keine Bedeutung herausgearbeitet hatte. Sie verknüpfte den Traum mit ihrem Mann: »Ich spüre, daß er ein Kind ist. Es gibt Zeiten, wo er denkt, daß ich seine Mutter bin. Er schläft viel. Es ist, als wenn er sich in einen Kokon zurückzöge...«

Zu ihren Gedanken vor dem Einschlafen befragt, äußerte Sarah: »Ich war ärgerlich über mich selbst, als ich zu Bett ging. Ich hatte mir zuviel vorgenommen und habe mich selbst frustriert. Vor dem Einschlafen sagte ich zu mir: ›Hab ich es nötig, all dies zu tun? Kann ich lernen, wie man die unwichtigen Dinge wegläßt?‹«

Sarah spürte nun, daß ihr Gefühl der Erleichterung in direkter Verbindung zu ihrem Traum und seiner Botschaft stand und daß das Bild von der »Superfrau« (die starke, mütterliche Leiterin) verschwunden war. Im Traum war das starke Mutterbild gespalten. Sie hatte nicht den Wunsch, in ihrem Alter mit einem hilflosen Kind belastet zu sein. Aber sie würde mit ihrer Last zurechtkommen (ihr Mann-Baby) und auch ins reine mit dem, was sie tun konnte und was nicht.

Der Konflikt war hier, daß sie trotz ihres Schwurs, so weiterzumachen wie bisher, nicht mehr in der Lage war, die Grenzen, die ihr das Alter und die Umstände setzten, zu leugnen und daß sie deshalb das »Superfrauen-Image« von sich selbst aufgeben mußte. Ihre Beunruhigung hierüber, als sie schlafen ging, und die Ereignisse des Tages, die zu ihrer Entmutigung geführt hatten, waren der Kontext für ihren Traum. Am Morgen fühlte sie sich besser, als sie der Realität gegenübergestanden und das als Teil der menschlichen Natur akzeptiert hatte.

Reaktionen auf einen Verlust

Ellen, eine junge Psychiatrieschwester, bekam einen Brief von ihrer Großmutter. Der Brief rief Gefühle von Trauer und Schuld wach. Trauer, weil er das Gefühl von Verlust wieder entfachte, das sie hatte, seit ihr Großvater vor sechs Monaten gestorben war, und Schuld, weil sie meinte, ihrer Großmutter schreiben zu müssen, es aber nicht fertiggebracht hatte. In dieser Nacht hatte sie folgenden Traum:

Ich war als Krankenschwester im Krankenhaus und mußte mich um meinen Großvater kümmern. Ich war mit all den technischen Verrichtungen beschäftigt, dem Tropf, der Überwachung der Atmung und so weiter. Ich sagte ihm, er solle sich nicht bewegen und seine Beine nicht massieren, weil dies ein Blutgerinnsel losreißen und er dann eine weitere Herzattacke haben könnte. Die Szene wandelte sich, und es kam mir wie ein Film oder im Kino vor. Da waren große Kartons mit der Campbell-Suppe, die in verschiedene Länder, wie Südamerika, geschickt wurden. Ich erwachte schluchzend und weinend.

Als sie zu ihrem Traum frei assoziierte, sprach Ellen von ihrer sehr engen Verbundenheit mit ihrem Großvater. Zu seinen Lebzeiten hatte er viele gute Werke vollbracht, und nach seinem Tod wurden zahlreiche Hilfsprojekte gestartet, die an ihn erinnern sollten. Scheinbar nebenbei bemerkte sie, daß sie eine Beinprothese habe, und nun wurde klar, daß der Traum eine Antwort auf das wiedergeweckte Gefühl war, einen zweifachen Verlust erlitten zu haben: den ihres Großvaters und den ihres Beins. In beiden Fällen war geeignete technische Hilfe nicht verfügbar, um die endgültige Katastrophe zu verhindern. Die Warnung im Traum, die Beine nicht zu massieren, damit nicht ein Herzanfall darauf folge, mag sich darauf beziehen, ihre eigenen Gliedmaßen so unauffällig wie möglich zu behandeln, damit dieser Schaden dort unten ihre Empfindungen als Frau nicht störte (ihr Herz).

Die Schlußszene mit den Kartons mit Campbell-Suppe deutet auf sie und ihren Großvater hin. Die großen Kartons mit Suppe, die zu den Bedürftigen geschickt werden, deuten auf die Projekte hin, die nach dem Tode ihres Großvaters in Angriff genommen wurden. Es gibt gleichfalls einen versteckten Hinweis auf einen Wechsel in ihrem eigenen Leben. Sie hatte von einer medizinischen Krankenschwester (im Traum symbolisiert durch ihre Betonung der technischen Verrichtungen) gewechselt zu einer Psychiatrieschwester im Gemeindewesen, wo der Schwerpunkt mehr auf den sozialen Kontakten und der Zuwendung für ganze Gruppen von Menschen liegt. Das Schluchzen und Weinen beim Erwachen ist verständlich. Der Verlust ihres Großvaters und ihres Beins sind dauerhaft, und nichts kann sie zurückbringen. Diese Fähigkeit, Gefühle auszulösen, die auf der Entwicklung einer gefühlsmäßigen Analogie beruhen, ist charakteristisch für einen Traum.

Im Alter von vier Jahren hatte Marion einen Unfall gehabt. Nach einer Zeit der Bewußtlosigkeit war sie im Krankenhaus erwacht. Eines ihrer Augen war verletzt worden. Sie hatte den Krankenhausaufenthalt als eine ängstigende und ganz schlimme Erfahrung in Erinnerung. Sie war allein in einem Raum gewesen. Ihre Eltern durften nicht zu ihr, und wie sie sich erinnert, wurde sie die meiste Zeit unbeaufsichtigt gelassen. Nur ein junger Arzt war ihr gegenüber freundlich. Seit ihrer Kindheit mußte sie eine Brille tragen, was sie sehr ärgerte, weil sie glaubte, daß dies ihrer Schönheit Abbruch täte. Sie war zunehmend unglücklich darüber, eine Brille tragen zu müssen, und hatte andere Möglichkeiten ausprobiert, einschließlich einer neuen Art von Kontaktlinsen, weichen Kunststofflinsen. Sie hatte auch vorher schon Kontaktlinsen getragen, aber sich geärgert, von ihnen abhängig zu sein. Sie hatte am Tag des Traums eine neue Brille bekommen. Die Nacht vor dem Traum war sie mit einem Freund zusammen und hatte ihre Brille abgenommen. Seine spontane Reaktion war: »Deine Augen sind wirklich sehr schön, und ich habe sie vorher nie beachtet.« Ihr Traum in dieser Nacht hatte alptraumartigen Charakter:

Ich befand mich in einem Sanatorium oder Krankenhaus. Zuerst sagte man mir, ich sei hier, weil ich krank sei und isoliert werden müsse, und das würde nach einer Woche vorbei sein. Die Räume waren kalt und grau, und es gab Gitter vor den Fenstern. Irgendwie wurde mir die schreckliche Wahrheit klar: Die hatten mich abgeschoben. Ich blickte zu Boden und sah, daß meine Füße in grauen Plastiksandalen steckten oder in grauem Metall oder beidem, aber ich konnte immer noch laufen. Da sie ganz eingehüllt waren, sahen sie breiter und größer aus, von unbestimmbaren Ausmaßen.

Die ganze Zeit habe ich ein Krankenhausnachthemd an. Die Atmosphäre ähnelt sehr der in einem Polizeistaat. Da müssen ganz bestimmte Regeln erfüllt sein, ehe man ins Zimmer darf. Kontakte mit Männern sind verboten. Alle Bewegungen werden registriert.

Eine Frau in Polizeiuniform kam an meine Tür. Es war eine Steintür. Ich öffnete nur so weit, um mein Gesicht und den Oberkörper zu zeigen, da noch andere Leute in dem Zimmer waren und wir planten, hier auszubrechen. Sie sagte: »Da ist niemand drin bei dir, nicht wahr?« Ich sagte: »Nein.« Dann passierte etwas, das die Anwesenheit anderer offenbarte. Ich wurde deswegen getadelt. Es hatte damit zu tun, eine Puderdose, einen Spiegel und einen Lippenstift zu besitzen, was nicht erlaubt war.

In diesem Moment wurde ich in ein rundes Wartezimmer gebracht. Wenn ich es mir recht überlege, war dies günstig für mich. Hierher kamen Besucher, es war der einzige Platz, wo man mit der Außenwelt zusammentreffen konnte.

Es gibt viele Elemente in diesem Traum, aber das dominante Thema sind die Schwierigkeiten, die sie ihr ganzes Leben mit ihren Augen hatte, ausgelöst durch ihr traumatisches Erlebnis im Alter von vier Jahren. Sie fühlte sich verlassen, hereingelegt, hilflos und hoffnungslos. Der Traum ist eine Antwort auf den Verlust im Sinne einer körperlichen Beeinträchtigung. Er zeigte ihr, daß sie immer noch in einem verzweifelten Kampf um Freiheit war (Fluchtpläne, sie hatte noch ein wenig Freiheit, sich zu bewegen, trotz ihres Handikaps mit den Füßen), und die kalte, einschränkende und unerbittliche Wirklichkeit, gegen die sie sich wehrte (indem sie ihr Augenproblem als Einschränkung des Kontakts zur Außenwelt erlebte). Der Kontext war der Besuch beim Augenarzt, die Tatsache, daß die neuen Augengläser wenig halfen, ihre Pein zu lindern, und der Kommentar ihres Freundes, der ihr einerseits guttat, sie aber andererseits auf einen Mangel hinwies.

Die Situation hatte ihre alten Ängste wegen ihrer Augen geweckt: die Wirkung, die eine Brille auf ihr Aussehen hatte, und die Hilflosigkeit, die sie bei ihren Bemühungen fühlte, dieses Problem loszuwerden. Ihre Beschäftigung mit ihrem Aussehen stand in keinem Verhältnis zu der tatsächlichen Wirkung einer Brille. Ihre Schwäche bei der Bewältigung dieses Handikaps war, daß sie übersensibel in bezug auf ihr Aussehen war und ihre wirkliche Attraktivität und ihren wahren Wert unterschätzte. Dies sind die Bestandteile des Konflikts, die zu dem Traum geführt haben.

Übrigens hat Marion etwas getan, das im Traum allgemein üblich ist. Sie hat ihre Aufmerksamkeit von der wahren Quelle ihrer Schwierigkeiten, ihren Augen, auf ihre Füße verlagert. Solche Verschiebungen haben eine metaphorische Absicht. Im Traum ist Marion nicht mit der Tatsache beschäftigt, daß sie eigentlich wegen ihrer Augen ins Krankenhaus gekommen ist. Sie ist damit befaßt, sich zu bewegen und zu fliehen. Das Plastik und Metall, das in Verbindung gebracht werden kann mit den »Krücken« (ihre Bezeichnung), die sie für ihre Augen braucht, sind nun mit ihren Füßen verknüpft, um sie sichtbarer zu machen und ihre Fluchtmöglichkeiten einzuschränken.

Dieser Traum zeigt auch in dramatischer Weise, welch starken Widerhall ein traumatisches Ereignis, das vor einem Vierteljahrhundert passiert ist, haben kann. Der Traum half Marion, deutlicher zu sehen, welche Macht ihre Vergangenheit über sie hatte und welches Bedürfnis in ihr war, vor jeglichen hinderlichen Umständen in ihrem Leben zu fliehen.

Wünsche können eine Rolle in Träumen spielen, und dies geschieht oft, wenn es um einen Verlust geht.

Marys Katze war 19 Jahre alt und altersschwach. Sie war blind, taub und neuerdings ausgemergelt und geschwächt. Traurig und widerstrebend wurde Mary deutlich, daß es an der Zeit war, diesem Leiden ein Ende zu setzen. Sie nahm ihren Liebling vorsichtig auf den Arm und fuhr mit dem Taxi in die Tierklinik. Gerade als sie die Klinik betreten hatte, biß die Katze Mary in einem Anfall in die Brust, was zur Folge hatte, daß Mary später noch ins Krankenhaus gehen mußte, um sich eine Tetanusspritze geben zu lassen. Die ganze Geschichte war schwierig, unschön und herzzerreißend. Welch eine Art, eine neunzehnjährige Liebesbeziehung zu beenden! Drei Tage später hatte Mary folgenden Traum:

Ich war in der Diele in meiner Wohnung und da war »Schnee-

flocke« (ihre Katze). Sie sah gesund aus und war mir zugetan wie immer.

Ich dachte bei mir, das ist schön, doch was ist da nur passiert? Ich rief in der Klinik an, und der Tierarzt berichtete mir, daß er zusammen mit Kollegen versucht hätte, sie zu retten, daß sie aber zuletzt aufgegeben hätten und einfach die Türen offenstehen ließen (so daß sie die Möglichkeit hatte, aufzustehen und davonzulaufen).

Mir tat es so gut, sie zu sehen. Als ich erwachte, merkte ich, daß ich ein unschönes Bild im Traum durch ein tröstliches ersetzt hatte.

Ich glaube, hier ist etwas Interessantes geschehen. Einerseits mag dies eine wunscherfüllende Phantasie sein, um Marys Kummer zu verringern. Aber es hat auch eine Art von Heilung stattgefunden, die über die Wunscherfüllung hinausgeht. Da Mary sich durch die letzten Tage ihrer Katze bedrückt fühlte, rief sie frühere und positivere Erinnerungen wach, die für ihre Beziehung zu »Schneeflocke« typischer waren, und es war ihr wohler, weil die Beziehung nun auf diese Weise zu Ende ging. Vielleicht war ihr Traum auch zu einem Teil das Gefühl, daß ihre Katze jetzt frei von Leiden war und sie, Mary, nun frei, glücklichere Erinnerungen zu haben. Der Konflikt bestand in dem Kampf, den Verlust zu akzeptieren, aber ihn nicht unter den Bedingungen akzeptieren zu können, unter denen er stattgefunden hatte.

So gibt der Traum uns eine Vorstellung, wie unser Traum-Selbst auf Situationen antwortet, mit denen wir im täglichen Leben konfrontiert werden. Manchmal zeigt uns der Traum den Weg zu neuen und besseren Lösungen: Rose wurde deutlich, daß alles, was sie brauchte, im Garten hinter dem Haus war. Träume können bislang ungenutzte Ressourcen aufspüren und uns helfen, daß wir neue Antworten finden. Sie können aber keine Antworten für uns erfinden, wenn es keine Antworten gibt. Es gab keine Möglichkeit für Sarah, mit dem »Superfrauen-Image« weiterzuleben. Der Traum konnte sie lediglich mit der begrenzten Wirklichkeit aussöhnen.

Wenn es keine Antworten gibt und die reale Situation Angst bereitet (so wie ein Soldat dem Gefecht ausgesetzt ist) oder ausweglos erscheint, wie es bei Marion der Fall war, ist das Resultat ein Angsttraum oder sogar ein Alptraum. Es ist, als könne unser Traum-Ich hier nicht mehr tun, als uns aufstören und uns mit der Tatsache irgendeiner drohenden Gefahr konfrontieren, in der Hoffnung, daß wir im Wachleben dadurch besser mit ihr umgehen können. Schließlich besteht der erste, wichtige Schritt, etwas gegen eine Bedrohung zu unternehmen, darin, sich ihrer bewußt zu werden.

8. Selbsttäuschungen durchschauen

Wie es scheint, benutzen unsere Träume einen Vorwand aus dem gegenwärtigen Alltag dazu, uns an einen unerledigten emotionalen Konflikt aus der Vergangenheit zu erinnern. Daher sollten wir mehr über solche emotionalen »Erblasten« in Erfahrung bringen. Warum fällt es uns so schwer, sie wahrzunehmen und damit umzugehen? Wie bringen wir es fertig, über so vieles hinwegzusehen, das doch so augenfällig ist?

Die Antwort liegt in der Neigung des Menschen, sich angesichts verwirrender Unerklärlichkeiten eigene Mythen zu schaffen. Wenn wir noch klein sind, begegnen uns viele stärkere, manchmal bedrohliche, zuweilen Zwang ausübende Mächte. In diesem Alter fehlt uns noch das begriffliche Repertoire, um sie einzuordnen, aber trotzdem müssen wir uns vor ihnen schützen und irgendwie mit ihnen leben. So schaffen wir mit Hilfe unserer Phantasie hausgemachte Scheinerklärungen, die das Verwirrende oder Bedrohliche einer Situation verleugnen helfen. Diese Selbsttäuschungen nehmen den Charakter persönlicher Mythen an – Mythen, die zwischen uns und der überlegenen Umwelt eine oberflächliche Harmonie herstellen.

Allerdings hat dieser vorläufige Friede seinen Preis. Denn ist so eine Lebenslüge erst einmal geschaffen, wird sie ein zählebiger Teil unserer Fassade, und mehr und mehr sehen wir uns gezwungen, ihr Genüge zu tun. So wird der Mythos ständig neu untermauert, und was in der Kindheit begann, prägt nun das Leben des Erwachsenen. Es bleibt also nicht beim Erfinden der Lebenslüge; wir müssen dann auch lernen, sie aufrechtzuerhalten. Wir entwickeln hierfür ein eigenes Repertoire an Selbsttäuschungsstrategien, um alles auszublenden, was mit dem Mythos unvereinbar ist, oder um unsere Wahrnehmung so zu verzerren, daß es »paßt«.

Ein Persönlichkeitsanteil in uns – jener, der die Träume gestaltet – ist sich wohl darüber im klaren und nutzt jede Gelegenheit, uns dies mitzuteilen. Unser Traum-Ich erforscht den Einfluß der Lebenslügen auf unser Leben und macht ihn uns deutlich. Es bringt nach eigenem Gutdünken, was es will und wann es will, damit wir zu einem tieferen und erfüllteren Umgang mit uns und der Welt finden können – *wenn* wir unsere Einsichtsfähigkeit nutzen, um den gravierenden Mißverständnissen, mit denen wir aufwuchsen, die Macht zu nehmen.

Je mehr solche Lebenslügen unser Leben durchdringen, desto eingeschränkter wird es. Solange die selbstgemachten Mythen unangetastet bleiben, geht alles gut, doch wir leben ständig in der Gefahr, daß ein unvorhergesehenes Ereignis die Seifenblase platzen läßt und uns in jenen Spannungszustand hineinwirft, der dann einen Traum hervorruft. Das Ereignis selbst und unser Betroffensein geben dem Traum seine Gestalt. Das Traum-Ich schickt sozusagen ein Kamerateam los, welches das Ereignis und den von ihm verursachten emotionalen Aufruhr aufnehmen soll, um später alles in einer REM-Phase zu »senden«.

Eine recht weit verbreitete Lebenslüge ist die der persönlichen Unverletzlichkeit: »Ich werde mit allem fertig, was sich mir in den Weg stellt!« Sarahs Geschichte hat uns das bereits plastisch vor Augen geführt; lange genug konnte sie Ehefrau, Krankenschwester und Karrierefrau zugleich sein und den Tribut leugnen, den dies alles sowie der Alterungsprozeß von ihr forderten.

Auch wenn eine Mutter, wie es häufig vorkommt, übertrieben besorgt ihr Kind unter Kontrolle hält, handelt es sich um eine Konstellation, die eine seelische Verkümmerung durch Mythenbildung begünstigt. Nehmen wir an, eine Frau hat eine aufgeweckte, wißbegierige Tochter. Jedem Kind müssen Grenzen gesetzt werden, aber nicht auf Kosten seiner Spontaneität, Neugier und Erfindungsgabe. Folgt dieses Kind jedoch seiner natürlichen Neugier, dann bekommt es unweigerlich Schwierigkeiten: Seine Mutter hegt den Mythos, daß gute oder gar perfekte Eltern ihr Kind ständig behüten und vor allem schützen. Immer, wenn die Impulsivität des Kindes ihrer Kontrolle entgleitet, fühlt sich die Mutter bedroht und zeigt zornige Überreaktionen. Das Kind muß dann glauben, daß Neugier schlecht und Gehorsam gut sei. Es bildet sich ein Mythos, der an die Stelle wachsenden Selbstvertrauens den Glauben an die Unfehlbarkeit äußerer Autoritäten setzt.

Da die Neugier der Tochter nicht nachlassen wird, muß sie lernen, anders damit umzugehen, und zwar so, daß sie mit der Mutter friedlich zusammenleben kann. Sie lernt, ihre Impulse zu verleugnen oder so verzerrt wahrzunehmen, daß diese sie nicht mehr zu neuen, aufregenden Entdeckungen anspornen, sondern vielmehr als Signale für Bedrohliches und Gefährliches erlebt werden. Ebenso lernt sie, ihre Wahrnehmung der Mutter zu verzerren und zu verleugnen. Sie wird weiterhin glauben, die Mutter handle nur zu ihrem Besten, während diese in Wirklichkeit von ihren eigenen Ängsten getrieben ist. Im engen Bezugsrahmen der Familie bestätigen sich solche Fehlwahrnehmungen gegenseitig. Wenn aber die Tochter die Familie verläßt, werden sie sich einengend und verhängnisvoll auf ihr Dasein auswirken. Sie wird von nun an ihr Leben lang kämpfen müssen, um mit diesen Fehlhaltungen zurechtzukommen.

Wenn eine Lebenslüge so funktioniert, klaffen Risse in unserer Seele: Unterschiede zwischen dem, was wirklich ist, und dem, wofür wir es halten. Wir wachsen mit blinden Flecken auf unserem inneren Spiegel auf. Aus Gründen der »inneren Sicherheit« erhalten unsere Lebenslügen die Unterschiede aufrecht. Das Tückische daran ist – was auch die Arbeit an den Träumen so schwierig macht –, daß der Mythos die Existenz dieser Risse verschleiert.

Wenn wir einmal einen Traum aus dem Land des Vergessens herüberretten, versetzen wir ihn sozusagen in feindliches Gebiet, denn im Wachzustand regieren die Lebenslügen. So erhebt sich die Frage: Wie verschaffen wir der schwachen Stimme in uns Gehör, damit sie dem Kaiser sagen kann, daß er keine Kleider anhat? Eine heikle Situation. Wir sind aufgefordert, dem erstickenden Gewicht der Verzerrungen und Verleugnungen Mut und Ehrlichkeit entgegenzusetzen.

Die Kluft zwischen Wahrheit und Lüge, zwischen Wissen und Nichtwissen ist das Hauptthema unserer Träume. Aspekte unseres Selbst, deren wir uns völlig sicher waren, müssen sich einer kritischen Überprüfung stellen. Zuweilen entpuppt sich ein Teil unserer Persönlichkeit, den wir bewußt oder unbewußt für abgeklärt und unverletzlich hielten, als fehlerhaft und brüchig. Eine Lebenslüge zerplatzt.

Nan beschreibt, wie ein Traum sie mit einem ihrer persönlichen Mythen konfrontierte:

»Vor diesem Traum hatte ich mich etliche Tage lang durch Fachliteratur über Träume hindurchgekämpft. Vieles war so technisch, daß es mir wie eine Fremdsprache vorkam. Stundenlang hatte ich über den Büchern gesessen, rechts Block und Bleistift, vor mir den Text und links ein medizinisches Wörterbuch. Mein Interesse und meine Begeisterung für das Thema hielten mich bei der Stange, ich arbeitete mich mühsam voran und erlebte eine schmerzvolle, aber aufregende Erweiterung meines Horizonts. Es war kräftezehrend und stimulierend zugleich. In der vierten Nacht spürte ich eine wachsende Angst. Ich träumte folgendes:

Zusammen mit anderen Leuten wollten Monte und ich uns ein Schauspiel ansehen, das eine sehr interessante Inszenierung sein sollte. Ich fing an, das Rollenbuch zu lesen, und war zunehmend betroffen darüber, wie schwer es zu verstehen war. Viele Wörter bestanden aus sich wiederholenden Silben, zum Beispiel ›furfurfur tantantanerer‹. Es war Englisch und doch kein Englisch. Ich dachte: ›Für meine Mutter ist das viel zu schwierig.‹

Dieser Traum machte mir deutlich, daß sich außer der Anstrengung durch die harte Arbeit noch etwas anderes bei mir zu melden begann. Er machte mir klar, in welchem Ausmaß ich mich in eine Richtung zwang, in der ich mich nicht wohl fühlte. Alte Minderwertigkeitsgefühle und Versagensängste wurden wach. Der Traum warf ein Licht auf die Mythen, die diesen Gefühlen Nahrung gaben.

Ich versuchte, diesen Traum zu analysieren, und zwar anhand seiner Bilder und dessen, was sie mir zu bedeuten schienen:

Traumbild	Metaphorische Bedeutung
Zusammen mit anderen Leuten wollten Monte und ich uns ein Schauspiel ansehen, das eine sehr interessante Inszenierung sein sollte.	Ich habe mich mit Monte für eine interessante ›Inszenierung‹ zusammengetan – wir schreiben ein Buch über Traumdeutung. Doch im Traum fühle ich mich eher als Zuschauer bei einem Schauspiel, das ein anderer geschrieben hat. Das Ganze hat eine passive, distanzierte Stimmung.
Ich fing an, das Rollenbuch zu lesen.	Die passive Zuschauerrolle ist einer aktiveren gewichen – der eines Schauspielers beim Rollenstudium.

Traumbild	Metaphorische Bedeutung
	Ein Hinweis auf meine Anstrengungen, mich mit der Fachliteratur über Träume vertraut zu machen?
und war zunehmend betroffen darüber, wie schwer es zu verstehen war.	Als ein rechtshemisphärischer Mensch (intuitiv, musisch, ganzheitlich wahrnehmend) habe ich meine Minderwertigkeitsgefühle gegenüber einer linkshemisphärisch beherrschten Welt nie überwunden. Ich fühle mich zunehmend unsicher, wie als Kind, wenn ich mit Mathematik und Naturwissenschaften zu kämpfen hatte. Das Gefühl, geprüft zu werden, ruft die Angst hervor, zu versagen.
Viele Wörter bestanden aus sich wiederholenden Silben, z.B. ›furfurfur tantantanerer‹. Es war Englisch und doch kein Englisch.	Ich befaßte mich mit technischer Literatur und versuchte, sie zu bewältigen. Mein Traum scheint mir zu sagen, daß mir vieles davon wie ein sinnloses, mechanisch wiederholtes Kauderwelsch erscheint.
Ich dachte: ›Für meine Mutter ist das viel zu schwierig.‹	Der Teil von mir, der sich durch all dies hindurchkämpft, ist nicht mein wahres Ich und wird keinen Erfolg damit haben. Es ist der Einfluß meiner Mutter: die Neigung, in Gegenwart von Autoritäten passiv zu werden und sich selbst zu verlieren.

Der Mythos daran ist, daß ich den Erwartungen anderer zu entsprechen habe, um welchen Preis auch immer. Ich war mit einem ›koste es, was es wolle‹ an mein Vorhaben herangegangen. Obwohl ich während der Arbeitsstunden kompromißlos bei der Sache war, stand ein Teil von mir der Anstrengung distanziert gegenüber. Hätte ich eine mehr wissenschaftliche Annäherungsweise gehabt, hätte ich auch diese Anstrengung leichter auf mich nehmen können. Sie rief jedoch alte Versagensängste wach. Daß ich mich mit sinnlosem Kauderwelsch auseinandersetzen mußte, und daß es meine Mutter war, die es nicht schaffen würde, waren die ›Aufhänger‹ der an mich gerichteten Botschaft des Traums, nicht länger irgendwelche Autoritäten aufs Podest zu heben und mich nicht weiter dadurch zu blockieren, daß ich mich selber in Formen zu pressen versuche, in die ich nicht passe.«

Das Leitthema in Nans Fall ist das Aufrechterhalten der eigenen Identität. Die Konfliktsituation präsentiert das Dilemma zwischen Echtheit und Heuchelei (die Halbherzigkeit ihrer Motivation). Ihr Traum war die Kulmination der vielen Stunden, die sie über den schwierigen Texten gesessen hatte, und er zeigte die einsetzende Reaktion auf den Streß. Sie nennt uns auch ihren im Traum enthaltenen Mythos: Man muß immer für die Erwartungen anderer leben und sie erfüllen.

Ihr Traum macht ihre Selbsttäuschungsstrategien deutlich und zeigt, wie eine gegenwärtige Situation emotionale Überreste aus der Vergangenheit wachrufen kann, die dann die Reaktion in dieser Situation prägen. Nan hatte in ihrer Wahrnehmung nur das Aufregende und Stimulierende bei ihren Bemühungen zugelassen und nicht wahrhaben wollen, wie sich alte Probleme beharrlich durchzusetzen begannen: die Verleugnung eigener Gefühle, die Sorge um das Gelingen des Schauspiels, die Versagensangst und ihre passiven, unterwürfigen Tendenzen.

Aber nun zu einem meiner eigenen Träume. Schließlich gedeiht die Arbeit an Träumen am besten in einer Atmosphäre der Gleichrangigkeit, und wenn ich die Träume anderer benutze, muß ich auch bereit sein, einen eigenen mitzuteilen. So sei es also:

Ich war in einem Raum, zusammen mit einem älteren Mann und jemandem, der wohl mein Vater war. Mein Vater erschien mir sehr jung, sogar jünger als ich. Er sah nicht wie mein Vater aus und schien unzufrieden mit mir zu sein und mich zu kritisieren. In einem vehementen, zornigen Ausbruch verteidigte ich mich und zählte ihm alle meine Leistungen und Werke auf, einschließlich der Tatsache, daß ich einen Schriftstellerpreis über zweitausend Dollar gewonnen hatte. Ein wenig war ich beschämt, als sei das Angeberei, aber es tat mir gut, so aus mir herauszugehen.

Als ich anfing, Einfälle dazu zu sammeln, war Verwirrung meine erste Reaktion auf diesen Traum. Warum hatte ich von meinem Vater geträumt? Er war vor vielen Jahren gestorben, und ich konnte mich nicht erinnern, wann ich das letzte Mal von ihm geträumt hatte.

In dem Traum wird eine Geldsumme erwähnt. Mein Vater war ein extrem großzügiger Mann, verfiel aber zuweilen in jähzornige, gewalttätige Stimmungen. Einmal war ich die Zielscheibe seines Jähzorns. Ich war noch ein kleiner Junge, und er schickte mich eine Zeitung kaufen. Aus irgendeinem Grund war er darauf aus, meine Aufmerksamkeit zu testen. Er gab mir einen zerknüllten Zehndollarschein, den ich nicht näher anschaute. Auch der Verkäufer tat das nicht, und ich kehrte mit Wechselgeld auf einen Dollar zurück, was bei meinem Vater einen Wutanfall auslöste.

Nach diesem Traum dachte ich traurig daran, wie fern er mir immer gestanden hatte und wie sehr er von mir und auch von anderen geliebt und auch gefürchtet wurde.

Was hatte den Traum ausgelöst? Zwei Wochen vor dem Traum war ich nach Schweden gekommen, um ein klinisches Ausbildungsprogramm für junge Psychologiestudenten durchzuführen. Dieser Wechsel bewirkte zwei innere Reaktionen in mir: zum einen die Erleichterung darüber, dem Druck der Stadt New York und der vielfältigen Verwaltungstätigkeiten entkommen zu sein, die dort mein Berufsleben prägen; zum anderen ein zunehmendes Gefühl von Freude und Heiterkeit wegen meiner Lehrtätigkeit. Meine Studenten waren wißbegierig und nahmen lebhaft am Unterricht teil. Wir fanden, über die Generationsschranken hinweg, mühelos Kontakt zueinander. Über diesen letztgenannten Punkt hatte ich beim Einschlafen nachgedacht. Mir waren meine Erfahrungen mit meinem Vater und allen weiteren Autoritätspersonen durch den Kopf gegangen. Wie anders war die Einstellung dieser Studenten zu mir als Autorität! Solche Gedanken und das Gefühl wachsender emotionaler Befreiung waren der Nährboden für meinen Traum.

Aber analysieren wir ihn doch so, wie Nan es mit ihrem Traum tat:

Traumbild	Metaphorische Bedeutung
Ich war in einem Raum, zusammen mit einem älteren Mann und jemandem, der wohl mein Vater war. Mein Vater erschien mir sehr jung, sogar jünger als ich.	Mich beschäftigt das Thema Autoritätspersonen und die Quelle meiner Gefühle ihnen gegenüber: die Beziehung zu meinem Vater. Mein Vater starb, als er Anfang vierzig war, und zur Zeit dieses Traums war ich Ende fünfzig, also bin ich und war ich auch damals in gewissem Sinne älter als er. In meiner jetzigen Position als der ältere von uns kann ich unsere Beziehung neu definieren.
Er sah nicht wie mein Vater aus	Er wirkt nun ganz anders auf mich als in meiner Kindheit.
und schien unzufrieden mit mir zu sein und mich zu kritisieren.	Als ich an die Sache mit dem zerknüllten Zehndollarschein zurückdachte, spürte ich erst jetzt, wie unfair und gemein es war, so mit einem Kind umzugehen. Ich hatte mich nur noch schuldig, dumm und eingeschüchtert gefühlt – von diesem sonst so großzügigen Mann. Sein zorniger Unwille war, obwohl sehr selten, verheerend für mich. So etwas konnte ich damals nicht verarbeiten.
In einem vehementen, zornigen Ausbruch verteidigte ich mich	Das hat etwas mit meinen Erfahrungen als Lehrender in Schweden zu tun, vielleicht half mir mein Erfolg als ›Autorität‹, nach all den Jahren den Ärger, den ich damals empfunden haben muß, nun zu erleben und auszudrücken.

Traumbild	Metaphorische Bedeutung
und zählte ihm alle meine Leistungen und Werke auf, einschließlich der Tatsache, daß ich einen Schriftstellerpreis über zweitausend Dollar gewonnen hatte.	Anscheinend drehte ich den Spieß um und wende seine eigene Taktik gegen ihn an, indem ich mit meiner Überlegenheit vor ihm paradiere. Ich habe tatsächlich einen Zweitausend-Dollar-Preis (zusammen mit einem Kollegen) bekommen; wer derartige Summen gewinnt, braucht sich wegen irgendwelcher billiger Tricks mit Zehndollarnoten nicht den Kopf zu zerbrechen.
Ein wenig war ich beschämt, als sei das Angeberei, aber es tat mir gut, so aus mir herauszugehen.	Es tut mir gut, mich zu verteidigen, aber mit der Art, wie ich das tue, bin ich nicht glücklich.

Als ich diesen Traum hatte, durchlebte ich gerade eine Zeit neuer und sehr positiver emotionaler Wandlungen. Ich empfand meine Veränderung als heilsam und erneuernd. Aber Veränderung ist dennoch niemals leicht oder einfach: Mich von einem gewissen Stand weiterzuentwickeln hieß, noch einmal all dessen gewahr zu werden, das mich überhaupt erst auf diesen Stand gebracht hatte – was es auch sein mochte. Es gibt zwei Möglichkeiten, sich weiterzuentwickeln: durch das Anhäufen von Besitz, Erfolgen und ähnlichem oder von innen heraus, nämlich durch bewußtes Sein, durch Hingabe und Freude am Dasein. Ersteres ist eine Art soziales Kostüm, das uns Status, Ansehen und Einfluß sichert; letzteres ist ein natürlicher, innerlich ablaufender Prozeß. Meine neue Situation hatte diese emotionale Ausstrahlung auf mich, weil ich neue Gefühle erlebte: innere Kraft und mehr Klarheit über das Ausmaß, in dem ich zuvor mein Leben eher an der »Leistung« als am »Sein« ausgerichtet hatte.

Oberflächlich betrachtet habe ich in diesem Traum mit meinem Vater eine alte Rechnung beglichen. Bei näherem Hinsehen wird klar, daß ich gegen ein altes Wertsystem ankämpfte und erkannte, wie sehr auch ich noch darin verstrickt war.

Es ging um die Frage der Identität, wie meine Notizen aus der Zeit dieses Traums erkennen lassen:

Ich habe darüber nachgedacht, welchen therapeutischen und emotional befreienden Effekt diese Erfahrung auf mich hat. Ich spüre mein Ich von innen heraus wachsen – anstatt wie früher durch das Sammeln von akademischen Graden, Titeln und Veröffentlichungen. Mir scheint, daß ich fast zu spät beginne, die wirklichen Dimensionen meiner Identität herauszuarbeiten, und dabei in gewisser Weise auch übertreibe.

Die neuen Empfindungen in Schweden und die Möglichkeit, mich aus den Zwängen des Establishments zu lösen, hatten meine Wahrnehmung für die Polarität von Haben und Sein geschärft.

Mein Traum enthüllte einen nicht unüblichen Mythos – einen, von dem ich mich nie wirklich befreit hatte. Die Eltern sind unsere ersten Autoritäten. Sie haben mehr Macht und Wissen als das Kind. Wenn diese Tatsache im Umgang mit dem Kind mißbraucht oder falsch gehandhabt wird, entsteht in ihm eine Konfusion, die besagt, daß, wer Macht und Wissen besitzt, auch recht hat und gut ist. Etwa: Wenn ein Mensch eine so hohe Position innehat und so wichtig ist, wenn er so viele Referenzen hat, dann kann er nur recht haben, gut sein und für alle das Beste wollen. Das ist die Grundlage für spätere Tendenzen, irgendwelchen Autoritäten blind zu vertrauen, oder für Selbstzweifel und Schuldgefühle, wenn sich unsere Emotionen gegen eine Autorität wenden.

Wir können diesen Mythos sehr bald durchschauen, aber unsere emotionalen Blockierungen aufzuheben ist wesentlich schwieriger. Dazu muß man an seine Wut ganz nahe herankommen und sie wahrnehmen, wenn sie aufsteigt, und sich dann seiner selbst sicher genug sein, um sich behaupten zu können – auch auf die Gefahr hin, am Ende allein dazustehen. Jedem, der in seiner Kindheit harten autoritären Einflüssen ausgesetzt war, wird das sehr schwerfallen. Allzuoft kommt es vor, daß wir diesen Mythos und seine Strategien der Selbsttäuschung erst erkennen, wenn wir in einer entsprechenden Situation wieder nach alter Gewohnheit reagiert haben. Für mich war es der Aufenthalt in Schweden, der mir ein freieres, entspannteres Umgehen mit Autoritätsbeziehungen ermöglichte.

Manche Träume begleiten uns über viele Jahre und verwirren uns immer wieder, bis eine neue Einsicht sie überflüssig macht.

Dafür folgendes Beispiel, das ebenfalls auf jene Lebenslüge zurückgeht, Autoritäten seien unantastbar:

Ein junger Psychiater, Thomas, träumte diesen Traum während der Vorbereitungen auf ein medizinisches Examen (*medical examination* hat auch die Bedeutung »ärztliche Untersuchung«; d.Ü.). Der Traum lag bereits vier Jahre zurück, als er davon berichtete, aber er war ihm noch ganz gegenwärtig. Er hatte damals unter großem Druck gestanden, nächtelang gearbeitet und sehr viel Kaffee getrunken. Am Abend vor dem Examen erlebte er eine vorübergehende Aphasie: Für kurze Zeit war er unfähig, irgendein Wort zu formulieren. Er war verwirrt und verunsichert, entschied sich aber trotzdem, die Prüfung zu machen. In dieser Nacht hatte er folgenden Traum:

Ich unterzog mich wegen dieser Aphasie einer ärztlichen Untersuchung (medical examination). *Sie brachten mich sofort zur Angiographie. Man kam zu dem Schluß, es müsse ein Gehirntumor sein. Ich sah mir die Bilder an, konnte aber keine Anzeichen dafür erkennen. Sie beschlossen, mich zu operieren. Ich sah, wie mein Kopf geöffnet wurde, und während der Operation starb ich. Sie brachten mich zur Autopsie. Mein Gehirn wurde säuberlich in Scheiben geschnitten, und ich sah zwei fluoreszierende Fotografien davon, in leuchtenden Farben. Ich diskutierte mit dem Pathologen über die Operation. Sie war gelungen. Alle waren erleichtert. Es war gut, daß ich die Operation nicht überlebt hatte.*

Obwohl dies mehr als ein Prüfungstraum war, ist er auch dafür ein gutes Beispiel. Er schildert, wie unbehaglich und quälend es ist, sich den Kopf mit neuen Fakten vollzustopfen (Tumorzellen wachsen im Gehirn). Dann folgen Gefühle von Hilflosigkeit und Ausgeliefertsein gegenüber den Prüfungsautoritäten. Im Traum wird seine Passivität, während er all die Stationen durchläuft, zusehends dramatischer dargestellt: Untersuchung, Operation, Tod – die ausgeprägteste Form der Passivität – und schließlich, als Überspitzung dessen, seine Teilnahme an der eigenen Autopsie.

Betrachten wir nun den Traum mit Blick darauf, was die Aphasie für den Träumer bedeutete, und auch darauf, wieweit er sich wirklich auf die Prüfung vorbereitet fühlte.

Traumbild	Metaphorische Bedeutung
Ich wurde wegen dieser Aphasie ärztlich untersucht. Sie brachten mich sofort zur Angiographie.	Hier drücken sich Ängste aus: wegen seiner körperlichen Verfassung (er wird ärztlich untersucht) und seiner Unfähigkeit, in freier Rede intelligent zu formulieren (Aphasie). Die Bilder zeigen, daß die Initiative bei den Autoritäten liegt und er in die Passivität gedrängt ist. Er wird geprüft und unterwirft sich. Man bringt ihn an einen Ort, wo das Ausmaß seines neuerworbenen Wissens sichtbar gemacht werden kann (der Angiographie-Raum). Die Vorstellungsbilder spiegeln sowohl den Status quo – er wartet auf das Examen – als auch das andrängende Neue, das sich störend einmischt: die nicht vorhersagbaren Auswirkungen seines physischen und psychischen Zustands.
Man kam zu dem Schluß, es müsse ein Gehirntumor sein. Ich sah mir die Bilder an, konnte aber keine Anzeichen dafür erkennen.	Mit seiner Art, sich den Kopf mit neuem Wissen vollzustopfen, hatte er sich wohl Schaden zugefügt. Der Tumor ist »unsichtbar« wie der Lernstoff, den er sich eingepaukt hat.
Sie beschlossen, mich zu operieren. Ich sah, wie mein Kopf geöffnet wurde...	Der Lehrer operiert am Schüler und öffnet dessen Gehirn, um zu schauen, was er weiß. Der Träumer (oder ein Teil von ihm) beobachtet diesen Vorgang passiv. Die Lehrer wollen die gespeicherten Informationen herausholen.
und während der Operation starb ich.	Hier ist er in der Rolle des total Passiven (wie der narkotisierte Patient auf dem Operationstisch). Er ist ein willenloses Opfer, sein Sinn für das eigene Ich und seine Autonomie sind vollständig ausgelöscht. Jener Persönlichkeitsanteil, der sich

Traumbild	Metaphorische Bedeutung
	als »Ich« oder »Individuum« identifiziert, stirbt während der Operation. Das ist der Preis, den er zahlen muß, wenn er sich dem System beugt.
Sie brachten mich zur Autopsie. Mein Gehirn wurde säuberlich in Scheiben geschnitten,...	Hat er erst einmal die Rolle des willenlosen Opfers akzeptiert, die sein eigenes Ich, das unter der extremen Belastung stöhnte, abtötet, so kann er kühl und unbeteiligt seine Psyche in Augenschein nehmen, sich mit dem Pathologen identifizieren und sein säuberlich in Scheiben geschnittenes Gehirn betrachten (seine Psyche ist nun in ihre Einzelteile zerlegt, damit sie leichter zu handhaben ist).
und ich sah zwei fluoreszierende Fotografien davon, in leuchtenden Farben.	Dieses Bild hat etwas Plakatives an sich, es erinnert an Werbung. Nun sind die konkreten Ergebnisse dessen, was er durchgemacht und erreicht hat, für jedermann sichtbar und heischen Aufmerksamkeit (fluoreszierend, leuchtende Farben). Hier haben wir das Ergebnis des Examens: soziale Anerkennung als Entschädigung. Er hat die Ängste hinsichtlich seines Körpers (Aphasie) und seines Intellekts (Prüfung) überwunden und besitzt nun zwei Zeugnisse seines Erfolgs (Fotografien), die jeder anschauen kann.
Ich diskutierte mit dem Pathologen über meine Operation.	Nun, da er seine Ängste auf diese Weise überwunden und seinen »Erfolg« in der Hand hat, rückt er in eine gleichwertige Beziehung zu jemandem, der hauptberuflich mit toten Gewebe- und Körperteilen umgeht, einem Pathologen.

Traumbild	Metaphorische Bedeutung
Die Operation war gelungen.	Gemeint ist der Erfolg im Sinne des Establishments, der ihn die Zerstörung eigener Persönlichkeitsanteile kostet.
Alle waren erleichtert. Es war gut, daß ich die Operation nicht überlebt hatte.	Durch diese Entwicklung hat er sich in eine akzeptable äußere Form eingepaßt. Alle Vertreter des Systems sind erleichtert. Nur durch das Aufgeben seiner Autonomie – indem er stirbt – kann er im Sinne des Systems erfolgreich sein. Insofern war es tatsächlich gut, daß er die Operation nicht überlebt hatte; um es philosophisch auszudrücken: Er war als Subjekt verschwunden und nun verwandelt wiedererschienen, neu identifiziert als Objekt.

Die beeindruckende, tragische Qualität des Traums zeigt sich im Schlußdialog mit dem Pathologen. Unterwürfigkeit und Passivität, die Verleugnung seiner eigenen Bedürfnisse, seiner Individualität und Subjektivität zwingen den Träumer zur Identifikation mit einem Arzt, der sich nicht mit Lebendigem, sondern mit dem beschäftigt, was vom Menschen für die unpersönliche, stoffliche Analyse übrigbleibt. Eine wichtige Botschaft, durch ausdrucksvolle Bilder vermittelt.

Das Problem des Träumers war seine Identität. Wie sollte er sich ein Gefühl für die eigene Identität bewahren, wenn er solchen physischen und psychischen Belastungen ausgesetzt war? Er befand sich im Konflikt zwischen Selbstschutz und Selbstbehauptung auf der einen, Anpassung an die Autoritäten um jeden Preis auf der anderen Seite. Er wählte letzteres, und die alten Selbsttäuschungsstrategien gewannen die Oberhand: eine gefährliche Verleugnung eigener Bedürfnisse und eine Überbewertung von Autoritäten hinsichtlich deren Macht und Unnachgiebigkeit. Wäre es ihm möglich gewesen, sich auch einmal schützend vor sich selbst zu stellen, dann hätte man in der Prüfung wahrscheinlich auf seinen körperlichen Zustand Rücksicht genommen. Zumindest hätte er darum bitten können. Der Traum macht deutlich, wie ihn der Mythos von der unantastbaren Autorität in seinem Bann hielt.

In den vier Jahren, die seit dem Traum vergangen waren, hatte Thomas die Bedeutsamkeit dieses Mythos wohl gespürt, aber sein Geheimnis nie wirklich erfaßt. Unsere gemeinsame Arbeit daran eröffnete ihm wichtige Züge seines Charakters (seine Passivität und sein Verhältnis zur Autorität), die ihn in der Zeit des Examens so verwundbar gemacht hatten.

Träume wie dieser sind in bezug auf das, was sie zu übermitteln versuchen, bedenkliche Zeichen. Ihr Geheimnis folgt uns überallhin, und die Schatten, die sie auf unser Leben werfen, sind erst gebannt, wenn wir die Botschaft, die sie enthalten, endlich entschlüsselt haben.

9. Eine Familie, die gemeinsam an ihren Träumen arbeitete

Das Natürlichste wäre, man würde seine Träume in der eigenen Familie besprechen. Schließlich hängen die meisten unserer wunden Punkte und unbewältigten Emotionen, die sich auf so eigenwillige Weise in unseren Träumen darstellen, irgendwie mit der Familie zusammen. Will man seinen Träumen ernsthaft auf die Spur kommen, dann kann die Unterstützung durch die Familie ausgesprochen wertvoll sein. Dennoch finden sich relativ selten Familien, die kontinuierlich miteinander über ihre Träume sprechen.

Wo es versucht wird, machen uns diese Familien deutlich, daß die gemeinsame Arbeit mit Träumen neue Möglichkeiten eröffnet, Nöte und Wünsche zu artikulieren, so daß die Rechte jedes einzelnen in der Familie besser verwirklicht werden können. Spannungen, die sonst nicht zur Sprache kommen, aber im Alltag Störungen verursachen, werden bewußtgemacht, und das hilft uns, die alten Selbstbilder zu hinterfragen. Die Kontinuität der Familie beruht auf bestimmten Rollen, die den Mitgliedern zugewiesen werden. Wenn aber Individualität und Unabhängigkeit angestrebt werden, muß diese Kontinuität auf wirklichen Fähigkeiten und Bedürfnissen der Familienmitglieder beruhen. Das gemeinsame Durcharbeiten der Träume kann uns helfen, falsche Vorstellungen, die wir voneinander haben, aufzulösen, weil erkennbar wird, wie jeder von uns wirklich empfindet und wie ernst das zu nehmen ist.

Wir investieren viel emotionale Energie, um unsere Meinung über andere aufrechtzuerhalten, und neigen dazu, solche Fehlinvestitionen zu rechtfertigen. Jeder Traum, der diese Denkmuster untergräbt, wird gern als lächerlich beiseite geschoben. Unser Instinkt befiehlt uns, solche Angriffe abzuwehren, und so mag das Arbeiten an Träumen für den Zusammenhalt der Familie bedrohlich erscheinen. Aber weit häufiger ist es so, daß uns gar nicht klar ist, warum wir so handeln, wie wir es tun. Wir können einander eifersüchtig, ängstlich oder wütend machen; der Versuch, unsere Gefühle zu bewältigen, prägt jede unserer Reaktionen.

Wenn wir es zulassen, helfen uns die Traummetaphern, unsere nicht akzeptierten Emotionen zu objektivieren, damit man darüber sprechen und sogar darüber lachen kann, weil sie so absurd menschlich sind. Auf diese Weise können wir unsere Beziehungen vertiefen und liebevoller erleben.

Eines Morgens erzählte Nans vierjährige Tochter Kerry, daß sie von einem Bärenkind, einem Bärenvater und einer *großen, dicken* Bärenmammi *(a great big mommy bear)* geträumt hatte. An mehr konnte sie sich nicht erinnern, aber das war genug. Als Nan über die letzten Wochen nachdachte, besonders über die vergangene, wurde ihr klar, daß sie mit ihren unnachgiebigen, ständigen Disziplinierungen auf die Tochter erdrückend gewirkt haben muß *(she was becoming overbearing)*. Sie hatte fürs Nörgeln und Schimpfen mindestens genausoviel Energie verbraucht wie fürs Unterweisen. Ihr Ehemann Howard hielt sich völlig heraus. Beide sprachen über den Traum, und Nan erkannte, daß sie ärgerlich auf Howard war, weil er von sich aus so wenig vom unerfreulichen Teil der Elternrolle übernahm. Anstatt dieses Problem mit ihm direkt auszutragen, hatte sie zunehmend Druck auf Kerry ausgeübt *(she was bearing down harder on Kerry)*.

Mittlerweile haben sie Möglichkeiten entwickelt, die Bärenmutter wieder auf Normalgröße zu bringen. Immer, wenn Nan das Gefühl hat, zuwenig Unterstützung zu bekommen, denkt sie: »Ich bin eine *große, dicke* Bärenmammi.« Dann weiß sie, daß sie eine Familienkonferenz einberufen muß.

Einen direkten Einblick in die Aufgaben, die sich stellen, wenn eine Familie über längere Zeit gemeinsam Träume bespricht, bekam Nan bei ihrer Arbeit mit den Andersons. Howard und Nan waren seit etlichen Jahren mit Cliff und Karen Anderson befreundet. Aufgrund der nahen Bekanntschaft wußten die Andersons von Nans Interesse an Träumen und wurden selbst zusehends neugierig auf Nans Erfahrung mit Träumen. Aber es schien, als ob sie keinen Zugang zum rechten Verständnis ihrer eigenen Träume fanden und sie also auch nicht zur Selbstheilung verwenden konnten. So baten sie sie, ihnen die Techniken der Arbeit mit Träumen beizubringen. Im folgenden sind einige der von ihnen mitgeteilten Träume wiedergegeben.

Aber zunächst zum Familienhintergrund der Andersons.

Als sie vor sieben Jahren heirateten, war Cliff sechsunddreißig und Karen dreißig Jahre alt. Karen unterrichtete in einer Grundschule. Sie war eine jener selten anzutreffenden Lehrkräfte, die sich um die speziellen Interessen und persönlichen Nöte ihrer Schüler genauso kümmern wie um Lehrplan und Unterrichtsstoff. Ihre menschliche Wärme und Intuition brachten ihr viele Freunde. Es war nicht verwunderlich, daß Cliff, der eher reserviert war, sich von ihrer Initiative und aufrichtigen Wertschätzung seiner Fähigkeiten angesprochen fühlte.

Cliff hatte die meiste Zeit seines Lebens unter Einsamkeit gelitten. Er hatte sich durchs College gearbeitet – ein Schritt, den niemand in seiner Familie beachtet oder von ihm erwartet hatte. Bis zum Abschluß lebte er aus finanziellen Gründen bei seinen Eltern und ging dann nach Washington D.C., um die Welt zu verbessern. Statt dessen waren die folgenden Jahre für ihn eine Katastrophe. Zwar war er erfolgreich auf seinem Gebiet der Öffentlichkeitsarbeit, aber er hatte nicht das Gefühl, sein Leben wäre sinnvoll ausgefüllt.

Dann lernte er Karen kennen, und durch sie hob sich langsam der Nebel der Selbstzweifel, in dem er umhertappte. Sie schätzte jene Eigenschaften an ihm, die seine Familie ignoriert hatte: sein großes Talent beim Kochen, seinen Sinn für Musik, Kunst und Segeln.

Karen kam aus einer standesbewußten Familie aus Neuengland. Titel, Name, Bildung und Status waren Kriterien für Erfolg. Doch sie erinnert sich ihrer Familie als liebevoll und sagt, ihre Mutter sei auf all ihre Bedürfnisse eingegangen. Sie besuchte ein privates Mädchengymnasium und ging, wie man es von ihr erwartete, anschließend aufs College. Karen meint, bis zum Tode ihrer Eltern, die beide innerhalb von zwei Jahren starben, sei sie nicht erwachsen geworden. Als sie drei Jahre später Cliff kennenlernte, war sie Lehrerin, hatte aber das dringende Bedürfnis, den »Mann fürs Leben« zu finden und eine eigene Familie zu gründen.

Beide, Karen und Cliff, waren froh, daß sie nun endlich einander hatten und gemeinsam ein Nest bauen konnten. Aber ihr Leben war natürlich kein Märchen mit Happy-End: Karen trat in die Fußstapfen ihrer Mutter und richtete sich ständig nach den Bedürfnissen der anderen, ohne ihre eigenen wahrzunehmen. Cliff übertrug den Mangel an Kommunikation, der sein früheres Leben geprägt hatte, auf die Beziehung zu seiner Frau und den beiden Töchtern Thyra und Heather. Karen merkte, wie sie den Kindern deren Abhängigkeit von ihr übelnahm, und verstand sich dabei selber nicht, denn sie liebte sie ja.

Die Arbeit in einer Kirchengemeinde war beiden, besonders Karen, sehr wichtig geworden. Nach einiger Zeit schlossen sie sich gemeinsam einer Gruppe an, die ein kleines ökumenisches Zentrum aufgebaut hatte. In der Geborgenheit dieser Gruppe fanden sie den Mut, sich zu öffnen und mehr Entfaltung der eigenen Persönlichkeit zu wagen. Zu diesem Zeitpunkt baten die Andersons Nan um ihre Hilfe.

Einige Wochen später begann die Arbeit. Cliff und Karen berichteten Träume aus zwei aufeinanderfolgenden Nächten:

Traum Nr. 1 (Cliff)
Unsere Gruppe war bei uns zu Hause versammelt, und für die anderen war es Zeit zu gehen. Ich wollte ihnen aber noch die Platte mit meinem Banjo-Solo vorspielen. Die Platte stammt aus der Zeit, als ich über die Musik alles andere vergessen konnte, und das Stück ist sehr lustig. Ich suchte die Platte heraus und legte sie auf. Wir saßen da und hörten zu, aber es war keine Banjo-Aufnahme, und das lustige Stück kam überhaupt nicht. Schließlich fiel mir ein, daß das wohl nicht die richtige Platte sei. Ich suchte die richtige heraus und legte diese auf, aber nun erklang Orchestermusik aus den Lautsprechern. Die Leute standen schon herum und traten unruhig von einem Fuß auf den andern.

Wieder suchte ich die »richtige« Platte heraus, aber wieder war es andere Musik. Nun wurden die anderen ungeduldig und wollten nach Hause, und ich war total frustriert, denn immer wieder meinte ich, die Platte mit dem Banjo-Solo zu haben, und immer wieder kam völlig andere Musik heraus.

Ich entschuldigte mich, war aber jedesmal ganz sicher, auf dem Etikett das Richtige gelesen zu haben. Der Traum endete damit, daß ich die Musik des Banjo-Solos im Kopf hatte, es aber nicht gespielt worden war. Ich erinnerte mich lediglich an die Melodie. Der Traum endete dann, bevor die Gruppe uns verließ, und ich fühlte mich frustriert.

Cliff erklärt den Kontext des Traums: *Am Abend vor dem Traum war ich in einer Gruppe dabei, wie über »Berufungen« oder Begabungen von Menschen diskutiert wurde. Besonders das, was Gordon (der Leiter des Workshops) sagte, war sehr wichtig für mich. In Gedanken bildete ich mir eine feste Vorstellung darüber, welcher Art meine Begabung ist, aber der Gruppe teilte ich es nicht mit, denn es schien mir nicht der richtige Zeitpunkt dafür zu sein.*

Cliff hatte in seinem Beruf gerade eine Phase großer Unzufriedenheit hinter sich und war zu einer anderen Stelle gewechselt, wo die Arbeit anregender und befriedigender war. Er fühlte, wie ihn eine Woge von neuem Selbstwertgefühl erfaßte, teilte es aber niemandem mit. Der Traum schien zu besagen, daß er, obwohl er die neue Art des Auftretens genoß (das lustige Solo), befürchtete, es könnte für die anderen nicht diesen Stellenwert haben, und so war er gefangen zwischen dem Wunsch, sich mitzuteilen, und der Angst vor Zurückweisung. Solange die Musik nicht zu hören war, konnte sie nicht kritisiert oder ignoriert werden. Andere können sich selbst darstellen (im Traum: das Orchester), aber seine Begabung (das Banjo-Solo) existiert nur in seinem Kopf.

In der nächsten Nacht träumte Karen:

Traum Nr. 2 (Karen)
Cliff hatte ein Segelboot, eine riesige Yacht, die in einem Hafen lag und klar zum Lossegeln war. Ich war erstaunt, aufgeregt und ziemlich überrascht, daß er mit dem Schiff hinauswollte, denn er hatte noch nie gesegelt. Ich war Seglerin, am Meer aufgewachsen, und hatte ihm früher immer erzählt, wie schön er das Segeln finden würde, wenn er nur einmal die Gelegenheit dazu hätte. Sein Schiff war topfit bis ins kleinste und farbenfroh angestrichen. Der Himmel war tiefblau und kristallklar. Ich war voll freudiger Erwartung, als ich meiner Familie erzählte, daß Cliff demnächst hinausfahren würde.

Mein Boot war nirgends zu sehen! Ab und zu konnte ich es ganz verschwommen für einen kurzen Moment in der Ferne erkennen, aber es war kaum auszumachen – etwa wie bei einem impressionistischen Gemälde.

Karens Gedanken zum Hintergrund dieses Traums: *Wir hatten gerade eine Zusammenkunft mit der Gruppe hinter uns, bei der Cliff plötzlich spürte, daß seine Begabungen ihm eine ganz bestimmte Richtung weisen, einen Weg, um auf seine Weise etwas in der Welt bewirken zu können. Es hat uns beide sehr aufgewühlt. Seit Jahren hatte ich darum gebetet und es mir gewünscht. Aber nun war ich frustriert, weil ich für meine eigenen Begabungen und Talente keine klare Richtung sah. Früher war immer ich diejenige gewesen, die wußte, wo's langging, und ich war ein bißchen neidisch, daß es sich nun umgekehrt verhielt.*

Karens Traum macht deutlich, wie sie spürt, daß Cliffs Lebensschiff am Zielhafen angelangt sei, was ihr ermöglicht, sich offen mit den eigenen Zweifeln und Enttäuschungen auseinanderzusetzen (ihr eigenes Boot kann sie nur ab und zu verschwommen erkennen). Das, von dem Cliff in seinem eigenen Traum befürchtete, es würde nicht anerkannt oder akzeptiert werden, rief in ihr sowohl rege Anteilnahme als auch Neid hervor. Die Träume von Cliff und Karen zeigen ein ausgezeichnetes, tragfähiges Ineinandergreifen des Erlebens.

Den nächsten Traum erzählte die siebenjährige Thyra, die ältere der beiden Töchter. Cliff neigte dazu, heftig zu reagieren, wenn sie starke Emotionen zeigte, und daher hatte sie, um sich die Zuwendung des Vaters zu erhalten, ihre Gefühle auf Eis gelegt. Obwohl sie so fest an die Lebenslüge glaubte, daß es falsch sei, ärgerlich zu sein, setzte eine zunehmend unangenehme Situation in der Schule einen Teil ihres Ärgers frei, und sie träumte folgendes:

Traum Nr. 3 (Thyra)
Vor unserer Schule stand ein Ölfaß. Jemand hatte Öl und Benzin hineingefüllt. Es war kurz vorm Explodieren. Ich rannte nach Hause. Die Explosion würde das ganze Land erfassen, darum mußten wir ganz weit fliehen, bis zum Nordpol. Dann trafen wir jemanden, meinen Lehrer, und mein Vater sagte: »Sie haben geschmacklose Vorhänge.« Jemand ergriff ihn, weil er das über die Vorhänge gesagt hatte, und man warf ihn ins Gefängnis. Meine Mutter ließ es zu. Dann gingen wir alle zum Nordpol. Und als es explodierte, ging das übers ganze Land, aber nur in Virginia. Ich

war ganz verwirrt, als ich aufwachte, weil ich im Schlaf geglaubt hatte, es sei die Wirklichkeit.

Thyra und ihre Eltern sprachen diesen Traum gemeinsam durch, und alle drei begannen einzusehen, wie notwendig es für Thyra war, Wut und Ärger als einen wichtigen Teil ihrer selbst zu akzeptieren. Es war nicht einfach, denn das erforderte eine Neugestaltung der emotionalen Positionen aller Familienmitglieder. Cliff mußte nun bereit sein, seinen eigenen unterdrückten Ärger näher anzuschauen, bevor er Thyra bei ihrem helfen konnte.

Ganz unerwartet vervollständigte Heather, die fünfjährige Tochter, den Kreis der Familienträume und berichtete:

Traum Nr. 4 (Heather)
Ich habe im Hinterhof mit meinen Freunden Nachlaufen gespielt. Thyra spielte mit ihren Freunden im Vorgarten. Meine Freunde sollten alle hinter mir herlaufen, aber sie wollten das nicht. Da habe ich geweint, und meine Mutter hat Thyra und mich ins Auto eingesperrt. Ich bin durchgedreht, habe mit dem Fuß ein Loch in die Windschutzscheibe gehauen und Mary auf die Zehen getreten.

Heather neigte dazu, zwischen Chefgehabe und Babyverhalten hin und her zu schwanken. Sie war abhängig davon, daß Thyra ihr den Weg ebnete (im vorderen Hof), und hatte am Tag vor dem Traum eine Gruppe befreundeter Kinder verlassen, weil sie sie herumkommandiert hatte und die anderen sich geweigert hatten, alles mitzumachen (sie liefen nicht hinter ihr her) – worauf sie die Beherrschung verlor. Das Eingeschlossenwerden im Auto ist als Metapher wohl eine Reaktion auf Karens Versuch, mit Heather darüber zu reden, daß sie sich erwachsener verhalten müsse (das Auto als Symbol dafür, wie sich Erwachsene bewegen). Da sie nicht in der Lage war, den Schritt zum reiferen Umgehen mit solchen Konflikten zu vollziehen, verfiel sie wieder auf infantile Fußtritte. Ihre letzte Handlung drückt aus, wie sie die Welt erlebte: Ihre Freundin Mary ist ebenfalls die jüngere von zwei Schwestern. In der Identifikation mit ihr fühlte Heather sich auf die Füße getreten. Der Traum machte den Eltern die Intensität von Heathers Konflikten deutlich.

Karen hatte in dieser Zeit einen Traum, der Vorspiel einer schmerzhaften, grundlegenden Wandlung war, mit der eine neue Epoche in ihrer Beziehung zu Cliff begann. Damals war sie sehr verärgert über den Pfarrer ihrer Kirche, der unfähig war, auf einen Teil seiner Macht und Kontrolle zu verzichten und anderen Mitgliedern die Verantwortungsbereiche zu überlassen, für die sie sich zur Verfügung gestellt hatten. Sie hatte das Gefühl, der Mann habe Angst davor, die Leute ihre eigenen Fehler machen zu lassen, weil er selbst so perfektionistisch war. Seine Haltung erschwerte die Arbeit der Kirche und überforderte ihn.

Traum Nr. 5 (Karen)
Ich schaute aus dem Fenster nach unserer Kriechpflanze im Vorgarten. Meine Mutter war gerade fertig: Sie hatte die Pflanze so weit zurückgeschnitten, daß fast nichts davon übrig war. Ich war wahnsinnig wütend und drückte all meinen Ärger in Worten aus. Cliff und ich hatten gerade vorher ausgemacht, daß ich die Pflanze zurückschneiden würde, wenn sie in den Rasen hineinwucherte. Ich sagte das meiner Mutter, und als nächstes wußte ich, daß von der Pflanze nichts mehr übrig war.

Karens Assoziationen hierzu: *Das erinnert mich daran, wie meine Mutter bei uns zu Hause mit ihrer Schere in den Garten ging und unsere wundervollen Kletterrosen so weit zurückschnitt, daß sie eingingen.*

Karen war so erzogen worden, daß im Umgang mit anderen auf jeden Fall Frieden zu bewahren sei, wodurch ihre Möglichkeiten, Gefühle zu zeigen, schwer beeinträchtigt wurden. Zorn und Aggression waren in ihrer Familie von Anfang an strikt verboten. Als sie sich erwachsen fühlte und ihr Selbstvertrauen wuchs, forderten auch die aggressiven Gefühle ihr Recht. Das Erlebnis mit dem restriktiven Pfarrer weckte die Erinnerung an frühere seelische Verkrüppelungen, und obwohl ihr in sozialer Hinsicht makelloses Wachbewußtsein das nicht zulassen wollte, war sie voll Wut.

Einige Tage später konnte Karen eine Konfrontation mit dem Pfarrer wagen, und er bewies eine außerordentliche Offenheit, indem er auf die von ihr aufgeworfenen Fragen einging und ihr sagte, sie habe ihm sehr geholfen, seine Gefühle des Isoliertseins zu überwinden. Für beide war diese Begegnung eine Bereicherung.

Dadurch ermutigt, sprach Karen eine Nachbarin an, die ständig mit Thyra und Heather schimpfte. Und schließlich wagte sie auch die für sie bedrohlichste Konfrontation: mit Cliff. Zu ihrer großen Überraschung stellte sie fest, daß sie hinterher den angesprochenen Personen gegenüber mehr Freiheit und mehr Nähe empfand. In dieser Nacht träumte sie:

Traum Nr. 6 (Karen)
Ich war in einer Art kompliziertem Verkehrssystem mit Tunneln und Treppen und Anlegestellen... Ungefähr so wie das U-Bahn-System in Boston, das ich als Kind immer auf meinem Schulweg benutzte. Ein Fahrzeug wartete darauf, daß ich zusammen mit vielen anderen Leuten einstieg... Ich könnte gar nicht sagen, ob es ein Zug oder ein Schiff war. Ich war aufgeregt und voll Erwartung, ich wollte irgendwohin verreisen. Ich hatte einen kleinen roten Koffer mit und fand es gut, daß ich nicht soviel Gepäck brauchte... ein einziges Gepäckstück für so eine lange Reise.

Ich weiß nicht mehr, ob ich die Treppen hinauf- oder hinabgestiegen bin, auf alle Fälle standen Thyra und ich an einer Anlege- oder Haltestelle. Thyra trug meinen Koffer, und ich sagte: »Laß ihn nur hier stehen, da steht er gut.« Ich wollte mich um irgend etwas oder irgend jemand kümmern und ging fort. Ich fand es nicht schlimm, Thyra allein zu lassen. Auch sie wollte verreisen und war sehr erwachsen.

An diesem Punkt verließ sie meinen Traum. Für mich wurde es Zeit einzusteigen. Ich ging zurück, um den Koffer zu holen, aber er war nicht mehr da. Ich suchte lange nach ihm. Ich lief hierhin und dorthin, überall; ich kontrollierte alle Stellen, an denen ich gewesen war; ich wußte ja, irgendwo mußte er sein. Nun mußte ich wirklich einsteigen. Wenn ich mitfahren wollte, ging das nur ohne Koffer. Ich hoffte, daß jemand ihn für mich mitgenommen hatte.

Ich beschloß einzusteigen. Plötzlich war ich in einer Art Party-Atmosphäre, und alle amüsierten sich. Dann sah ich, daß die Sachen aus meinem Koffer bereits alle für mich ausgepackt worden waren – ich glaube, Kleider und all solche Dinge. Alles war dort, wo es hingehörte.

Zu dem komplizierten Verkehrssystem fiel Karen ihre gegenwärtige Reise ins Innere ein. Der Entschluß zu dieser Reise hatte in ihr eine gewisse Abenteuerlust und gespannte Erwartung hervorgerufen.

Den roten Koffer verstand sie als ihren Ärger, der alles enthielt, was sie brauchte... das, was für ihr Wohlbefinden unerläßlich war. Die Verantwortung für ihren Ärger trug ihr erwachsenes Selbst, das Kind in ihr war herangewachsen und nicht länger bereit, den Ärger (Koffer) auf die herkömmliche Weise zu handhaben.

Sie spürte, daß der Traum aussagte, sie solle lieber einmal die Beherrschung verlieren, als ihre Gefühle zu verleugnen. Wenn sie bereit sei anzuerkennen, daß sie zu ihr gehören, dann könnten sie sich öffnen, und alles würde seinen angemessenen Platz finden. Sie würde emotional reagieren können – und sich dabei sogar wohl fühlen! (Der Koffer ist ausgepackt; alles ist am richtigen Platz; die Party im Fahrzeug.)

Mit fünf Jahren neigen Kinder zu Angst- und Alpträumen. Heather war keine Ausnahme. Ein paar Tage nach einem Familienausflug zu einer Höhle in der näheren Umgebung berichtete sie folgenden Traum:

Traum Nr. 7 (Heather)
Wir fuhren im Auto zu einer Höhle. Ich war auf so einem Felsvorsprung und schaute in das zehn Fuß tiefe Wasser. Ich ließ mich hinunterrutschen und ging in den tieferen Teil der Höhle. Mammi streckte ihren Arm aus, zog mich heraus und wieder zu sich hinauf. Sie machte mir klar, daß ich nicht auf den Vorsprung hinausgehen sollte. Daniel war auch da und spielte mit Bauklötzen.

Traum Nr. 8 (Heather)
Eine Frau in der Höhle... sie war die Führerin in der Höhle, zu der wir gingen... sie hatte etwas auf ihrem Kopf, womit sie die Stimme eines Höhlenmenschen hörbar machen konnte. Mammi und ich hatten Angst davor, und wir liefen nach Hause.

Am Tag vor diesem Traum war Heathers bester Freund zum Spielen dagewesen, und es war Heather schwergefallen, ihr Fahrrad herzuleihen. Karen teilte dann die Fahrzeiten nach der Uhr ein.

Vorher hatte Heather ihr Fahrrad gegen einen Nachbarsjungen verteidigen müssen, der sich das Fahrrad immer auslieh und keineswegs daran dachte, es zurückzubringen. Mit so komplexen Problemen von Eigentumsrecht, Teilen und Verteidigen war Heather offensichtlich überfordert (sie war von ihrem Vorsprung herabgerutscht). Sie mußte sich darauf verlassen, daß ihre Mutter die Situation in Ordnung brachte (sie aus dem Wasser zog). Der Traum enthielt eine gewisse Risikobereitschaft, aber auch die Unfähigkeit, mögliche Konsequenzen abzuschätzen.

Am Ende des Traums scheint Heather vorübergehend festzustellen, daß man sich besser nicht in Situationen einläßt, die man nicht kontrollieren kann (wie das Abgeben und Verteidigen des Fahrrads). Befriedigender ist es, wie ein kleines Kind (Daniel) für sich allein mit Bauklötzen zu spielen.

Im zweiten Traum ist der Konflikt, dem sie zu entkommen versucht, personifiziert in der schrecklichen Frau und deren Autorität: Sie sagt Dinge, bei denen Heather nur noch weglaufen kann... aber nicht ohne Mutters sichere Begleitung.

Das Erinnern und Wiedergeben der Träume war aufwühlend, jedenfalls für Heather und Karen. Der größte Teil ihrer Zusammenarbeit mit Nan fand per Telefon statt; sie erzählten ihr jeden Traum, beschrieben dazu Erlebnisse vorangegangener Tage, die sie irgendwie verunsichert hatten, und diskutierten dann die Metaphern und Einfälle des Betreffenden zu seinem Traum. Für Heather mußte Karen oft die Zusammenhänge herstellen, denn dem Kind fiel es schwer, eigene Gefühle zu erfassen und zu benennen. Manchmal schien sie ehrlich zu antworten, aber manchmal hatte man auch den Eindruck, sie wolle Nan mit ihrer Antwort einen Gefallen tun. Immerhin berichtete Heather Nan mit großem Eifer und peinlich genau von ihren Träumen.

Karen versuchte nun, neue und intensive Emotionen zu akzeptieren und schätzen zu lernen. Weil sie in dieser turbulenten Zeit ihre Träume regelmäßig mit Nan besprach, war es nicht überraschend, daß sie folgendes träumte:

Traum Nr. 9 (Karen)
Ich telefonierte mit Mag, mit der ich damals im College das Zimmer teilte. Sie erzählte stundenlang von einer Konferenz mit

Führungspersönlichkeiten des Landes, und ich glaube, sie wollte gern, daß ich über unseren Abgeordneten etwas an die Konferenz schickte; sie selbst wollte es nicht tun. Ich fühlte mich körperlich beengt durch einen sehr engen Pullover, den ich vergeblich und immer heftiger auszuziehen versuchte. Schließlich hörte ich auf, mich verrückt zu machen, und zog ganz ruhig zuerst den einen, dann den anderen Arm heraus; schließlich konnte ich den Pulli auch ganz leicht über meinen Kopf ziehen. Keine große Aktion, und ich war befreit. Während meine Freundin weitersprach, ging ich aus irgendeinem Grund vom Telefon weg und hatte die Vorstellung, sie würde es gar nicht merken. Aber als ich zurückkam, war niemand mehr dran. Der Traum klang damit aus, daß ich halbherzig versuchte, sie zurückzurufen.

Traum Nr. 10 (Karen)
Ich war in einer Galerie oder Schule, es waren viele Leute dort. Ein Feueralarm wurde ausgelöst, und wir alle stiegen geordnet die Feuerleiter an der Außenfront des Gebäudes hinab. Wir waren ganz locker und schwatzten miteinander.

Karen sagte dazu: *Meine Zimmerkameradin war eine sehr direkte, selbstsichere Person... sie war ständig dabei, veraltete Strukturen und Institutionen in Frage zu stellen. Nan ist ihr darin ähnlich – aber maßvoller. Ich glaube, einiges von dem, was wir am Telefon so daherredeten, ging denn doch zu weit. Ich wollte weg vom Telefon... weg von Nan... weg von allem, womit ich mich momentan herumschlug.*

Es wurde deutlich, daß der Traum sowohl widerspiegelte, wie bedrohlich die Beschäftigung mit ihren Träumen für sie wurde, als auch ihr Bedürfnis zeigte, das Problem auf ihre ganz persönliche Art anzugehen (der Pullover ist zu eng). Es war falsch, sie drängen oder dazu zwingen zu wollen, das abzulegen, was sie beengte – sie würde nur in Panik geraten. Karen spürte, daß der Pullover ihren Ärger symbolisierte, und es wurde ihr auch klar, wie sie sich von ihm befreien konnte: einfach über den Kopf ziehen. Wenn sie es mit einer ruhigen Bewegung tat, konnte sie es zustande bringen. Ihre gemischten Gefühle bei der Rückkehr zum Telefon zeigt wohl die Furcht vor Manipulation, die Angst vorm

Bloßgestelltsein und den echten Wunsch, trotz dieser Ängste ihre Träume ehrlich zu erforschen und aus ihnen zu lernen.

Traum Nummer 10 bringt einen weiteren Aspekt hinsichtlich des Pullovers: Eine Galerie ist ein Ort, an dem kreatives Gestalten zur Diskussion gestellt wird. Karen spürte zu jener Zeit, daß ihre Kreativität ihr die Konfrontation mit anderen abverlangte. Sie sagte sich:»Das ist für mich eine neue Art von Beziehungen. Ich habe nicht vor, von nun an sämtliche Leute mit meinen negativen Gefühlen zu überschütten, aber ich möchte die Freiheit haben auszudrücken, wie mir zumute ist. Ganz schön verzwickt. Wenn ich in dieser Hinsicht freier bin, kann ich meine Kreativität in künstlerische Bahnen lenken. Sticken zum Beispiel.«

Der Traum scheint zu fragen:»Kann mir auch nichts passieren (man beachte den Feueralarm), wenn ich mein wahres Selbst – meinen Ärger – öffentlich zeige?« Die Gefahr ist evident genug, um sie zum Verlassen des Gebäudes zu zwingen, ist aber nicht so bedrohlich, daß Panik aufkäme. Wie mit dem Pullover ist sie auch beim Umgang mit diesem Problem beharrlich und umsichtig.

Unsere Antriebskräfte im Wachzustand – die Geschwindigkeit, mit der wir neue Informationen aufnehmen, verarbeiten und speichern, unsere Fähigkeit, Herausforderungen anzunehmen – sind genauso individuell geprägt wie unsere Traumbilder. Müßten wir versuchen, unsere Traumbilder universell zu verstehen (also ohne die präzise Bedeutung, die individuell durch unsere vergangenen und aktuellen Erfahrungen umrissen ist), so würden wir sie ihres spezifischen emotionalen Gewichts entkleiden und damit den zwingenden Antrieb, uns wirklich zu ändern, verlieren. Und wenn wir die eigene Entwicklung nach Inhalt und Tempo an den Erwartungen anderer ausrichten oder sie aus Furcht oder Selbstzweifeln heraus forcieren, finden wir uns bald schiffbrüchig an einen Strand gespült oder in die tobende See hinausgezogen. Wollen wir lernen, unsere Antriebskräfte richtig einzuschätzen und unserem eigenen Rhythmus zu vertrauen, so müssen wir unterscheiden lernen zwischen Blockierungen und Zögern aus Angst und den normalen zyklischen Schwankungen der Kreativität. Das geht über weite Strecken nur mit »Versuch und Irrtum«. Dann entdecken wir, daß selbst das Ausgesetztsein auf einer einsamen Insel nicht permanente Isolation bedeutet, daß es doch Wege zurück zum inneren Gleichgewicht gibt. Irgendeine Art von Hilfe scheint immer möglich. Und wichtiger noch: Uns wird nun klar, daß die Hilfe aus uns selbst heraus entsteht, jenseits bewußter Manipulationen, von einer Instanz, die uns ständig darauf hinweist, welche Fragestellungen für unsere gegenwärtige Entfaltung die wesentlichen sind und wie wir uns mit ihnen beschäftigen sollen.

Unsere Arbeit mit den Träumen ging nach den oben berichteten Ereignissen für zwei Wochen »in den Untergrund«, bis Karen und Cliff zunächst vage, dann ganz unabweisbar die schmerzlichen Auswirkungen der Tatsache spürten, daß Karen ihre bislang stummen Sehnsüchte und Aggressionen nun ausdrückte. Und dann erinnerte sie sich an zwei Träume:

Traum Nr. 11 (Karen)
Cliff und ich gingen Freunde in einem Gebäude besuchen. Dort waren Leute, mit denen wir nicht viel gemeinsam haben.

Im Haus war eine Rauchbombe oder etwas Ähnliches explodiert, und wir mußten alle ins Freie. Sue (eine Freundin) war auch da, und alle waren elegant angezogen. Es schneite, und es war kalt und glatt. Sue fing an zu laufen, und ich wußte, daß sie ausrutschen würde, denn zum Laufen war sie falsch angezogen. Und dann rutschte sie wirklich aus.

Traum Nr. 12 (Karen)
Jerry (ein Bekannter) schrieb an einem Drehbuch. Ich war einfach so da. Zwei Bekannte von weither kamen dazu. Für eine Weile war es wie im Film... ein Strand, und draußen auf dem Meer war Krieg. Schlachtschiffe, Bomben und so weiter. Ich fühlte mich als Zuschauer, aber plötzlich begriff ich, daß ja auch ich verletzt werden könnte. Ich ging zur Seite, auf einen Wellenbrecher zu.

Dann waren wir wieder in Jerrys Büro. Zwei Mädchen kamen herein und erzählten vom Schulunterricht in Afrika. Ich sagte, ich würde vielleicht mit dorthin gehen, denn ich sei Lehrerin. Sie freuten sich darüber. Dann hörte ich, mit wie vielen Problemen das Ganze verbunden war. Kinder, deren Eltern sich nicht um sie kümmerten... Problemkinder... schwer erziehbar... und irgendwie beschloß ich, doch nicht dorthin zu gehen... obwohl ich immer noch vorgab, es zu wollen.

Karens erste Einfälle hierzu: *Ich hatte über Sue nachgedacht, wie sie doch mehr und mehr ihren Eltern ähnlich wird. Ihr Ehemann verfällt in die gleichen Verhaltensweisen. Jerrys Ideen waren immer verrückt, aber amüsant. Mit Wagnissen und Risiken ist es ebenso... irrational, aber es macht Spaß. Vielleicht spürte ich, daß ein Abenteuer fällig sei.*

Nan drängte darauf, noch näher auf das einzugehen, was am Abend vor den beiden Träumen geschehen war. Karen gab zu, sie sei sehr unglücklich gewesen. Sie hatte Lust gehabt, auszugehen und irgend etwas zu tun, das »richtig Spaß machte«, aber sie hatte nicht konkret sagen können, was sie darunter verstand. Später spürte sie, wie Cliff sich zurückzog und sie abwies, und so erlebte sie an diesem Abend nichts, was ihr Spaß gemacht hätte.

Das Arrangement in Traum Nummer 11 macht das Problem bildhaft sichtbar: Karen und Cliff sind physisch im selben Gebäude (ein Aspekt ihres Verheiratetseins), bleiben aber teilnahmslos, reserviert, als hätten sie keine Freude an der Situation oder als wollten sie sich nicht auf sie einlassen.

Als nächstes geben sie den Versuch auf, einander nahe zu sein. Die Aufgabe, die Ursachen für Cliffs Rückzug und ihr Gefühl des Abgelehntseins in allen Einzelheiten herauszuarbeiten, wird bedrohlich. (Das schwelende Problem zwingt sie, das Gebäude zu verlassen.)

Und wie reagiert Karen auf Bedrohung und Zurückweisung? Sie bleibt »cool« (Schnee und Eis) und erhält die gefällige Fassade aufrecht (elegante Kleidung). Aber das bringt ihr zusätzliche Probleme ein: Es ist schwierig, sich mit Gefahren auseinanderzusetzen und gleichzeitig nach außen eine sanfte, elegant-gelassene Souveränität zu vermitteln. Dabei kann man auf die Nase fallen – und das tat sie dann auch.

Dann wurde ihr klar, daß sie selbst sich sagen mußte: »Ich werde meiner Mutter immer ähnlicher (was sie ihrer Freundin Sue vorgeworfen hatte). Ich tue nämlich so, als sei alles wunderschön und in Ordnung. Nur keine Beunruhigungen aufkommen lassen...«

Auch in Traum Nummer 12 behält sie ihre Distanz als Beobachterin bei. Diesmal ist sie allein wie am Ende des vorigen

Traums, und die Situation erscheint hier noch ominöser (Szene eines Kriegsfilms). Obwohl sie versucht, sich selbst zu versichern, daß alles, was sie und Cliff gemeinsam durchmachen, »nicht wirklich« ist (nur ein Film), wird die Schlacht mehr und mehr zur bedrohlichen Realität, und sie muß in Deckung gehen.

Weil diese Lösung – Flucht – sie unbefriedigt läßt, kommt Karen auf eine andere Handhabung des Problems: Sie will sich auf irgendeine ursprüngliche Art engagieren (die Schule in Afrika). Als Lehrerin kann sie sowohl dazugehören als auch überlegen sein und Abstand wahren, um nicht gänzlich ihre fundamentalen Bedürfnisse, Wünsche und Erwartungen eingestehen zu müssen.

Und wieder ist dies eine Lösung, die neue Probleme aufwirft: Riskiert sie es, sich zu engagieren, dann findet sie sich augenblicklich in einer angstauslösenden Situation wieder: Sie muß mit Menschen umgehen, die mehr oder weniger von ihren unsensiblen Eltern geschädigt wurden. (Auf diesem Hintergrund sind Cliffs Rückzugstaktiken zu verstehen.) Sie revidiert ihre Entscheidung und beschließt, keinesfalls dorthin zu gehen, wo ihre natürlichen, angeborenen Impulse erkannt und ausgenutzt werden könnten.

Nan bekam Bedenken, daß Cliff die Bearbeitung ihrer Träume als Einmischung in sein Eheleben empfand. Obwohl er bei der Planung dieses doch recht experimentellen Zugangs zur Persönlichkeitsentfaltung begeistert mitgewirkt hatte, wurde ihm die Sache nun zu persönlich. Er hatte bisher nur einen Traum zur gemeinsamen Arbeit beigesteuert. Nan wollte nicht ohne die ausdrückliche Zustimmung aller Beteiligten die Arbeit mit ihren Träumen fortsetzen. Sie trafen sich zu einem Gespräch, und er erklärte sich mit der Fortsetzung der Arbeit einverstanden. Nan war auch dadurch noch nicht recht überzeugt, bis er ihr zwei Tage später einen schriftlichen Bericht über einen Traum aushändigte. Im nachhinein titulierten sie ihn »Eine heikle Situation«.

Traum Nr. 13 (Cliff)
Jemand (ein unbekannter Mann) kam in mein Haus (das mir gar nicht vertraut erschien) und wollte mir helfen, einige Pflanzen einzupflanzen, die ich vorher irgendwo ausgegraben hatte. Sie standen, bereits ziemlich vertrocknet, auf dem Hof herum und sa-

hen aus wie große Kakteen, obwohl es eigentlich immergrüne Pflanzen waren. Ich sagte, daß ich sie wenigsten hätte bewässern sollen, während sie so mit ihren fast nackten Wurzeln im Hof standen. Der »Jemand« wollte auch welche von den Pflanzen haben und sie mit zu sich nach Hause nehmen. Bei der Arbeit auf meinem Hof, der mir so fremd erschien, bemerkten wir im Garten hinter dem Haus herrliche Gemüsebeete, und ich erklärte, sie gehörten Karen. Sie waren voll schöner, kräftiger Pflanzen mit üppigen Früchten. Am Rand dieses Gemüsegartens hatten wir drei von den unansehnlichen, vertrockneten Pflanzen eingepflanzt, und ich hatte das Gefühl, daß ich mir vielleicht zu viele genommen und nicht genug für meinen Helfer übriggelassen hatte.

Cliff sah zwei Themen mit diesem Traum angesprochen: *Erstens: Karen blüht und ich aus irgendeinem Grund nicht. Ich war nicht neidisch auf ihren Garten. Ich bewunderte ihn und war überrascht, so etwas in meinem eigenen Garten hinter dem Haus zu finden. Am Abend vor diesem Traum hatte Karen mir gesagt, ich müsse daran arbeiten, meine positiven Eigenschaften wahrzunehmen und anzuerkennen. Zweitens: Sex.*

Bis vor kurzem hatten Karen und Cliff in ihrer körperlichen Beziehung eine grundlegende Übereinstimmung erlebt. Seit kurzem gab es aber in ihrer sexuellen Beziehung Spannungen wie in allen anderen Bereichen ihres Zusammenlebens.

Nan und Cliff dachten über die verschiedenen Metaphern seines Traums nach und einigten sich auf folgende Erläuterungen und Bezugspunkte:

Das ganze Arrangement enthält eine Mischung aus Bekanntem und Unbekanntem, Vertrautem und doch Fremdem, und inmitten all dessen stellt sich die Aufgabe, »etwas« in eine Umgebung zurückzubringen, in der es wachsen und blühen, reifen und sich entwickeln kann. Es hatte vorher diese Umgebung gehabt, zumindest eine günstigere als derzeit, denn nun war es abgeschnitten von einer nährenden Quelle. War ausgetrocknet. Aber *was* war ausgetrocknet? Ein Kaktus. Eine maskuline, urtümliche Pflanzenart, die lebenspendende Flüssigkeit enthält. Offenkundig ein Sexualsymbol.

Diese Kakteen waren nicht nur entwurzelt, sondern auch dazu verurteilt, noch länger das zu sein, was von ihnen erwartet wird: immergrün – vielleicht unrealistische Supermann-Erwartungen hinsichtlich sexueller Potenz.

Cliff hatte die Pflanzen nicht versorgt. Ein Teil von ihm wußte gut, wie ihnen zu helfen war, aber er konnte oder wollte sich nicht um ihre Bedürfnisse kümmern. Nun ragten ihre Wurzeln ins Leere. Cliff hatte sich nicht um die Probleme gekümmert, die ihm das Gefühl der Unzulänglichkeit vermittelten.

Der »Jemand«, der Cliff half, war an keiner Stelle deutlich zu erkennen, war aber wohl sein eigener hilfsbereiter Persönlichkeitsteil – der Mensch, der immer um die Bedürfnisse der anderen besorgt ist, der Ernährer, der schließlich auch sich selbst helfen sollte.

Beide entdecken Karens Garten, der grünt und blüht und Früchte trägt. Und obwohl er freudig überrascht davon ist, dieses üppige Wachstum im Garten hinter seinem Haus zu finden, und akzeptieren kann, daß er direkt daneben steht (pflanzt seine Kakteen dort), fühlt er sich doch, verglichen damit, weniger wert.

Die Fragen, welche nun für Cliff zu durchdenken waren, lauteten:

Warum muß man die Eigenart und Schönheit eines Kaktus herabwürdigen?

Warum soll ein Kaktus weniger wert sein als Gemüse?

Warum können Unterschiede nicht als bereichernde Kontraste erlebt werden, anstatt Schuldgefühle und Selbstzweifel hervorzurufen?

Ein Kaktus vermag unter ungünstigen Umweltbedingungen zu überleben. Er kann mit seinem Saft Leben erhalten, wenn nichts anderes mehr erreichbar ist. Ein Kaktus ist in der Tat immergrün, wenn er auch nicht aussieht wie die anderen Immergrün-Pflanzen. Ein Kaktus ist etwas Gutes! Nicht gut ist es hingegen, ihm die Erde zu entziehen, die er zum Wachsen braucht.

Nach diesem großen Sprung hinein in die Arbeit mit seinen Träumen war es nicht überraschend, daß Cliffs nächster Traum die Anstrengung spiegelte, seine Position neu zu definieren. Drei Tage später rief Cliff bei Nan an und erzählte folgenden Traum:

156

Traum Nr. 14 (Cliff)
Karen und ich waren für sechs Uhr abends bei den Pendletons zum Essen eingeladen. Wir tranken vorher zu Hause noch etwas, weil wir wußten, daß es dort nichts zu trinken geben würde. Wir kamen pünktlich um sechs an und begannen auch um sechs mit dem Essen.

Wir waren also zu viert. Nach dem Essen verließen Lynn, Jerry (Lynns Mann) und Karen den Raum. Ich blieb allein am Tisch sitzen. Vor einem hohen Fenster links von mir stand draußen ein Wachtturm, ganz dicht am Haus. Von meinem Platz aus konnte ich in das Turmzimmer schauen.

Ein kleiner Junge öffnete die Tür des Turmzimmers; ich konnte ihn erkennen, weil Licht von draußen hereinfiel. Er schaute zu dem Raum herüber, in dem ich saß, aber ich konnte nicht einschätzen, ob er mich sah, denn die Beleuchtung im Wohnzimmer war sehr schummerig. Dann kamen noch mehr Jungen dazu, und auch von diesen konnte ich nicht sagen, ob sie mich sahen. Sie faszinierten mich, aber sie sollten sich auf keinen Fall von mir angestarrt fühlen. Es war mir peinlich.

Ich stand auf und ging an ein Fenster im selben Raum, es gehörte zur Hausfront. Einige hundert Meter entfernt war das Meer. Die Wellen gingen hoch, aber sie brachen sich nicht. Obwohl es das Meer war, sah es nicht aus wie das Meer, weil die Brecher fehlten. Es war seltsam.

Lynn kam herein, während ich so hinausschaute, und wir sprachen über das Meer. Sie schaltete die Außenbeleuchtung an, eine zum Meer hin und eine dort, wo der Turm stand. Aber das Licht beim Turm ging sofort wieder aus.

Sie sagte: »Wie kommt das denn? Oh, die Kinder drüben – die haben das Licht ausgemacht.«

Ich überlegte: »Wie können die das Licht ausgemacht haben, wenn der Schalter dafür hier an der Tür ist?« Als wir dort so standen, stieg die Flut, und Wellen spülten auf das Haus zu. Sie waren nicht mehr wie vorher weit weg, sondern klatschten schon an die Hausfront. Ich schaute auf die Wellen und fragte: »Ist das normal?« Dann wollte ich da weg. So was konnte nicht normal sein.

Cliff hatte eigentlich ein schönes Wochenende hinter sich. In seiner Beziehung zu Karen konnte er wieder neue, tiefere und befriedigendere Möglichkeiten zulassen. Woher kam nun das Gefühl des Bedrohtseins?

Nan hatte die Idee, daß die Pendletons für die Zimmermans stehen könnten, weil auch sie keinen Apéritif vor dem Essen servieren. Cliff sagte: »Das stimmt. Wir trinken tatsächlich zu Hause etwas, bevor wir zu euch kommen!« Das eigentliche Thema des Traums war also: Cliff kommt zu Nan, um etwas (Träume) aus ihrer Perspektive zu betrachten.

Nach dem Essen, bei dem die anderen ihn (mit seinen inneren Wünschen und Bedürfnissen) wahrnehmen konnten, wurde er mit den Konsequenzen alleingelassen. Sein Instinkt riet ihm, vorsichtig zu sein: Behalte auf jeden Fall genau im Auge, was hier passiert! (Daher der Wachtturm.) Die Persönlichkeitsanteile, die er in seinen Träumen entdeckt hatte, faszinierten ihn, aber zu diesen »Unreifen« wollte er Distanz halten (die Jungen im Turm).

Der Wachtturm hielt nicht nur das Haus, sondern auch das Meer auf dessen anderer Seite unter Kontrolle. Cliff verstand dieses Meer als Symbol seiner eigenen Lebensenergie, aber es verhielt sich nicht so spontan und ungebunden, wie ein Meer sonst ist. Seine Energie war stark gedrosselt, die Wellen durften sich nicht überschlagen und brechen: Er kontrollierte sein Handeln so stark, daß andere Leute die ungestüm aufbrandenden Energien unter seiner ruhigen Oberfläche nicht wahrnehmen konnten.

Nan (Lynn) gesellte sich zu ihm wie beim Gespräch über seinen Traum, und sie unterhielten sich über das Meer. Das erhellte (die Außenbeleuchtung) zwei wichtige Bereiche: seine Strategie, sich in Gegenwart anderer zurückzuhalten (die Wellen brechen sich nicht), und sein Bestreben, alles durch Beobachtung unter Kontrolle zu halten (sein Wachtturm, dessen Besatzung aus infantilen Abwehrmechanismen besteht).

Cliff schützte den Turm, indem er die Jungen (psychische Schutzinstanz) das Licht ausmachen ließ, aber das Meer geriet außer Kontrolle, verhielt sich als richtiges Meer, mit Perioden des Aufruhrs.

Die Wildheit, Kraft und Nähe des Meeres erschreckten Cliff, und er kehrte seine ursprüngliche Wahrnehmung, daß das zahme

Meer ungewöhnlich sei, ins Gegenteil um: Nun erklärte er die neue Situation als »nicht normal«, was seine Entscheidung, wegzugehen, nur vernünftig erscheinen läßt.

Cliff sah sich mit der Tatsache konfrontiert, daß, wenn er sich für die Fortsetzung der Arbeit mit seinen Träumen entschied, die alten Kontrollinstanzen seine Gefühle und Reaktionen möglicherweise nicht mehr im Zaum halten konnten. Obwohl das gut zu sein schien, bestand die Gefahr, daß diese Kräfte in seinem Innern die von ihm aufgerichteten Schranken nicht berücksichtigen würden, so daß er von ihnen überflutet würde. Er sagte sich: Vielleicht sollten wir gar nicht in unserem Unbewußten stöbern. Vielleicht ist überhaupt die Arbeit mit den Träumen nur eine Schnapsidee!

Trotz des fast überwältigenden Zweifels riskiert Cliff das Gefühl des Bloßgestelltseins, als er Nan seinen Traum erzählte und mit Karen an den weiterführenden Implikationen arbeitete. Zudem reduzierte sich seine Angst erheblich, nachdem er sie so anschaulich analysiert hatte. Karen konnte nun deutlicher erkennen, daß die Phasen seiner Zurückgezogenheit weniger eine Geringschätzung ihrer Person als sein Versuch waren, die Turbulenzen seines Innenlebens unter Kontrolle zu halten. Und ihm wurde klar, daß eine Kontrolle dieses Ausmaßes gar nicht mehr notwendig war.

Damit war ein weiterer Schritt zum Abbau von Zwang und Kontrolle in der Familie Anderson getan, hin zu einer mehr gemeinsamen Verantwortlichkeit und gegenseitigen Unterstützung.

Die ernsthafte Beteiligung an der Arbeit mit Träumen verursachte phasenweise große Spannungen und Unruhe in der Familie. Jedes Veränderungsexperiment kann Ängste aktivieren. Weil sie aber nicht auswich und ernsthaft nach neuen Antworten suchte, fand diese Familie schließlich offenere und ehrlichere Wege der Problemlösung.

In Heathers Träumen zeigte sich ständig der Konflikt zwischen der Sicherheit des Baby-Daseins und der Freiheit und Freude des Größerwerdens. Cliff erkannte nicht nur, wie sie sich entwickelte, sondern spürte auch, an welchen Stellen er als Kind nicht ermutigt worden war, sich weiterzuentwickeln.

Traum Nr. 15 (Heather)
Papa und ich wollten ein Picknick machen. Dann lief ich allein über die Straße, als Papa eine Abkürzung ging. (Ich hatte ihn irgendwie aus den Augen verloren und dachte, er wäre ohne mich nach Hause gegangen, aber als ich mich umschaute, sah ich ihn in einem fremden Garten Gänseblümchen pflücken.) Und dann rannte ich über die Hauptstraße. Ein Autofahrer wechselte schnell aus seiner Spur auf die freie Spur, wie Papa das immer macht. Ich stieg auf ein Rad und kletterte auf das Auto, aber der Mann nahm einen Stock und stieß mich runter, und er sagte: »Wirst du das wohl sein lassen!« Ich sah, daß es nicht Papa war. Dann ging ich hinüber zu Papa, der immer noch Gänseblümchen pflückte, und dann gingen wir ins Schwimmbad.

Der Traum spiegelt die Kräfte und Gegenkräfte in der Zeit des Heranwachsens. Heather wünscht sich mehr Freiheit für Unternehmungen und Bewegung (Picknick und Schwimmen). Sie probiert aus, wie sie Risiken bestehen kann und wie ihr Vater darauf reagiert.

Der Vater verhält sich gewährend, aber sie ist sich seiner auch nicht recht sicher (er verschwindet und taucht, gleichgültig, aber liebevoll Blumen pflückend, wieder auf). Der gewährende Vater ist irgendwie ausweichend, aber sie schafft es schließlich, ihn an sich zu binden, und beide gehen sie zu einem gemeinsamen Ziel, dem Schwimmbad, wo sie sowohl fröhlich sein als auch ihre physische Unabhängigkeit öffentlich demonstrieren kann. Heather begann auch im Wachleben sich freizuschwimmen.

Es gibt in diesem Traum auch einen zurückweisenden Vater. Als sie mutig allein die Straße überquert, gerät sie durch seine Reaktion in Gefahr (sein Auto wechselt auf die freie Spur, auf der sie steht). Anschließend warnt er sie verbal vor allzu spontanen Bewegungen (»Wirst du das wohl sein lassen!«).

Heather ergreift dann die Initiative und kehrt zu dem gewährenden Vater zurück, worauf die beiden gemeinsam zum Schwimmbad gehen.

An einem der Abende davor hatte Cliff ein Buch von Dr. Seuss über Kinder gelesen, und als letzte Zeile las er: »Fröhlichsein ist gut!« Er sagte, er sei so aufgewachsen, daß jede aufkommende

Fröhlichkeit ihm Schuldgefühle machte, und noch heute könne er kaum wirklich fröhlich sein. Irgendwie war es nicht »rechtschaffen«, fröhlich zu sein. Cliff erkannte, daß Heather dabei war, in ihrem zunehmend eigenständigen Selbst festzustellen, ob »Fröhlichsein gut ist« oder nicht. Vielleicht konnten beide voneinander etwas fürs Leben lernen.

Auch für Karen war Heathers Auseinandersetzung mit den Problemen im Traum sehr hilfreich. Nun wußte sie, daß das, was sie Heather sagte, nicht auf taube Ohren stieß, sondern daß sich im Innern des Kindes Prozesse des Prüfens und Abwägens vollzogen, um den richtigen Weg des Heranwachsens zu finden.

Traum Nr. 16 (Heather)
Ich war auf dem Weg vom Schwimmbad nach Hause und hatte das gelbe Abzeichen. (In ihrem Schwimmbad bekommt ein Kind, das verschiedene Schwimmprüfungen abgelegt hat, ein gelbes Abzeichen, das ihm erlaubt, auch ohne Begleitung eines Erwachsenen ins Schwimmbad zu gehen.) Ich war zehn Jahre alt.

Ein Mann auf einem Pferd tauchte auf, er hatte einen Hut mit lauter Fransen an der Krempe. Ich mußte mich vor ihm verstecken. Ich ging ins Haus und versteckte mich hinterm Sofa, aber dann war er auf dem Vordach und konnte mich genau erkennen. Er steckte mich ins Gefängnis und schoß durchs Gitter. Dann war ich tot.

Der Tag vor dem Traum war für Heather sehr schön gewesen. Es hatte keine großen Szenen gegeben, und sie hatte in ausgesprochen kreativer Weise ein beträchtliches Stück Unabhängigkeit verwirklicht. Nach dem Traum schlich Heather auf Zehenspitzen zu Karen ans Bett und tippte sie leise an die Schulter. Sie erzählte ihren Traum ruhig und ernsthaft, aber zum Schluß sagte sie, sie habe Angst und wolle bei Karen schlafen. Karen sagte, das ginge nicht, aber sie würde mit ihr in ihr Zimmer zurückgehen und ihr ein Weilchen den Rücken streicheln. Nach zehn Minuten sagte Heather, nun sei es gut, und schlief ein.

In diesem Traum wurde Heather erwachsener (bekam das gelbe Abzeichen, wurde zehn Jahre alt), aber auch ihr Gegenspieler wurde stärker (er sitzt zu Pferde, und er tötet sie).

Karen hatte dann einen Traum, der sehr lebendig wiedergab, wie sie versuchte, ihre Rolle als beschützende und fördernde Mutter zu definieren.

Traum Nr. 17 (Karen)
Peg (eine Freundin von zu Hause, sehr cool, auch wenn sie unter Druck steht, nicht leicht aus der Fassung zu bringen) und ich saßen auf den Felsen am Meer. Es war ein sehr beeindruckender Küstenabschnitt. Riesige Wellen schlugen gegen die muschelbewachsenen Felsen.

Pegs Tochter (genauso alt wie Heather) spielte auf den Felsen und näherte sich dabei immer mehr dem Wasser. Ich bekam Angst, daß sie ausrutschen und sich an den Muscheln verletzen oder über die Klippen ins Wasser stürzen könnte. Dies war kein Ort, wo man ein Kind einfach so spielen lassen konnte... ein kleines Kind, das noch in Windeln umherwatschelte. Peg nahm meinen Rat an, ging hinunter und holte ihre Tochter. Es war niemandem etwas passiert.

Karens Gedanken zu diesem Traum: *Ich glaube, hier geht es darum, welches Maß an Freiheit ich Heather und auch Thyra zugestehe. Ich kann schlecht einschätzen, wo ich aufhöre und Heather anfängt, wenn es um kreative innere und äußere Strukturierungen geht.*

Ich habe viel über Heathers Alpträume nachgedacht und möchte wissen, wie ich ihr helfen kann.

Der Sommer begann. Die Andersons packten alles ein, was man für einen dreiwöchigen Urlaub braucht, und flogen nach Utah. Auf einer eilig geschriebenen Postkarte berichtete Karen, daß sie und Cliff einen Extra-Ausflug machten und die Kinder in der Obhut von Fremden gelassen hätten. Es sei wunderbar, sich ohne Verantwortung für andere frei zu bewegen und manchmal auch nur miteinander zu schweigen.

Als die Andersons zurückkehrten, war Nan gerade längere Zeit nicht in der Stadt, und es vergingen fast sechs Wochen, bis sie einen fast widerwilligen Anruf von Karen erhielt. Thyra, die ältere der beiden Töchter, von Heather um ihre erreichte Unabhängigkeit und gesicherte Position in der Familie beneidet, hatte während Karen und Cliffs Mini-Flitterwochen einen schweren Angsttraum gehabt. Thyra erzählte ihnen den Traum, weigerte sich dann aber standhaft, weiter darüber zu sprechen. Sie wurde zornig, sowie sich auch nur andeutete, daß ihre Eltern mit ihr besprechen wollten, was sie in der Zeit ihrer Abwesenheit empfunden hatte.

Sie schrie: »Ich will nicht darüber reden, nie wieder! Und ich erzähle nie wieder einen Traum!« Ihre Gefühle schienen so in ihrem Innern verborgen zu sein, daß sie es vorzog, sie zu leugnen.

Jetzt bekam der einzige Traum, den Thyra bisher zur Arbeit mit den Träumen der Familie beigesteuert hatte, ein neues Gewicht. Sie hatte dem Vorhaben zugestimmt, aber eine heimliche und unentdeckte negative Einstellung hierzu aufrechterhalten, indem sie schwieg. Der Schmerz der Trennung von den Eltern, als diese ihren Ausflug machten, hatte jedoch ein zwingendes Bedürfnis nach Kommunikation ausgelöst, eine Reaktion, die sie bitter bereute, als sich der unmittelbare Schmerz gelegt hatte und sie wieder zu Hause war, wo die gewohnten Sicherheiten herrschten.

Kein Zweifel, Thyras Anspruch, ihre Träume gingen niemanden etwas an, mußte respektiert werden, aber die Familie sorgte sich um den Grund ihres vehementen Schutzbedürfnisses. Was in ihr selbst erschien ihr so zerbrechlich, daß es bedingungslose Distanz erforderte?

Heather begann, ihre ältere Schwester gelegentlich zu trösten. Diese Enthüllung, daß ihre sonst so beherrschte und geschickte Schwester doch nicht die Personifizierung der »perfekten Tochter« war, schien einen neuen Abschnitt in Heathers Lebenslauf einzuleiten. Sie wurde sehr viel geselliger, lud Freunde zu sich ein und besuchte sie – all dies bei zunehmend sicherem Auftreten und mit wachsendem Eifer.

Thyra gewann ihr Zutrauen nicht wieder zurück. Die Familie erfuhr später, daß es körperliche und entwicklungsbedingte Verzögerungen waren (glücklicherweise reversible), die sie nicht in den Genuß ihres Selbstwerts kommen ließen.

Nun war es Zeit, die Zusammenarbeit zwischen Nan und den Andersons neu zu gestalten. Sie kannten mittlerweile die grundlegenden Techniken der Arbeit mit Träumen; sie hatten ihr eigenes

Werkzeug hierfür. Sie konnten wählen, ob sie es benutzen oder beiseite legen wollten, um andere Wege der Weiterentwicklung zu beschreiten, oder weil sie aus sehr verständlichen Gründen eine Pause vom introspektiven Arbeiten brauchten. Entsprechend hatte sich Nans Rolle verändert. Die Andersons unterhielten sich miteinander über ihre Träume wie über alle anderen privaten Familienangelegenheiten.

Etliche Monate später, als sie über die letzte Phase ihrer Entdeckungsreise in die Traumwelt nachdachte, sagte Karen: »Einmal, unmittelbar vor dem Urlaub, hatte ich von dem ganzen Zeug genug. Man kann das eine Zeitlang so intensiv betreiben, aber dann ist es nicht mehr heilsam. Zu sehr beobachtet man sich selbst. Erst als wir uns auf den Urlaub vorbereiteten, merkte ich, daß es mir zuviel wurde. Träume sind ein Werkzeug des inneren Wachstums, aber man kann nicht täglich und jede Minute wachsen. Manchmal muß man eine Weile warten, bevor man zum nächsten Sprung ansetzt... und wenn ich soweit bin, *dann* will ich meine Träume auch wieder ernsthaft durcharbeiten.«

Nan war es mit der gemeinsamen Arbeit ähnlich gegangen. In demselben Gespräch mit Karen erinnerte sie sich: »Ich war auch an einem Punkt angelangt, wo mir klar war, daß ich mit dieser Intensität und Regelmäßigkeit nicht weitermachen konnte, auf gar keinen Fall... Aber ich finde, so muß es sein, wenn wir alle ehrlich zueinander sind. Ich glaube nicht, daß ich hätte weitermachen wollen, wenn es euer Bedürfnis war, nun zu bremsen oder etwas ganz anderes zu machen. Aber bis zu dem Augenblick, in dem ich dieses Gefühl wahrnahm, habe ich jede Minute unserer Arbeit bejaht, und sie hat mich sehr bereichert. Bei eurer Rückkehr war klar, daß wir alle bereit waren, einiges ein bißchen anders zu machen – und das haben wir dann ja auch getan.«

Kurz nach Weihnachten rief Karen bei Nan an, um ihr zu erzählen, daß Thyra ganz spontan einen Traum erzählt hatte – das erste Mal, seit sie sich im Sommer so ärgerlich allem verschlossen hatte. Karen hatte sehr vorsichtig einige Fragen zu Einzelheiten gestellt. Thyra war weder überschwenglich noch zurückhaltend, und es schien ihr nichts auszumachen, diesen Traum mit Nan zu besprechen.

Traum Nr. 18 (Thyra)
Papa und ich fuhren mit dem Auto. Wir kamen an eine rote Ampel,
aber Papa hielt nicht an, wir fuhren über die rote Ampel und
krachten mit einem anderen Auto zusammen. Plötzlich wurde das
Auto zum Flugzeug. Wir flogen durch die Luft, und wir brauchten
nichts dafür zu bezahlen. Eine hübsche Stewardeß servierte uns
ein Abendessen, und auch das kostete überhaupt kein Geld.

Im ersten Teil dieses Traums verletzen Thyra und ihr Vater eine
Regel (sie fahren trotz roter Ampel weiter), doch sie überleben es.
Im zweiten Teil sind die Regeln außer Kraft gesetzt (es kostet
nichts), und sie genießen die Reise. Der zweite Teil scheint zu besagen, daß das, was sie im ersten Teil taten, in Ordnung war. Die
Frage war also, worin die Gefahr (rot) oder Autorität (rote Ampel)
bestanden hatte, von der Thyra meinte, sie sei von ihnen herausgefordert und überwunden worden. Ohne nähere Einzelheiten von
Thyra war es nahezu unmöglich, zu einem Ergebnis zu kommen,
aber es erschien den Andersons geboten, sie nach ihrer langen
Weigerung nun nicht unter Druck zu setzen. Zwei Möglichkeiten
waren nach eingehender Erwägung des zurückliegenden Familienlebens auszumachen.

   Die erste Möglichkeit war die: Thyra konnte ihren weiblichen
Reizen jetzt, nachdem sie sieben Jahre im verborgenen geschlum-
mert hatten, erlauben, sich in die Beziehung zum Vater einzubringen. Sie lehnte sich zuweilen an seinen Sessel und drehte sein
Haar um ihre Finger oder zeigte in anderen liebevollen Verhaltensweisen ihr Hingezogensein zu Cliff. Früher hatte Cliff versucht, sie zu mehr Nähe zu ermutigen, aber als sie nicht darauf
eingegangen war, hatte er sich gesagt: »Sie ähnelt mir eben zu
sehr«, und die Distanz blieb. Nachdem Cliff seine Erwartungen
und seinen Ärger nicht mehr so rigide ausdrückte, konnte vielleicht auch sie die Kontrolle etwas lockern und ihre Lebenslüge
der Selbstgenügsamkeit fallenlassen. Gemeinsam mit dem Vater
durchbrach sie die alten Lebensregeln, körperlich und seelisch
Distanz zu halten (symbolisiert in der roten Ampel). Ein paar
Winke von Cliff hatten sie in sein Auto versetzt, und gemeinsam
überlebten sie den Zusammenstoß ihrer neuen Begegnung. Plötzlich flogen sie hoch über allem, und konventionelle Ansprüche

(daß man für einen Flug bezahlt) waren vorübergehend aufgehoben.

Die zweite Überlegung dazu, was Thyras Traum speziell ausgelöst haben könnte, hing mit Cliffs Mutter zusammen. Die Großmutter war in den Weihnachtsferien für vier Wochen bei den Andersons zu Besuch gewesen. In der letzten Woche wurden die Beziehungen etwas gespannt. Die Großmutter begann, an Thyra herumzukritisieren, und machte abwertende Bemerkungen wie: »Früher war Thyra die gute Esserin, aber jetzt ist es Heather.« Cliff stellte klar, wie unangebracht solche Bemerkungen seien. Das war ein ganz neues Verhalten von seiner Seite: War das der wagemutige Durchbruch an der roten Ampel?

So oder so, eins war sicher: Cliff und Thyra handelten in ihrem Traum als Verbündete, indem sie den Befehl einer anerkannten Autorität (die Verkehrsregeln) mißachteten und dabei sogar ihr Leben riskierten. Es kam auch tatsächlich zu einem Zusammenstoß, der aber in einer neuen Freiheit gipfelte.

Karen sagte über Thyra: Sie ist auf merkwürdige Weise verständig. Ich glaube, sie kann alles mögliche wahrnehmen, ohne daß es ihr jemand verbal mitgeteilt hätte, zum Beispiel, daß Cliff sich von seiner Mutter zurückzieht. Sie muß wissen, daß er ein angespanntes Verhältnis zu ihr hat, und sie spürt sicherlich auch die Veränderungen, die es erst kürzlich in ihrer Beziehung gab. So etwas könnte ich von Heather nicht behaupten... die wird nur wütend und gibt freche Antworten. Aber Thyra beobachtet alles, hört genau zu und reagiert nur in ihrem tiefsten Innern.

Der Traum scheint auszudrücken: »Mein Papa und ich sehen die Gefahr, aber es wird schon gutgehen, weil er zu mir hält.«

Auch als Cliffs Mutter abgereist war, arbeiteten Cliff und Karen ihre Träume miteinander durch. Karen berichtete Nan ihren Traum, aber offensichtlich waren sie und Cliff schon selbst darauf gekommen, wie er zu verstehen war; Nan hatte nur eine Anmerkung zu einem Symbol, Karen dachte einen Moment nach und sagte dann, es passe irgendwie nicht. Sie war ihre eigene Lehrmeisterin geworden.

Cliff hatte beschlossen, einige seiner ungelösten Konfliktbereiche mit einem Psychiater durchzuarbeiten, und Nan fragte ihn, ob er in dieser Zeit weiter mit ihr Träume besprechen wolle oder nicht. Nachdem er das mit dem Psychiater erörtert hatte, beschloß er, ihr den folgenden Traum mitzuteilen. Ihm schien es, als runde dieser Traum all das ab, was sie zusammen durchgestanden hatten.

Traum Nr. 19 (Cliff)
Unsere ganze Familie, alle vier, waren in Afrika. Wir wanderten durch Afrika, und im Traum konnte ich den ganzen Kontinent überblicken, wie wenn man auf eine Landkarte schaut. Wir waren schon eine lange, lange Strecke gegangen; es war eine sehr verlassene, wüstenähnliche Straße. Thyra sagte: »Jetzt sind wir schon so lange unterwegs – wie groß ist Afrika eigentlich?« Ich konnte umgehend antworten, weil ich (im Wachleben) gerade vor kurzem festgestellt hatte: »Es ist dreimal so groß wie die Vereinigten Staaten.« Wirklich ein langer Weg! Wir schienen irgendwie genau in südöstliche Richtung zu gehen, und dann wollten wir nach Nordosten. Auf dem Weg durch den Kontinent gerieten wir auf die verkehrte, unbefestigte Straße. Wieder konnte ich den ganzen Kontinent überblicken... und ganz deutlich die einzelnen Straßen: Die Straße, die wir suchten, war eine Art Autobahn, statt dessen befanden wir uns auf dieser armseligen, unbefestigten Nebenstraße. Sie führte uns zu einer luxuriösen Begegnungsstätte, mit lauter gutangezogenen Leuten, alles typische weiße Amerikaner. Wir schauten von einem Hügel auf diese komfortable, palmenbestandene Außenveranda. Dann wurde mir klar, daß wir auf dem Dach des Gebäudes saßen. Ich machte auch Karen und die Mädchen darauf aufmerksam. Wir konnten dort nicht bleiben, weil wir da nicht hingehörten. Außerdem würden wir unser eigentliches Ziel so nie erreichen.
   Wir gingen in den Küchenbereich, wo das Essen vorbereitet wurde. Dort fragten wir nach dem Weg. Eine Dame, eine Angestellte, hatte eine Landkarte an der Wand und zeigte uns genau, wo wir vom Weg abgekommen waren und wie wir wieder auf die Hauptstraße gelangen konnten. Wir gingen fort, gingen die Nebenstraße zu Ende und stießen dann auf die Hauptstraße.

Der Traum stammte aus der Zeit, als der Besuch seiner Mutter zu Ende ging. Cliff spürte, wie notwendig es für die vier war, wieder unter sich zu sein, um herauszubekommen, was sie alles gemeinsam hatten, und um zusammen vorwärtszukommen – auch wenn die Aussichten ungewiß und der Proviant spärlich erschien. Hatte er in gewisser Weise den Besuch seiner Mutter trotz aller Schwierigkeiten als Oase der Entspannung erlebt, als Pause vom ständigen Zentriertsein auf das vereinbarte Sich-Weiterentwickeln, das die Monate vor ihrem Eintreffen beherrscht hatte?

Die Familie hatte eine Nebenstraße benutzt und sich in einem geschützten Bereich – einer geschlossenen, wohlhabenden Gesellschaft – aufgehalten. In gewisser Weise war der Besuch der Mutter eine angenehme Zeit für ihn, denn solange sie da war, konnten er und Karen ihre Probleme nicht so offen wie sonst bearbeiten. Die Mutter fungierte als Pufferzone, denn sie versuchten, die Turbulenzen des Familienlebens von ihr fernzuhalten. Für Cliff war der Alltag, solange seine Mutter da war, weniger anstrengend – zumindest oberflächlich. Aber unter dieser Oberfläche gab es etwas, das sich unterdrückt fühlte und um Freiheit rang. Im Traum hielt er Distanz und gestattete sich nicht, sich im bequemen und oberflächlichen Status quo niederzulassen.

Cliff bat in seinem Traum niemanden von den Gästen um Hilfe (Bekannte oder seine Mutter), sondern ging in die Küche, wo die Köchin ihm den Weg aus der Villa erklärte – genauso hatte Cliff auch im Wachleben gehandelt, als er mit Sitzungen bei einem Psychiater begann. Im Grunde fragte er: »Wie finde ich in das Leben (die Hauptstraße) zurück?«, und er stellte diese Frage jemandem, der dafür bezahlt wurde (Küchenangestellte), grundlegende Bedürfnisse zu befriedigen – seinem Psychiater.

Die Angestellte setzte ihn nicht in ein Auto und brachte ihn zum Ziel, nahm ihm also die Arbeit nicht ab, sondern sagte ihm den richtigen Weg. Cliff erkannte, daß es ein langer Weg sein würde; ein schwerer Weg in einem weiten Land stand ihm bevor, aber er war dazu bereit. Er verließ den verlockenden Hafen und begab sich auf die ungeschützte Straße – gemeinsam mit Karen, Thyra und Heather.

Die Anderson-Story hat keinen Schluß, denn die Andersons benutzen nach wie vor ihre Träume, um sich weiterzuentwickeln. Gelegentlich bitten sie Nan, sich einen der Träume anzuhören, und sie erzählt ebenfalls von ihren Träumen. Cliff hat seine Therapie abgeschlossen. Karen und er suchen beide nach Möglichkeiten, anderen dabei zu helfen, mit den inneren Heilquellen in Berührung zu kommen. Karen war in einem kürzlich abgehaltenen Traum-Workshop Nans Ko-Dozentin. Ihre Sensibilität für jene Konflikte, die oft unsere Weiterentwicklung blockieren, hat, gepaart mit ihrem Sinn für die Vielfalt der möglichen Bedeutungen eines Symbolbildes, vielen Menschen geholfen, ihre Träume für sich zu nutzen.

Häufig läuft Heather Nan entgegen und sprudelt einen Traum hervor. Sie mag kaum weiter darüber nachdenken, wenn sie ihn erst einmal losgeworden ist, aber sie ist offensichtlich fasziniert von dem, was sie da produziert hat, und sie ist stolz darauf. Thyra teilt ihre Träume nur der Familie mit, aber beiden sind ihre Träume etwas Vertrautes.

Es spielt keine Rolle, ob die Andersons eine typische amerikanische Familie sind oder nicht. Einige Grundzüge ihrer Erfahrungen kann man durchaus auf die Familienarbeit mit Träumen allgemein übertragen.

Die Beschäftigung mit Träumen deckt die Stärken und Schwächen eines jeden Familienmitglieds auf. Kein Mensch kann auf allen Gebieten perfekt sein. Ist diese Vorstellung erst einmal akzeptiert, dann werden die Positionen der einzelnen Mitglieder in der Familie beweglicher.

Wenn die vorgefaßten Meinungen innerhalb der Familie neuen Perspektiven weichen, entstehen Angst und Konflikte. Je offener mit diesen Belastungen umgegangen werden kann, desto ertragreicher wird die Arbeit mit Träumen in der Familie sein. Man kann nicht erwarten, daß die Fähigkeit zur Gemeinsamkeit und die Veränderungen sich gleichmäßig entwickeln. Jedes Familienmitglied hat sein eigenes Tempo. Mit dem Respektieren dieser Unterschiede ist auch die notwendige Sicherheit gegen destruktiven Druck und gegen Manipulation gegeben.

Die Arbeit mit Träumen in der Familie ist ein anstrengendes, aber äußerst lohnendes Unterfangen. Und es ist eine der menschlichen Natur entsprechende Methode, denn sie setzt unsere unterschiedlichen Individualitäten ein, um die Emotionen, mit denen das Familienleben durchwebt ist, zu erkennen und zu vertiefen.

10. Spiegelungen gesellschaftlicher Einflüsse im Traum

Gehen unsere Träume mit den sozialen Mythen in ähnlicher Weise um wie mit den persönlichen Mythen, das heißt, helfen sie uns, auch sie zu durchschauen? Mit andern Worten: können Träume auch zu sozialem Wissen führen, nicht nur zu persönlichem? Und können wir lernen, unsere Träume aus dieser Perspektive zu betrachten? Sollten wir das tun?

So wie wir den Begriff Mythos bisher benutzt haben, bezeichnet er einen Selbstbetrug, dem wir ohne zu fragen huldigen, weil er uns ein gewisses Maß an Sicherheit und Bequemlichkeit verschafft. Er ist eine Annahme über unser eigenes Wesen oder das Wesen von Mitmenschen, durch nichts gerechtfertigt und dennoch für selbstverständlich gehalten. Wir haben den Mythos so sehr verinnerlicht, daß wir gar nicht bemerken, wie er sich auswirkt und welchen Preis wir zahlen, ihn aufrechtzuerhalten. In ihm drückt sich die Kluft aus zwischen unserem echten und unserem unechten Wissen über uns selbst und die anderen. Wie wir gesehen haben, macht uns diese Kluft in dem Augenblick verwundbar, in dem aktuelle Ereignisse den sensiblen Bereich berühren und uns mit der Tatsache konfrontieren, daß unsere gewohnten Reaktionen in der vorliegenden Situation nicht mehr angemessen sind. Das verwirrt uns, macht uns ängstlich und unsicher: Wir wissen nicht, wie wir uns zu verhalten haben. Die Traumbilder reflektieren dieses Dilemma und geben den Anstoß dafür, daß wir uns mit der speziellen falschen Meinung befassen, die zu der schwierigen Situation geführt hat. Haben wir uns erst einmal die Erlaubnis gegeben, das Vorhandensein einer Kluft und ihren speziellen Charakter wahrzunehmen, dann können wir auch entsprechend handeln. Und genau dies bezweckt die Arbeit mit Träumen.

Mißbrauch von Macht in menschlichen Beziehungen ist eine der Quellen für persönliche und soziale Mythen.

Persönliche Mythen und Lebenslügen entstehen in der Kindheit, da es dort viele Möglichkeiten des Mißbrauchs der elterlichen Gewalt gibt. Die Eltern werden stets als gut, stark und allwissend angesehen, selbst wenn sie sich gegenüber ihren Kindern unklug, töricht und sogar schädlich verhalten. Das Kind braucht die Eltern noch so sehr, daß es sich oft im Unrecht glaubt und dabei Mythen seiner eigenen Unzulänglichkeit aufbaut.

Die Realität vermag uns aus unserer Selbstzufriedenheit aufzurütteln. Sie konfrontiert uns mit Teilen unserer selbst, die wir abgewehrt oder geleugnet haben. Wenn wir unser Blickfeld erweitern und den Machtmißbrauch in einer größeren sozialen Dimension erforschen, sehen wir den Ursprung und das Wesen sozialer Mythen, wobei alles, was wir über die persönlichen Mythen gesagt haben, auch in diesem größeren Rahmen gilt.

In einigen Bereichen unserer Gesellschaft kann Machtmißbrauch betrieben und dieser Vorgang sogar geleugnet werden. Dabei stützen Rationalisierungen die Verleugnung. Diese tief verwurzelten und für selbstverständlich gehaltenen Rationalisierungen formen die sozialen Mythen, die in einer Gesellschaft wirksam sind. Die Mythen geraten leicht zum Nachteil von Minderheiten, auch Frauen, Kindern, alten Menschen und Armen, jenen sozialen Gruppen also, die in der Vergangenheit und in gleichbleibendem Ausmaß in der Gegenwart von der Macht ausgeschlossen waren und sind. Es ist einleuchtend, daß der Mißbrauch der Macht für die Betroffenen einen Machtverlust bedeutet.

Der Anstoß für eine soziale Ordnung kann in Form eines aufstörenden Ereignisses kommen, wie es etwa ein Aufruhr oder ein Massenprotest ist. Es lenkt die Aufmerksamkeit auf Probleme, die bislang unter den Teppich gekehrt worden sind. Ein sozialer Mythos ist dann kurz davor, sich aufzulösen, so daß die Diskrepanz zwischen der vorgeblichen Zielsetzung bestimmter sozialer Institutionen und ihrer in Wahrheit ausgeübten Einwirkung auf das Dasein der Menschen zutage tritt. Die Krise schafft die Möglichkeit für ein vertieftes Verständnis der daran beteiligten Kräfte, bietet jedoch keine Gewähr für eine geglückte Lösung. Die Gelegenheit kann nutzlos vorübergehen, wenn das einzige Resultat ein Herumflicken an alten Strategien ist. Wenn jedoch das erweiterte Bewußtsein einen wirklichen Wandel in Bewegung setzt, kann der Mythos begraben werden. Jede derartige Spannung ist dann eine Aufforderung zum Wachstum, egal ob sie von einem Individuum oder von der Gesellschaft erfahren wird.

Was hat nun die Analogie, die wir zwischen dem persönlichen und dem sozialen Mythos hergestellt haben, mit den Träumen zu tun? Und inwieweit muß dieser Zusammenhang von jedem ernstgenommen werden, der sich mit seinen Träumen intensiver beschäftigt?

Traumbilder werden dem fast unbegrenzten Repertoire an Bildern entnommen, die dem Menschengeschlecht seit seinen ersten Anfängen zur Verfügung stehen. Sie haben ihren Ursprung in unserem sozialen Erbe und unserem gegenwärtigen sozialen Leben. Wir stellen sie nur neu zusammen und überarbeiten sie, damit sie für unsere eigenen Zwecke passen. Obwohl das Gesamtergebnis sich unserer eigenen Kreation verdanken mag, sind doch die Bestandteile des Traumbilds von »dort draußen« entlehnt. Die Bedeutung, die wir ihm geben, wird von dem Sinn beeinflußt, der ihm dort draußen gegeben wird. Ein Beispiel: Eine Frau träumt von einer Kuh als einem Teil ihres Selbstbildes. Das Bild der Kuh hat bestimmte soziale Konnotationen: Domestikation, Zufriedenheit, Passivität, Nähren und so fort. Die Träumerin verwendet das Bild einer Kuh, weil eine oder mehrere dieser Bedeutungen genau das meinen, was sie über sich selbst sagen will. Falls Sie von einem Rolls-Royce träumen sollten (und Sie nicht in der Einkommensgruppe sind, in der ein Rolls-Royce üblich ist), würden Sie von einem anderen sozialen Bild Gebrauch machen, einem, das Status, Prestige und Privilegien suggeriert. Wenn Bilder wie diese erst eine feste soziale Bedeutung bekommen, werden sie soziale Stereotype.

In Schweden, wo die Frauenbewegung früh begann und zu vielen sichtbaren sozialen Änderungen führte, taucht das Motiv passiver Kühe immer noch in den Träumen von Frauen auf. Dies reflektiert nicht nur den Einfluß früher persönlicher Erfahrungen, sondern auch die Tatsache, daß ein sozialer Wandel immer langsam vonstatten geht. Hier sind Träume von zwei Schwedinnen, die beide ein selbständiges Leben führen und auch als gute Beispiele für emanzipierte Frauen gelten können.

Der Traum von Frau A
Ein Mädchen auf dem Lande lief einen Hügel hinunter und führte
eine Kuh. Vor ihr lief ein Junge her, der sie necken und sie krän-

ken wollte. Unten angekommen, legte sich der Junge auf die Erde und machte so, wie wenn er ein Kind gebären würde. Er spreizte die Beine und tat so, wie wenn er das Kind wegstieße. Er schien dem Mädchen gegenüber absichtlich boshaft zu sein. Im Hintergrund sagte eine Stimme: »Nun ist alles aus mit dem Milchmädchen und der Kuh.«

Erster Traum von Frau B
In dem Traum sehe ich ein Bild, das über einer kleinen Kommode hing, die zur Zeit meiner Kindheit im Kinderzimmer stand. Auf dem Bild sind holländische Bauernfrauen mit Holzschuhen an den Füßen und Kühe, die auf der Weide grasen. Ich komme zu einem Waldsee, an dem Kühe stehen und Wasser saufen. Eine von ihnen hebt den Kopf und sieht mich mit ihren schönen Kuhaugen an. Plötzlich zwinkert sie mir mit einem Auge zu; ein Zwinkern, das Verstehen bedeutet. Ich möchte eine große, große Kuh sein und mit ihnen zusammenbleiben, so klug und weise, wie sie sind.

Zweiter Traum von Frau B
Ich sehe ein Haus auf dem Land. Ich betrete es mit meiner Mutter und mit meiner kleinen Tochter. Wir hören ein Stöhnen vom Stall her. Ich erinnere mich, gehört zu haben, daß einer Kuh an diesem Ort etwas Schreckliches passiert sei. Ich gehe zum Stall. Die Kühe liegen in Betten auf Matratzen. Jemand hat sie bei lebendigem Leib gehäutet! Es sieht grauenhaft aus. Sie stöhnen laut. Blut, Fleisch und Haut sind miteinander vermengt.[1]

Diese Träume zeigen, welch unterschiedliche Bedeutungen das Bild einer Kuh annehmen kann. Im ersten Traum von Frau B ist es mit Ernährung, Schönheit und Wissen verbunden. In den beiden anderen Träumen tauchen die Aspekte der Hilfslosigkeit und der Verwundbarkeit auf.

Stereotype Bilder dieser Art verraten die Existenz eines sozialen Mythos. Sie entstehen, weil sie etwas von einem wunden Punkt im sozialen Organismus einfangen. Sie sind wie kurzschriftliche Hinweise auf bestimmte unangenehme Wahrheiten, wie etwa Rassenvorurteile, männlichen Chauvinismus und die ungleiche Verteilung der angenehmen Dinge des Lebens. Sie existieren so lange als Stereotype, wie solche Übelstände irgendwie rationalisiert und akzeptiert werden. Wir alle sind von diesen Stereotypen angesteckt, aber einige, wie die über Homosexuelle, werden bereitwillig und bewußt angenommen.

In dem Ausmaß, wie unsere Träume solche Stereotype einbauen, kann man sagen, sie würden in zwei Richtungen deuten: nach innen auf einen unerledigten Teil eines emotionalen Geschäfts, das unser ureigenstes ist; nach außen auf ungelöste Probleme in der Gesellschaft, von der wir ein Teil sind. Und sie sind eine stete Erinnerung, daß zwischen dem äußeren Problem und dem inneren Problem ein Zusammenhang besteht. Die Frau, die von sich als einer Kuh träumt, lebt in einer Gesellschaft, in der in vielerlei Hinsicht jene Merkmale, die Frauen zu Bürgern zweiter Klasse machen, noch fortbestehen. Sogar in Schweden werden die Machtpositionen noch weitgehend von Männern besetzt.

Daß eine Verbindung zwischen persönlichen und sozialen Problemen existiert, ist gar nicht so überraschend. Die Probleme, denen wir uns gegenübersehen, sind nicht alle in dem Sinne »hausgemacht«, daß sie nur eine private Familienangelegenheit wären. Es gibt institutionelle Einrichtungen und Haltungen, die das emotionale Durcheinander stimulieren, das früh in unserem Leben ausgelöst worden ist. Der einengende und sogar destruktive emotionale »Fallout« der sozialen Mythen ist für die Gesellschaft als Ganzes ebenso real wie für jene Individuen, deren Leben von diesen Mythen beherrscht wird.

Die Unterdrückung der Schwarzen in den Vereinigten Staaten hatte zu mehreren Stereotypen geführt, von denen viele glücklicherweise in Vergessenheit geraten sind. Eines, das jedoch in den Träumen von weißen Frauen fortlebt, ist das Stereotyp des schwarzen Mannes als Personifikation der sexuellen Erregung wie auch der sexuellen Gefahr. Sein Auftreten hat keine Beziehung zu dem hohen kulturellen Niveau oder der egalitären Einstellung der Träumerin.

Dorothy, eine begabte junge Therapeutin, hatte einen solchen Traum:

Dorothys Traum
Ich war in einer Schul-Cafeteria und saß mit anderen Leuten an einem Tisch. Die einzige Person, die ich erkannte, war meine Freundin Hilda. Ich stellte mich bei der Essensausgabe an. Es war Selbstbedienung. Es gab zwei verschiedene Suppen, von denen mir keine zusagte. Ich schlug Hilda vor, sie sollte die eine nehmen und ich die andere, und wir könnten sie dann teilen. Die Suppen waren wenig appetitlich. Ich ging zurück in die Schlange. Während ich dort stand, stellte sich ein Schwarzer hinter mich und öffnete mir den BH. Ich wußte nicht, was ich tun sollte. Ich stand da und ließ es geschehen. Er verschwand, bevor wir an den Tisch zurückgingen. Niemand außer mir wußte von dem Mann.

Wenn man sich nur auf das Auftreten des stereotypen Bildes des Schwarzen konzentriert, der einen sexuellen Annäherungsversuch macht, dann werden die folgenden Bemerkungen der Träumerin bedeutsam:
Vor dem Einschlafen las ich einen Artikel von Karen Horney über die Angst der Frauen vor Männern. Ich weiß, daß mich die Frauenfrage und meine Identität als Frau sehr beschäftigt. Ich habe jetzt eine Beziehung, von der ich weiß, daß sie nicht halten wird. Ich wähle Männer, bei denen ich's gut habe, die mich aber nicht befriedigen. Ich mache mir Gedanken, wie sich meine Bedürfnisse befriedigen lassen und was aus meiner Sexualität wird.
Dieser Traum veranschaulicht zwei Reaktionen auf ihr sexuelles Bedürfnis: die eine fade und uninteressant, aber sättigend; die andere, die sich bei ihr von hinten heranschleicht, erregend, erschreckend und möglicherweise gefährlich – und das alles zur gleichen Zeit. Ihre eigene Passivität ist in beiden Situationen erkennbar und vielleicht der Grund für ihr Bedürfnis, den Mann irgendwie in der Rolle des Überwältigers zu sehen. Das Stereotyp lag da günstigerweise nahe: der aggressive Schwarze und das passive Opfer.

In der heutigen Generation junger Frauen herrschen Träume des Protests vor. Noch einmal sei gesagt, daß auch sie eine Suche nach persönlicher Identität zeigen, ebenso wie den Kampf gegen die klischeehafte Annahme, die Frau sei ein Bürger zweiter Klasse.

Jills Traum

Es war ein sonniger Tag. Ich stand auf einer Wiese, auf der es nichts weiter gab als Gras. Ich trug ein kleines Kind und ging am Fuß eines großen Hügels entlang. Dann war ich halb oben, mitten in einer Gruppe von Leuten, die vorangingen und ebenfalls Kinder trugen. Plötzlich fuhr eine große Zugmaschine mit Anhänger über den Hügel, als wenn sie durch die Leute hindurchfahren wollte.

Danach kamen noch mehr Fahrzeuge. Die Leute waren da, um die Lastwagen zu stoppen. Ich schrie ihnen zu, sie sollten bis vor die Lastwagen gehen, die Fahrer würden sie nicht verletzen. Ich schien dies irgendwie zu wissen. Ich setzte das Kind ab. Es gab ein lautes Geräusch, wie wenn jemand einen Sprengkörper geworfen hätte. Ich warf mich über das Kind, aber uns war nichts passiert.

Ich setzte mich dann zu einem fünf Jahre alten blonden Jungen. Ich hatte das Gefühl zu wissen, wer er war. Ich sagte zu ihm: »Du kennst meinen Namen.« Neckisch sagte er: »Nein.« Ich erwiderte: »Doch, du weißt es.« Er sagte: »Das stimmt«, und wiederholte meinen Namen. Ich setzte mich hin und wachte mit einem erhabenen Gefühl innerer Ruhe auf.

Folgende Ereignisse des Vortages hatten einen Bezug zum Traum: Jill war am Nachmittag von einem Gynäkologen untersucht worden und hatte sich, als sie von dort wegging, mitgenommen und krank gefühlt. Sie hatte dann ihre Mutter besucht, was damit endete, daß sie unvorhergesehen mit ihr zu Abend aß und dort die Nacht in ihrem alten Bett schlief. Bevor sie zu Bett ging, beschäftigte sie sich mehrere Stunden mit der Vorbereitung eines Referats zum »Equal Rights Amendment« (Verfassungszusatz für die Gleichberechtigung der Frau in den USA; Anm. d. Übers.) für einen Kursus, den sie besuchte. Vor dem Einschlafen schaute sie sich noch einen Film an, der Jurastudentinnen zeigte, wie sie gegen diskriminierende Maßnahmen eines Professors protestierten.

Ich will hier nicht näher auf die persönliche Dynamik von Jills Traum eingehen, weil es mir vor allem um die sozialen Fakten, die auf ihn einen Einfluß haben, zu tun ist. Jill fühlte sich zur Frauenbewegung hingezogen, war aber auch im Konflikt, welche Rolle sie als Frau einnehmen sollte. Sie identifizierte das riesige

Lastwagengespann in dem Traum als männliche Kraft und sah sich eine Führungsrolle bei der Mobilisierung des Gruppenprotests annehmen.

Sie war sich in der Nacht des Traums ihrer stark kontrastierenden Gefühle bewußt. Sie spürte die Wärme von »Heim und Herd«, das Gefühl des Pflegens und Beistehens und den Wunsch, eine eigene Familie zu haben. Obwohl ihrer Karriere stark verpflichtet, begrüßte sie doch eine Unterbrechung in dem Kampf, den sie bei ihrer Arbeit als Führerin einer Frauenprotestgruppe auszufechten hatte, ebenso wie in der Schule, wo sie gleichfalls mit dem Frauenproblem beschäftigt war. Sie glaubte, daß der Traum versuchte, diesen Kampf in bezug auf das, was sie wirklich für ihre Werte hielt, in die richtige Perspektive zu rücken. Wie sie sagte: »Der Laster konnte mich nicht stoppen, aber das Kind tat es.« Die Zuwendung des Kindes bedeutete ihr mehr als die Führungsrolle, die sie bis dahin gespielt hatte. Es war für sie wichtiger, in den Augen eines Kindes eine richtige Frau zu sein als vor den Genossinnen in der Bewegung. Es war am Schluß die Reaktion des Kindes, die zu dem Gefühl der Ruhe führte. Der Traum leugnete weder das Vorhandensein des Kampfes noch die Rolle, die sie spielen konnte, stellte jedoch andere Werte heraus, die ihr teuer waren.

Wenn man jung ist und Frau dazu und hofft, seinen Lebensunterhalt mit Kunst zu verdienen, gibt es viele gesellschaftliche Realitäten, die sich nur schwer meistern lassen. Dora versuchte, als Künstlerin ihre Unabhängigkeit zu beweisen, und mußte erfahren, wie mühsam es dabei vorangeht. Sie war überzeugt von ihrer künstlerischen Integrität und wollte um keinen Preis Zugeständnisse machen. Die Vermarktung ihres Talents zum Zwecke des Geldverdienens – schon der Gedanke daran war ihr zuwider. Sie glaubte sich außerdem behindert durch ihre Unwissenheit in Geldangelegenheiten. Deswegen auch hatte sie kürzlich einen Lehrgang in Betriebswirtschaft belegt.

Doras Traum
Ich bin mit reichen älteren Leuten in einem Wohnzimmer. Meine Mutter ist dort. Ich nehme erst an der Konversation teil, als das Thema Geld aufkommt. Ich beginne meine Sicht darzulegen. Ich

bin sehr enthusiastisch. Dabei bin ich mir bewußt, daß fast jeder sich zunehmend unwohl fühlt, kümmere mich aber nicht darum. Ich bin gespannt auf die verschiedenen Reaktionen. Niemand scheint sich mit dem Gesichtspunkt beschäftigen zu wollen, den ich zum Bruttosozialprodukt vorbringe und zu den internationalen Schuldsummen, die niemals bezahlt, sondern einfach in den Handel gesteckt und vergrößert werden. Die Leute bilden Grüppchen, unterhalten sich und beschäftigen sich überhaupt nicht mehr mit meinen Argumenten, sondern warten nur darauf, daß ich aufhöre. Ich fasse eine Frau am Arm und sage: »Immer nur Geld! Dabei hat man sich überhaupt noch nicht darüber geeinigt, was es ist.« Sie erwidert: »Es ist doch so ziemlich das Wichtigste, und wir wissen sehr wohl Bescheid darüber und wie man es verwendet.«

Am Abend vor dem Traum hatte Dora mit zwei ihrer Freundinnen über die Probleme der Frauen in unserer Gesellschaft gesprochen und auch über die Probleme, denen sich Künstler gegenübersehen, weil ihre Kunst verkauft werden will. Da Dora daheim in einem begüterten Milieu lebte, stand sie auch in Kontakt mit der Generation, die »sehr wohl Bescheid darüber (über Geld) wußte und wie man es verwendet«. Sie glaubte, daß der Traum zwei ihrer Selbstbilder aufdeckte:

Als Künstlerin war ich zurückhaltend, fühlte mich abgesondert, unbeholfen und von diesen reichen Leuten abgelehnt. Ich hatte meine eigenen Ideen über das Geld, die ich ihnen aber nicht verständlich machen konnte. Sie schalteten bei mir einfach ab. Dies zeigt aber eine andere Seite von mir, eine überhebliche und oberflächliche, die aus einer theoretischen Sicht andere übers Geld belehren will, von dem diese aus praktischer Erfahrung weit mehr wissen. Im Hinblick auf das Bruttosozialprodukt denke ich tatsächlich, daß es den meisten Produkten, die wir herstellen und als Nation verkaufen, an ästhetischem Wert fehlt und sie tatsächlich grob [gross] sind.*

---

* Die drei Wörter »Produktion«, »Nation« und »grob« beziehen sich auf das englische Wort für Bruttosozialprodukt: *gross national produkt.* Anm. d. Übers.

Es sei hier nicht weiter auf die persönliche Bedeutung eingegangen, sondern nur angemerkt, daß der Traum einen Kommentar
zur Misere junger Künstler in unserer Gesellschaft gibt.

Der folgende Traum zeigt das Zusammenspiel eines persönlichen Problems mit einer weitverbreiteten sozialen Spannung. Es
ist der Traum eines ehrgeizigen, jungen schwarzen Rechtsan-
walts, der hart an seiner Karriere arbeitet. Gleichzeitig fühlt er
sich stark dazu verpflichtet, »meinen Leuten beizustehen«.

Edwins Traum
Ich spielte mit einem Freund aus meiner Kindheit auf einem Platz
im Wald Baseball. Bei der Heimmannschaft waren zwei draußen.
Ich schaute mich um und schätzte die Situation ab. Mir wurde
klar, daß das bessere Team das war, welches im Feld spielte. Ich
fühlte einen Konflikt in mir. Ich wollte bei dem Team sein, das ge-
winnt, aber mein Freund, der in dieser Mannschaft spielte, sagte,
ich müßte bei der Mannschaft im Außenfeld spielen. Das reizte
mich aber nicht. Ich wollte den Schlag machen, im Zentrum der
Aktion stehen.

Der Traum endete damit, daß ich den Lauf zwischen dem ersten
Mal und dem Heimmal trainierte. Zuletzt sah ich, daß der Spieler
am ersten Mal den Ball verfehlen würde. Ich ermunterte den
Schlagmann loszulaufen. Er umrundete das Feld als erster und
kam, uns zu unterstützen.

Am Abend vor dem Traum war Edwin auf einer Zusammenkunft
gewesen, zu der er als Vermittler zwischen einer Gruppe schwarzer Arbeiter und ihren Vorgesetzten gebeten worden war. Ihm war
klar, daß er als gebildeter schwarzer Akademiker vor der Entscheidung stand, gegenüber den Menschen seiner Hautfarbe seine
Entschlossenheit als ihr Führer unter Beweis zu stellen, auch
wenn dies seine beruflichen Ambitionen gefährdete. Er sah den
Zusammenhang dieses Ereignisses mit seinem Traum folgendermaßen:

In dem Traum war ich hin- und hergerissen. Ich wollte zu der
Siegermannschaft gehören, wußte aber, was geschehen würde,
wenn ich das tat. Ich würde mich draußen bei der Fängerpartei
wiederfinden, sozial erfolgreich vielleicht, aber unbedeutend,

nicht anerkannt und unerfüllt. Das ist es, was mit aufstrebenden Schwarzen passiert. Sie werden in Positionen berufen und geben den Kampf auf. Die andere Wahlmöglichkeit war die, für meine Heimmannschaft etwas zu tun. Ich wäre gern ein Held gewesen und hätte das Spiel durch meine Fähigkeiten beim Schlagen gerettet. Dies ist der Teil von mir, der sich in Szene setzen und Anerkennung haben will. In dem Traum scheine ich eine Rolle durchgespielt zu haben, die meinem Bedürfnis nach weiterer Entwicklung meiner beruflichen Fähigkeiten Rechnung trägt und gleichzeitig diese Fertigkeiten darauf ausrichtet, meiner Mannschaft zu helfen.

Die Art des Laufs ist natürlich in einem echten Spiel unmöglich, aber es deutet noch auf einen anderen Aspekt hin. Jedes Gewinnspiel ist gefahrvoll. Ein wirklicher Führer zu sein, wie Martin Luther King oder Malcolm X, kann tödlich sein.

Das Spielfeld und das »Great American Game« (Baseball) war zu einer Metapher für den Kampf zwischen zwei gegnerischen Gruppen geworden – jenen, die es im Establishment zu etwas gebracht hatten, und den Schwarzen, die entrechtet blieben und, wie im Traum, auf der Verliererseite standen.

Es gab noch eine Anzahl persönlicher Assoziationen zu dem Traum, aber besonders eine erschloß dem Träumer seinen Traum. Er wurde sich bewußt, daß der Freund im Traum, der ihn davor warnte, im Außenfeld beim Gewinnerteam zu sein, ein zusammengesetztes Bild von zwei Freunden aus seiner Kindheit war. Der eine setzte eher auf Sicherheit und machte eine erfolgreiche Karriere im Geschäftsleben. Der andere ging Risiken ein, wurde Alkoholiker und starb ganz jung. Edwin konnte sich mit beiden identifizieren. Der Traum scheint sagen zu wollen, daß beide Bilder transformiert werden müßten, wenn er in Richtung seiner Ideale arbeiten und dennoch überleben wollte. Er weist auch auf eine Strategie hin, die zu funktionieren scheint. Wenn er auf der Verliererseite steht, muß er die Fehler seines Gegenspielers ausnützen. Er tut das in dem Traum, sogar auf das Risiko hin, »überrannt« zu werden.

Das Bewußtsein dieser sozialen Dimension unserer Träume kann für uns als Träumer nützlich sein. Durch die in unseren Träumen erscheinenden sozialen Stereotype können wir mehr über die Rolle erfahren, die Stereotype in unserem Leben spielen, über die sozialen Mythen, von denen sie abstammen, und über die Art und Weise, wie unser eigenes Leben mit diesen sozialen Mythen verbunden ist.

Wenn wir als soziale Wesen eine ehrlichere Sicht der Gesellschaft und unserer Rolle in ihr bekommen, können wir uns besser in sie einfügen. Es gibt also soziales Wissen, das genau wie persönliches Wissen beherrscht sein will, damit wir die in uns liegende Möglichkeit für ein gesundes Gefühl der Verbundenheit mit uns selbst wie auch mit den anderen Menschen verwirklichen können. Als soziale Wesen tragen wir eingewurzelte Spielarten von Ignoranz in uns, die der Erkenntnis widerstehen und sich schwer ausrotten lassen. Dies sind die Bereiche, die in den Träumen wahrscheinlich sichtbar werden. Und darin liegt die spezielle Bedeutung, die Träume für uns haben.

Es gibt natürlich viele wichtige Unterschiede zwischen den persönlichen und den sozialen Mythen. Vielleicht der wichtigste besteht darin, daß Individuen träumen, Gesellschaften aber nicht. Der Traum ist für den einzelnen der Weg, aus dem festgelegten System auszusteigen und die unbedingt erforderliche Sicht von außen her zu bekommen. Im Fall der Gesellschaft liegt es am einzelnen Menschen oder einer Gruppe, diese Außenperspektive zu erwerben. Der Traum tritt nicht an die Stelle einer solchen Person, aber er vermag jedem von uns zu helfen, daß er mehr zu jener Art Mensch wird, der die Gesellschaft aus einer aktuelleren und offeneren Perspektive sehen *kann*.

Lassen Sie mich anhand eines Traums die Reflexion eines sozialen Mythos im Traum und die Beziehung des sozialen zum persönlichen Mythos illustrieren. Die Träumerin Monika, eine junge Schwedin, die nach einem kurzen Ferienaufenthalt mit ihrem Ehemann auf Zypern soeben in ihr Land zurückgekehrt war, hatte den Traum am Morgen nach ihrer Rückkehr. Er wurde der Gruppe kurz danach vorgetragen. Drei neuere Ereignisse erwiesen sich als sehr bedeutsam für den Traum:

1. Am Sonntag, dem Tag vor dem Traum, waren wir für zwei Stunden draußen in der Sonne gewesen, wo ich einen schlimmen Sonnenbrand bekam. Ich mußte für den Rest des Tages drinnen bleiben. Das brachte mich dazu, in der Sonne nicht nur eine Quel-

le des Vergnügens zu sehen, sondern sie auch als etwas zu betrachten, das quälen kann. Sie kann Freude in ihr Gegenteil verkehren.

2. *Wir waren zur Besichtigung eines schönen alten Mosaiks ins
Haus eines wohlhabenden Griechen mitgenommen worden. Etwas an dem Luxus und der Pracht und seine selbstgefällige Haltung stießen mich jedoch ab. Mir kam dabei der Gedanke, daß
hinter all dieser Pracht Schlechtes liegen könnte. Wie viele Menschen hatten dafür sterben müssen? Wie viele in Armut verharren
müssen?*

3. *Gestern abend diskutierten mein Mann und ich über einige
von Freuds Schriften über den Todestrieb. Wir waren dabei kritisch gegenüber modernen Psychoanalytikern, von denen wir
meinten, sie würden das in jedem Menschen vorhandene Potential
für das Böse nicht genügend in Betracht ziehen.*

Monika glaubte, der Traum habe mit ihrer eigenen Beziehung
zum Bösen zu tun.

Monikas Traum
*Ich bin ein Adoptivsohn eines grausamen Despoten namens Amin.
Er hat noch einen Adoptivsohn. Dieser steht mehr auf Amins Seite als ich. Amin liebt diese zwei Adoptivsöhne, obwohl er sehr
grausam ist und jeden anderen haßt. Er liebt uns, vertraut uns
aber nicht. Wer immer sich ihm widersetzt – er büßt es mit seinem
Kopf. Wir leben in einer Steinburg. Ich will fliehen, aber ich kann
niemandem vertrauen, nicht einmal meinem Adoptivbruder. Für
einen Spaziergang in den Wäldern habe ich um Erlaubnis zu bitten, muß aber mit meinem Bruder gehen. Als er mir den Rücken
zudreht, sage ich, daß ich ein paar Pilze sammeln gehen will. Ich
beginne zu rennen. Er weiß, daß ich zu fliehen versuche. Ich muß
zurückgehen.*

Da ich diesen Traum in bezug darauf gewählt habe, was er uns
über soziale Mythen erzählen kann, will ich mich nun hauptsächlich mit seinen sozialen Bedeutungen befassen.

Traumbild	Bild als Metapher
Ich bin ein Adoptivsohn eines grausamen Despoten namens Amin.	Amin ist böse. Ich bin mit dem Bösen durch einen Adoptionsvorgang verbunden. Das Böse hat eine mich kontrollierende Wirkung. Der Sohn hier ist die aktivere Seite meiner selbst. So halte ich Männer für den fähigeren Teil, sich zur Wehr zu setzen. Die Dualität hier repräsentiert zwei Aspekte meiner selbst – einen, der für Amin Partei ergreift, und einen, der dies nicht tut.
Er hat noch einen Adoptivsohn. Dieser Sohn steht mehr auf Amins Seite als ich.	
Amin liebt diese zwei Adoptivsöhne, obwohl er sehr grausam ist und jeden anderen haßt.	Niemand ist völlig böse. Es gibt dort auch Liebe.
Wer immer sich ihm widersetzt – er büßt es mit seinem Kopf.	Das Böse darf sich nicht sehen lassen; deshalb muß der Kopf abgetrennt werden.
Wir leben in einer Steinburg.	Das Leben mit dem Bösen ist etwas Kaltes, Einkerderndes, aber zugleich mit Privilegien, Luxus usw. verbunden.
Ich will fliehen, aber ich kann niemandem trauen, nicht einmal meinem Adoptivbruder.	Ich fühle mich in meinem Protest allein. Es gibt einen Teil von mir, dem ich nicht trauen kann, weil er von diesem Bösen angezogen wird. Etwas in mir will die Freiheit riskieren.
Für einen Spaziergang in den Wäldern habe ich um Erlaubnis zu bitten, muß aber mit meinem Bruder gehen.	Ich versuche einen Teil meiner selbst auszutricksen.
Als er mir den Rücken zudreht, sage ich, daß ich ein paar Pilze sammeln gehen will. Ich beginne zu rennen. Er weiß, daß ich zu fliehen versuche.	Ich versage bei meinem Bemühen, von dieser anderen Seite meiner selbst und ihrer Zuneigung zum Bösen wegzukommen.

Monika selbst hatte den Zusammenhang des Traums mit der Frage nach Gut und Böse gespürt. Was die drei Ereignisse vor dem Traum gemeinsam hatten, war ihr innerer Widerspruch, gleichzeitig Gutes und Böses mit sich zu führen. Die Sonne, welche die Quelle von Leben und Freude war, konnte auch destruktiv und schmerzhaft sein. Das Haus mit dem kostbaren Mosaik war schön, aber erbaut auf Kosten anderer, weniger glücklicher Leute. Die Psychoanalyse als Theorie kann ein positiver Wert sein, aber Monika zufolge ziehen viele Analytiker das menschliche Potential für das Böse nicht genügend in Betracht. Wer nach dem Augenschein urteilt, sieht nur das Gute. Man muß tiefer in die Situation eindringen, dann erst wird das Böse sichtbar.

Es ist interessant, daß Amin in dem Traum nicht auftaucht. Das Antlitz des Bösen zeigt sich nie direkt. Im Traum gibt es keinen Hinweis auf Amin als besonderes Individuum, und, wie die Träumerin bemerkt, »es könnte in jedem Land sein, in dem es das gibt«.

Der hier in Zweifel gezogene persönliche Mythos (die »Lebenslüge«) besteht darin, daß Monika keine Verbindung zu dem vorhandenen Bösen habe. Die Verbindung kommt aber in dem Bild des zweiten Adoptivsohns zum Vorschein, in dessen Treue zu Amin und der Macht, die er immerhin hat, ihre Flucht zu vereiteln. Es ist nicht die reale Existenz des Despoten, die uns besorgt machen sollte, vielmehr sollten wir über den Despoten in uns besorgt sein. Die Entscheidungen, die wir als Individuum treffen, beeinflussen den Anteil und die Energie des Schlechten um uns herum.

Hier ist jemand, der sich abmüht, mit dem Problem des Bösen klarzukommen, das die soziale Struktur durchdringt, eines Bösen, das sich nicht zeigt, jedoch existiert und seine Präsenz von Zeit zu Zeit spüren läßt. Der soziale Mythos ist nun der, daß das Böse personifiziert werden könne, wodurch wir von der Last unserer eigenen Verantwortung hierfür befreit würden. Der Name Amin taucht in dem Traum als soziales Stereotyp für diese Personifikation des Bösen auf.

Es gibt zwei Wege, mit dem Bösen in der Gesellschaft umzugehen. Einer ist, es als außerhalb und getrennt von uns anzusehen. Der andere ist, unsere Verbindung zu ihm einzugestehen und genau zu untersuchen. Im ersten Fall existiert das Böse außerhalb von uns selbst in der Person eines Hitler, eines Amin oder eines korrupten Politikers. Im anderen Fall geben wir zu, daß wir verantwortlich sind und durch die Art und Weise unserer selbstsüchtigen Strebungen das soziale Böse billigend in Kauf nehmen, ja unterstützen. Der Traum reflektiert die ganz persönliche Empfindung der Träumerin für die Beziehung zum Bösen. Das Böse ist Bestandteil ihrer Erziehung, ihres Erbes. Ein Teil ihrer selbst ist ihm gegenüber loyal und verpflichtet. Es gibt eine bestimmte Bereitschaft, sich von jeder Art Liebe und Sicherheit, die ein Amin bietet, verführen zu lassen.

Die von Monika erwähnten drei Ereignisse in ihrem Leben machten ihr bewußt, wie leicht es ist, auf die Erscheinung der Dinge hereinzufallen, insgeheim und unwissentlich in eine Allianz mit dem Bösen gelockt zu werden. Die einzige Sicherung für sie und andere besteht darin, daß es immer eine Wahl gibt. Jeder Augenblick unseres Lebens bietet uns die Möglichkeit einer Wahl. Nur wenn und weil wir das Böse wählen, wird es fortbestehen.

Wenn Träume zeigen, wie sich soziale und persönliche Mythen gegenseitig durchdringen, können sie für jeden von Wichtigkeit sein, der die soziale Ignoranz genau wie die persönliche auszutreiben trachtet. Dank ihnen sind wir in der Lage, uns dem zu untersuchenden System von einem Punkt außerhalb des Systems zu nähern. Wir erfahren in der Nacht nicht nur uns in anderer Art und Weise, als wir es im Wachleben tun, sondern wir haben dadurch, daß wir uns vorübergehend aus dem sozialen System lösen, Gelegenheit, auch dieses aus einer anderen Perspektive zu sehen. Unsere Traumbilder sind wie Aufnahmen, die eine im Weltraum auf einem Satelliten angebrachte Kamera zur Erde zurückgesendet hat. Dadurch erweitert sich unser Horizont. Wenn wir den Traum als einen psychischen Satelliten sehen, dann umfaßt die von ihm zurückgesandte Information sowohl eine zeitliche als auch eine räumliche Spanne. Mit andern Worten, sie präsentiert uns eine erweiterte Sicht auf die Vergangenheit wie auch auf die Gegenwart sowie eine umfassend begründete Projektion in die Zukunft.

Arbeit mit Träumen sollte auch für Soziologen und Politologen von Interesse sein, die sich schwertun, die gerade gegenwärtige Realität von einem Standpunkt innerhalb dieser Wirklichkeit zu erfassen. Eine neue Sicht in den Sozialwissenschaften entsteht immer dann, wenn ein Forscher es irgendwie fertigbringt, eine Perspektive außerhalb des Systems, das er untersucht, zu gewinnen. Dies ist nicht leicht zu erreichen, wenn wir wach und in das

System verwickelt sind, und wahrscheinlich gibt es nicht mehr als eine Handvoll Theoretiker in den Gesellschaftswissenschaften, denen dies gelang. Es ist aber etwas, das wir alle tun, wenn wir schlafen. Und wir tun es völlig mühelos.

Sozialer Mythos und persönlicher Mythos dienen demselben Zweck. Beide versuchen, ein existierendes Arrangement zu bewahren. Aber das Leben stagniert nicht, und so werden die Mythen von Zeit zu Zeit herausgefordert. Das Individuum erfährt diese Herausforderungen als Spannung irgendeiner Art. Die Gesellschaft erfährt sie als soziale Krisen in akuter oder chronischer Form. Um die Spannung in Richtung auf ein gesundes Wachstum aufzulösen, ist ein gewisses Maß an Entmythologisierung vonnöten. Die überaus ehrlichen Reflexionen persönlicher und sozialer Wahrheiten, die in unseren Träumen auftauchen, geben uns die Möglichkeit, sowohl persönliche als auch soziale Mythen erneut zu untersuchen, ihren Abbau einzuleiten und dadurch voranzukommen.

11. Wie die Arbeit mit Träumen in der Gruppe abläuft

Anfang der siebziger Jahre war in den USA »Bewußtseinserweiterung« *das* Schlagwort, und viele Selbsterfahrungsgruppen schossen wie Pilze aus dem Boden. Eine Einladung von dem bekannten Esalen-Institut in Kalifornien wurde zu meinem Einstieg in dieses Gebiet, und es geschah zu einem günstigen Zeitpunkt für mich. Ich war bereit, etwas auszuprobieren, das mich schon lange gedanklich beschäftigt hatte: Ich war überzeugt, daß alle an Träumen wirklich interessierten Menschen mit ihren Träumen arbeiten könnten, ja sogar *sollten*; und dies wollte ich mit Gruppen versuchen. Wie schon in der Einleitung erwähnt, hat mich meine Erfahrung als Psychotherapeut davon überzeugt, daß an der Arbeit mit Träumen nichts Esoterisches ist und auch ein Laie sie ausüben kann. Und meine Arbeit als Gemeindepsychiater hat mich in der Auffassung bestärkt, daß alle Gemeinschaften, die sich ernsthaft für die Frage der psychischen Gesundheit interessieren, sehr viel mehr Verantwortung dafür übernehmen sollten, etwas über die eigene psychische Gesundheit zu lernen und wie sie sich erhalten läßt. Meines Erachtens ist die Arbeit mit Träumen ein leicht verfügbares und äußerst wirksames Mittel, um genau dies zu verwirklichen.

Ich nutzte weitere Gelegenheiten, die Arbeit mit Träumen in Gruppen zu erforschen, so daß ich 1974 bei meiner Abreise nach Schweden schon Vorstellungen hatte, wie eine Gruppe einem Träumer dabei helfen könne, eine Verbindung zu seinem Traum herzustellen. Die anderthalb Jahre in Schweden boten mir die Chance, meine Ideen mit interessierten Therapeuten eines Ausbildungsseminars zu erproben. Ich kehrte 1976 mit der Überzeugung in die USA zurück, daß Gruppenarbeit mit Träumen der Kern meines Berufslebens werden sollte.

Man könnte jetzt natürlich fragen, ob es überhaupt sinnvoll sei, andere in die Welt unserer Träume einzubeziehen. Träume sind schließlich sehr persönliche Äußerungen, und wenn wir sie schon nicht im professionellen Rahmen deuten wollen, warum sollten wir dann irgendwelche Personen mit ins Spiel bringen?

Wie wir bereits gesehen haben, wurden und werden *stets* andere zur Traumdeutung herangezogen. Waren es vordem die Priester und Schamanen, denen dabei die Rolle von Experten übertragen wurde, so sind es heute die Psychoanalytiker. Freud definierte die Rolle des anderen durch therapeutische Regeln, wobei er die wichtige Tatsache in Rechnung stellte, daß andere den Traumbildern nicht mit jenen Voreingenommenheiten gegenüberstehen, wie sie dem Träumer zum Selbstschutz dienen. Leider bewirkte die Betonung des klinischen Aspekts, daß sich die Rolle des Experten wieder festigte. Der Träumer gelangte dahin, eine Autorität außerhalb seiner selbst zu akzeptieren, die ihm eine Deutung bieten oder seine eigene bestätigen konnte. Damit hatte er seine Autorität und Kompetenz für den Traum mehr oder weniger aufgegeben.

Die Frage ist nun: Vermag eine Gruppe in der Weise zu arbeiten, daß sie dem Träumer von Nutzen ist und zugleich dessen Kompetenz für seinen Traum respektiert? Im Prinzip wollen auch die Therapeuten so vorgehen, aber oft stehen dem ihre Autorität und ihre Bindung an bestimmte Theorien im Wege. Was kann eine Gruppe tun?

Wir haben auf die Tendenz des Traums hingewiesen, die Wahrheit in der Sprache der Gefühle zum Ausdruck zu bringen. Die Traumbilder reflektieren unseren emotionalen Zustand. Während wir schlafen und träumen, versetzen uns die eigenen Selbstheilungskräfte in ein Reich, wo Gefühle ehrlich gezeigt werden. Sie formen Bilder, die uns ängstigen oder erfreuen können, aber das liegt nicht in ihrer Absicht. Sie wollen uns einfach nur sagen, wie es in Wirklichkeit ist. Dies alles ändert sich erneut, wenn wir die Augen öffnen und unsere Umwelt wieder hereinlassen. Unmerklich und oft unbeabsichtigt kommen dann andere Werte als die der Wahrheit und Ehrlichkeit ins Spiel. Wir versuchen, ein bestimmtes soziales Image von uns aufrechtzuerhalten, und spielen alle Gefühle herunter, die sich nicht mit ihm decken. Wir behalten Einstellungen gegenüber anderen bei und ignorieren oder unterdrücken Gefühle, die mit diesen Einstellungen nicht in Einklang stehen. Der Wechsel vom Träumen zum Wachsein bewirkt eine radikale Verwandlung: Aus einem Reich der Ehrlichkeit gehen wir in eine Welt, in der Ehrlichkeit mit Opportunismus vermischt ist. Beim Träumen verfügen wir über ein scharfes »Vergrößerungsglas«, mit dem wir uns selber erforschen können. Im Wachen dagegen schauen wir uns dieselbe Situation oft durch eine rosa Brille an. Und, was alles noch schlimmer macht, wir sind auf keinerlei Weise imstande zu erkennen, daß wir die Dinge jetzt gefärbt sehen. Wir mögen uns darüber im klaren sein, daß der Traum den Schlüssel zu irgendeinem Geheimnis von uns enthält, doch weder kennen wir das Geheimnis, noch wissen wir, wie wir entsprechende Hinweise erhalten können.

Offensichtlich könnte ein derart gehandikaptes Geschöpf etwas Hilfe brauchen. Und hier erweist sich die Gruppe als nützlich. Wie ich es mir vorstelle, ist es die Aufgabe der Gruppe, diese Hilfe so zu gestalten, daß sie im Einklang mit dem Wesen des Traumes steht, die enge Beziehung des Träumers zu einem Traum respektiert und seine Kompetenz für ihn anerkennt.

Bevor eine Traumgruppe mit der Arbeit beginnt, muß in einer ganzen Reihe von Punkten Klarheit bestehen. Vermutlich sind die Mitglieder zusammengekommen, weil sie daran interessiert sind, ihre Träume mit anderen zu teilen, und um für sie Anregungen zu erhalten. Aber an Träumen arbeiten bedeutet, sich auf die persönlichste und intimste aller möglichen Kommunikationsformen einzulassen, und deshalb muß es Absicherungen geben:

Die Gruppe muß das Bedürfnis nach Vertraulichkeit akzeptieren, muß private Offenbarungen respektieren und darf die Identität des Träumers nicht Außenstehenden enthüllen. Tonbandgeräte zum Beispiel sollten nur mit Erlaubnis aller Gruppenmitglieder verwendet werden.

Die Entscheidung, ob er einen Traum mitteilen und die darin enthaltene Information preisgeben will, kann nur der Träumer selbst treffen. Und sie sollte von seinem ehrlichen, persönlichen Wunsch diktiert sein, etwas mitzuteilen und zu erforschen, nicht von dem Gefühl, der Gruppe verpflichtet zu sein.

Die Arbeit am Traum ist offen in dem Sinne, daß wir nie genau im voraus wissen, wohin sie uns führen wird. Es ist wichtig, dem Träumer einzuschärfen, daß er jederzeit, wenn er es wünscht, den Vorgang beenden kann, ohne irgendeine Begründung dafür angeben zu müssen. Es steht ihm dann frei, für sich allein an ihm weiterzuarbeiten oder, wenn er in Therapie ist, zusammen mit seinem

Therapeuten. Er kann die Arbeit an seinem Traum auch einfach zurückstellen, bis er meint, mit den durch diesen Traum aufgeworfenen Problemen besser fertig werden zu können.

In meinen Gruppen erklärte ich vorher kurz, wie der Prozeß abläuft; dieser entwickelt sich in drei Phasen. Ich möchte ihn hier erläutern, indem ich Auszüge von der allerersten Sitzung einer meiner Traumgruppen wiedergebe: mit Helen, Iris, Ann, Della, Irwin, Bess und mir (Montague). Als Leiter war ich in dieser Gruppenzusammenkunft aktiver als in späteren Sitzungen, denn dann hatten die Mitglieder schon länger miteinander gearbeitet.

Phase I

MONTAGUE: Gibt es jemand, der uns gerne an einem seiner neuesten Träume teilhaben lassen möchte, am besten an einem von heute morgen, der nicht zu lang ist? Ich frage nach einem aktuellen Traum, weil ich glaube, daß es wichtig ist, die Traumbilder mit den wesentlichen Ereignissen der jüngsten Vergangenheit zu verknüpfen, die in ihn einbezogen sind. Je länger eure Träume zurückliegen, um so unzuverlässiger wird eure Erinnerung an diese Ereignisse sein. Aber auch dann sind sie nicht ganz unzugänglich. Wenn ein alter Traum für euch von besonderer Wichtigkeit ist, wollen wir es ruhig darauf ankommen lassen. Denn wenn ein Traum derart wichtig ist, dann wird auch etwas von seinem Kontext erkennbar sein und erinnert werden.

Ein kurzer Traum hat mehrere Vorteile. Oft ist es einfacher, an einem Traum zu arbeiten, der nicht zu komplex ist. Kürzere Träume lassen sich einfacher erinnern und brauchen weniger Zeit zum Durcharbeiten. Dann können wir uns auch mit mehr als nur einem Traum in einer Sitzung befassen.

Wenn ihr eine Aufzeichnung mitgebracht habt, versucht zunächst, euren Traum frei zu erzählen, und dann ergänzt ihr das Fehlende anhand eurer Notizen. Wir anderen werden aufmerksam zuhören und mitschreiben. Es ist wichtig, jede Einzelheit genau so zu registrieren, wie sie der Träumer erzählt. Scheinbar bedeutungslose Details können sich später als wichtig erweisen.

Bess, du hast einen Traum für uns?

Bess' Traum

Am Anfang waren mein Sohn und ich nachts in einer dunklen Straße. Die Straßen waren feucht und glänzten wie nach einem Regen. Es war keine gute Wohngegend, es gab nur Lagerhäuser und Mietskasernen. Es war bestimmt in der Innenstadt. Ich weiß nicht, was wir dort machten.

Plötzlich sprangen fünf oder sechs maskierte Kerle mit Pistolen aus einem Wagen. Sie ergriffen uns, zogen uns ins Auto und brachten uns fort.

Die Szene wechselte dann zu hellem Sonnenlicht. Wir waren in einer sehr kargen, kalten und bergigen Gegend. Ich war den Männern entkommen. Ich lief keuchend den steilen Hügel hinauf. Das Gefühl beherrschte mich, gedrängt und gehetzt zu werden. Kein Lüftchen regte sich. Alles war in Braun, Rostbraun und Gelbbraun – Erdfarben. Nichts wuchs hier.

Als ich oben auf dem Berg angelangt war, wurde mir plötzlich klar: Was für einen Wert hat es, zu fliehen und Hilfe zu holen, wenn ich meinen Sohn nicht wiederfinde? Sie werden verschwinden, und niemand wird sie finden. Ich drehte mich auf dem Grat um und entschloß mich zurückzugehen. Dies schien mich nicht aus der Fassung zu bringen.

Als ich den Abhang hinaufgegangen war, hatte es dort rein gar nichts gegeben. Wie eine Einöde. Nun wimmelte es da von Aktivität. Männer mit Schutzhelmen machten sich dort zu schaffen, die an einer riesigen Erdrampe bauten, wie für eine zehnspurige Autobahn. Ein großes Sumpfgelände war rundherum aufgegraben worden. Es war tiefer braun und hatte eine andere Farbe als die umgebende Erde. Sie hatten eine riesenhafte Baggermaschine, sieben bis zehn Meter hoch.

Ich war über mich selbst erstaunt, als ich zu den Entführern zurückging. Es war, wie wenn ich es akzeptiert hätte und wir alle im Begriff wären, etwas Konstruktives und Positives zu tun, irgendeinen Auftrag auszuführen. Wir wollten alle miteinander leben. Die Entführer befanden sich unter den Männern, die hier arbeiteten, und schienen am Ende keine Kriminellen mehr zu sein. Ich hätte allein entkommen können, aber ohne meinen Sohn.

191

MONTAGUE: Ihr könnt jetzt Bess alle möglichen Fragen stellen, um das, was euch inhaltlich entgangen sein könnte, zu klären, aber fragt sie nicht nach irgendeiner Deutung. Dies ist nur die erste Phase, und wir wollen beim Traum bleiben, so wie wir ihn gehört haben. (Danach wurden Versuche gemacht, sich mit den Traumfiguren zu identifizieren.)

Phase II

MONTAGUE: Keine Fragen mehr? Okay, wir sind nun bereit für die nächste Phase. Bess, du kannst dich jetzt zurücklehnen und zuhören und dir Notizen machen, wenn du willst. Für uns andere ist es Zeit zu arbeiten. Wenn wir nur den Traum von Bess kennen, so wissen wir noch lange nicht, wo er herkommt oder was er bedeutet. Aber wir können etwas tun, das uns helfen kann. Wir können alle versuchen, uns den Traum zu eigen zu machen, so darauf zu reagieren, als ob er von uns selbst wäre. Nennt uns alle Gefühle, die ihr beim Zuhören gehabt habt. Versucht nicht, sie rational zu erklären oder zu rechtfertigen – teilt sie uns einfach mit, wie sie bei euch aufgetaucht sind. Der Zweck dieser Übung ist, euch dafür zu sensibilisieren, daß Träume von Gefühlen ausgehen und Gefühle ausdrücken. Wir wollen keine objektiven Kommentare zum Traum von Bess oder über Bess selbst. Wir wollen wissen, wie euch der Traum berührt hat. Später wollen wir dann sehen, ob eure Gefühle mit denen von Bess übereinstimmen, und ihr werdet wahrscheinlich überrascht sein, wie oft ihr Gefühle, die sie hatte, aufgefangen habt, manchmal sogar solche Gefühle, die sie zwar hatte, deren sie sich aber nicht bewußt war.

ANN: Ich hatte schreckliche Angst und war dann teilnahmslos und gleichgültig.

DELLA: Ich hatte zuerst Angst und resignierte dann.

IRIS: Ich empfand panische Angst und große Not.

IRWIN: Ich fühlte mich gefangen in einer Situation, die zuerst hoffnungslos erschien, danach gab es aber Hoffnung.

ANN: Zuerst hatte ich egoistische Gefühle, und dann empfand ich Reue und Bedauern. Es war ein Gefühl der Unterwerfung und Aufopferung.

IRWIN: Ich spürte die Gelegenheit, ein neues Leben zu leben.

HELEN: Ich fühlte mich anfangs außer Kontrolle und ohnmächtig, bekam dann aber neue Kraft und fühlte mich wohl, als ich zurückging.

MONTAGUE: Ich war beeindruckt von dem Gefühl des Kontrasts – das Dunkle und das Helle; das Unfruchtbare und das Wachsende, die Ganoven und die guten Kerle; meinen Sohn aufgeben und zu ihm zurückgehen; die Tristheit, wenn ich allein bin, und die farbenfrohe Szene, wenn ich zurückgehe.

IRWIN: Ich glaubte ein Spiel zu spielen und dabei ein Risiko einzugehen.

MONTAGUE: Nun fangt an, mit den Bildern zu arbeiten, als wenn sie eure eigenen wären. Betrachtet sie nicht als wörtlich zu nehmende Darstellungen, sondern als metaphorische Mittel und Wege, etwas über euer Leben zu sagen. Wenn ihr dieses Bild selbst kreiert hättet, was könnte es über eure Gefühle, eure Hoffnungen, eure Spannungen und eure Konflikte vermitteln? Projiziert in diese Bilder einfach eure eigenen Bedeutungen, so frei und ehrlich wie möglich. Es geht hier nicht um richtig oder falsch, und deshalb gilt alles. Laßt eure eigenen spekulativen und von eurer Phantasie geprägten Antworten für Bess zu einem Reservoir möglicher Bedeutungen für die Bilderwelt ihres Traums werden. Teilt mit, was immer bei euch abgelaufen ist, ohne euch Gedanken darüber zu machen, ob es für Bess einen Sinn hat. Wir werden das später prüfen. Wir bewegen uns alle im selben sozialen Umfeld, so daß es wahrscheinlich ist, daß wir dieselben Bilder auf dieselbe Art benutzen. Ihr werdet vermutlich erstaunt sein, wie viel von dem, was ihr einbringt, mit dem von Bess in Einklang steht. Bitte seid euch aber auch darüber klar: Egal wie überzeugt ihr für euch auch sein mögt, daß die Bedeutung, die ihr dem Bild unterlegt, für Bess und nicht für euch selbst zutrifft, so muß doch alles, was in dieser Phase von euch eingebracht wird, als eure eigene Projektion angesehen werden, bis – und falls – es später von Bess bestätigt wird.

IRWIN: Wenn dies mein Traum wäre, würde er mir wohl eine Änderung im Lebensstil zu verstehen geben.

IRIS: Ich habe das Gefühl, daß die Nabelschnur durchtrennt wird, wobei ich es aber bin, die abgenabelt wird. Es ist, als ob ich zu sehr mit meinem Sohn verbunden gewesen wäre und es an der Zeit sei, daß Außenstehende Einfluß auf ihn nehmen. Ich mache Fortschritte in meiner eigenen Unabhängigkeit von ihm. Ich möchte mich selbst gründlich erforschen.

ANN: Ich reagiere auf das Keuchen und Vorwärtsdrängen mit dem masturbationsähnlichen Bild, alles allein zu tun.

HELEN: Ich merke, daß das, was ich hinter mir gelassen habe, nicht so schlecht war. Ich hatte es nur nicht richtig gesehen. Es gibt neue Aspekte darin.

MONTAGUE: Auf dem Grat zu sein, läßt daran denken, daß ich mir zwei verschiedene Sehweisen zu eigen machen kann – eine vorwärts- oder eine rückwärtsgerichtete.

IRIS: Fortschritt und Unabhängigkeit ohne meinen Sohn ist reizlos.

IRWIN: Irgendwie glaube ich, nach einer Richtung zu suchen.

ANN: Für mich hat der Traum sexuelle Obertöne. Ich fühle mich, als wenn ich mich vor einer Verführung gerettet hätte und der Freiheit entgegenliefe.

DELLA: Um voranzukommen, muß ich erst einmal meine Vergangenheit aufarbeiten.

MONTAGUE: Die Farben lassen an »Mutter Erde« denken und an die Geburt von etwas Neuem.

IRIS: Die riesenhafte Maschine erinnert mich an den Film »Unheimliche Begegnung«, wo die Außerirdischen wie verkleinerte Menschen aussehen.

IRWIN: Die zehnspurige Autobahn läßt an einen Weg mit vielen Möglichkeiten denken.

HELEN: Die Rampe bedeutet, daß ich vorwärts und aufwärts gehe.

ANN: Es liegt eine fast religiöse Qualität in dem Traum, weil die Menschen bedeutungslos scheinen und für die große Sache leben.

Es ist wichtig, daß die Diskussion in diesem Teil ohne irgendein Gefühl von Zeitdruck ihren Lauf nimmt. Wichtig ist auch, daß der Leiter Traumteile, die von keinem angesprochen wurden – falls es solche gibt –, aufgreift. Aber wie Sie gesehen haben, ist der Leiter durchaus ein Teil der Gruppe und steuert die ganze Zeit seine eigenen Reaktionen bei.

Die Gruppe arbeitete über eine Stunde an diesem Traum. Sie erwähnte viel mehr, als ich hier dargestellt habe. Einige ihrer Projektionen trafen daneben. Einige waren sehr nahe am Ziel und zeigten Bess den ungefähren Bereich, in welchem die Bedeutung des Traums lag.

Phase III

MONTAGUE: Nun sind wir soweit, Bess wieder ins Blickfeld zu rücken. Alles, was wir bisher getan haben, geschah in der Hoffnung, daß etwas davon für sie hilfreich sein könnte. Aber was hilfreich ist und was nicht, darüber hat sie allein zu urteilen. Sie ist die entscheidende Autorität auf dem Gebiet ihres Traums. Also, Bess, du übernimmst das jetzt, und du kannst so reagieren, wie du es wünschst. Du kannst uns sagen, ob unter den von uns vorgebrachten Gefühlen und Deutungen welche sind, die in dir etwas anklingen lassen, oder du kannst mit deinen eigenen Einfällen zum Traum anfangen. Nimm dir soviel Zeit, wie du brauchst, und versuche dabei, besondere Vorkommnisse in der jüngsten Vergangenheit zu erkennen, die der Grund dafür sein können, warum dieser Traum gerade jetzt aufgetreten ist.

BESS: Ich konnte mich mit vielem von dem, was herauskam, identifizieren. Die Gefühle waren sehr stark, besonders das Gefühl, mich entscheiden zu können, wenn ich beide Seiten sehe. Ich will mich frei fühlen. Ich will mich nicht unter Druck fühlen. Viele der angesprochenen Gefühle entsprachen meinen eigenen. Sie ließen mich den Kontrast zwischen der leeren Landschaft und der konzentrierten gemeinsamen Arbeit spüren. Es gibt noch Dinge, die ich überdenken möchte, zum Beispiel das, was der Traum über meine Beziehung zu meinem Sohn sagt. Warum dachte ich nicht an ihn, während ich flüchtete? Ich war aufgebracht, meinen Sohn bei diesen schrecklichen Leuten zurückzulassen, gleichzeitig hatte ich aber das Gefühl, dies müsse so sein. Die gleichen Gefühle hatte ich, als er anfing, Sport zu treiben. Ich wußte, er war soweit, das zu tun, aber zugleich schätzte ich dieses Macho-Image nicht. Ich hatte gemischte Gefühle dabei.

Die Bemerkungen über den Wechsel in der Landschaft schienen richtig zu sein, jedoch nicht die über das Gefühl, ängstlich und gefangen zu sein. Ich wußte, mein Sohn war nicht in Gefahr. Das Gefühl, Kontrolle aufzugeben, beeindruckte mich.

An diesem Punkt begann Bess, zuerst noch ganz vage, ein Gefühl für den Traum zu entwickeln. Danach wurde ein Dialog zwischen ihr und der Gruppe in Gang gesetzt, um weiter zu erforschen, welche Bedeutung die Bilder für sie hatten. Ich erklärte, daß nun jeder Fragen an Bess stellen könne, vorausgesetzt, die Fragen dienten nicht der eigenen Information, sondern dazu, sie zu weiteren Entdeckungen anzuregen.

IRIS: Was war dein Gefühl zu der zehnspurigen Autobahn?
BESS: Da erlebte ich einen Gefühlsausbruch. Ich konnte das Adrenalin in meinem Blut spüren. Es war ein tolles Gefühl von Veränderung, als wenn ich ins Unbekannte abheben würde. Möglicherweise geriet ich in etwas hinein, auf das ich nicht gefaßt war. Da war Erregung und Erwartung und vielleicht die Furcht, dem nicht gewachsen zu sein.
DELLA: Wie fühltest du dich, als du die Männer die Erde aufgraben sahst?
BESS: Ich wollte dabeisein, zu ihnen gehen.

Der Träumer braucht manchmal Beistand von der Gruppe, wenn es darum geht, eine Brücke zu bauen zwischen den Traumbildern und den tatsächlichen Geschehnissen, die zu ihnen führten. Erst wenn dies erreicht ist, gibt es ein Gefühl völliger Übereinstimmung mit dem Traum: Der Träumer und sein Traum sind eins.
MONTAGUE: Hängt der düstere Hintergrund des Traums mit irgendwelchen Gefühlen zusammen, die du kürzlich gehabt hast?
BESS: Ich versäumte einen Kursus, zu dem ich am Abend davor gehen wollte, weil ich meinen Sohn zu einem Wölflings-Treffen (Jungpfadfinder) bringen mußte. Ich vermute, es gab da etwas Ärger. Auch war dann gestern abend mein Freund bei mir. Er sprach wieder übers Heiraten. Ich fühlte mich nicht besonders wohl, weshalb er für uns alle drei das Abendessen machte. Ich fühlte mich von ihm unter Druck gesetzt. Ich reagierte nicht, wor-

auf er dann widerwillig ging. Ich bekomme bei dem Ganzen allmählich den absurden Eindruck, in eine Beziehung hineingedrängt zu werden. Es ist da ein starkes Gefühl von Zwang.

An diesem Punkt begann ich, viele von den Gedanken einander zuzuordnen, die jetzt durch die Gruppenarbeit ans Licht gekommen waren. Indem ich die Aufmerksamkeit auf die Reflexion gerade dieser Ereignisse in dem Traum lenkte, übertrieb ich mit Absicht, weil der Traum selbst oft Übertreibungen benutzt, um bestimmte Gefühle zu betonen.

MONTAGUE: Probier dies mal aus, Bess. Folgende Gedanken kamen mir, als du die Ereignisse des vergangenen Abends beschriebst. Du wolltest unbedingt zu deinem Kurs gehen, wurdest aber von dem, was du tun wolltest, durch diese schrecklichen Gangster abgehalten, die dich und deinen Sohn entführten, die dich zu einer anderen Handlungsweise zwangen, als du wolltest. Du hast gestern abend zwei Arten von Zwang erlebt, beide von Männern – von den Männern, die das Wölflings-Treffen machten und nicht nur deinen Sohn, sondern auch dich »kidnappten«, und von deinem Freund, dessen Angebote du als Zwang erlebt hast. Er kam vorbei, um Spaß mit dir zu haben, und kochte schließlich das Abendessen für dich und deinen Sohn und ging frustriert nach Hause. Du bist, wie dein Fluchtversuch zeigt, freiheitsliebend; aber trotz der Grenzen, die dir durch deine Mutterschaft auferlegt werden, willst du die Freiheit nicht um den Preis eines Verzichts auf deine Mutterrolle haben. Du wärst sonst unfruchtbar, ausgedörrt und nutzlos. Und so findest du einen Rückweg zu deinem Sohn und weißt außerdem, welche Vorkehrungen für den Bau dieser Autobahn der unbegrenzten Möglichkeiten zu treffen sind. Die Männer verwandeln sich dann aus Gangstern in Männer, die konstruktive Arbeit leisten, nämlich in Bauarbeiter.

Bess war sehr zufrieden, wie die Traumbilder und ihre Lebenssituation zusammengebracht wurden. Sie sagte: »Ich war immer von dem Gefühl beherrscht, daß ich wirklich mein eigenes Leben leben will, nur nicht um den Preis, mein Kind und mein Familienleben aufzugeben. Beides ist für mich gleich wichtig.«

Als das zu Ende geführt war, hatte Bess ein klares Bild der Zusammenhänge ihres Traums mit den Ereignissen des Vorabends gewonnen, ebenso wie mit dem noch wichtigeren Kampf, der sich in ihrem Leben abspielt: dem Ringen um eine emanzipiertere Rolle, einer, in der mehr Selbstverwirklichung möglich ist, als dies in der Vergangenheit, besonders in ihrer früheren Ehe, der Fall war. Sie glaubte nun an einem Punkt zu sein, an dem sie entweder vorwärts- oder zurückgehen konnte, wobei in diesem Fall das Zurück bedeutete, zurück zu etwas Neuem zu gehen. Das war wünschenswerter als ein Vorwärtsgehen im Sinne eines völligen Bruchs mit der Vergangenheit und ihrer Familie. Andere Probleme, die von dem Traum angesprochen wurden, betrafen ihre Einstellung zu Männern. Bess räumte dies ein und spürte, daß es da noch weitere Arbeit an dem Traum gab, die sie für sich allein tun mußte.

Der Ablauf des Prozesses

Als Wichtigstes ist im Auge zu behalten, daß der Träumer vom Anfang bis zum Ende die Kontrolle über den Gruppenprozeß hat. Der Träumer trifft die Entscheidung, den Traum mitzuteilen. Er bestimmt darüber, wieviel Selbstenthüllung ihm genehm ist. Der Träumer kann den Prozeß an jedem Punkt abbrechen und braucht nicht so weit zu gehen, wie die Gruppenmitglieder es gerne sähen. An keinem Punkt sollte der Träumer sich genötigt fühlen, einen Traum mitzuteilen. Von Rotation oder einer festgelegten Reihenfolge kann nie die Rede sein. Zu keiner Zeit sollte irgend jemand verlegen gemacht oder dazu gebracht werden, sich schuldig zu fühlen. Der einzige Grund für die Existenz der Gruppe ist, dem Träumer bei dem Traum zu helfen.

Nun wollen wir die Grundlagen für jede Phase untersuchen.

Phase I

Wenn jemand sich dazu entschieden hat, mit einem Traum sich vor den anderen zu präsentieren, passiert etwas Interessantes in der Gruppe. Die Mitglieder scheinen sich bewußt zu werden, daß ihnen etwas Besonderes, ja Heikles anvertraut worden ist. Der Träumer stellt ein höchst intimes Stück seines Wesens vor sie hin. Er legt einen Teil seiner Seele bloß. Dies scheint ein besonderes Engagement in der Gruppe zu mobilisieren. Der Träumer fühlt diese unterstützende Reaktion, und das Vertrauen ist schnell aufgebaut.

Mit fortschreitender Erfahrung wird die Gruppe aufmerksamer auf die relativierenden Einschübe und Zusätze hören, die der Träumer gebraucht, um den Traum vorzustellen:

»Ich hatte letzte Nacht den seltsamsten (komischsten, blödesten) Traum.«

Möchte der Träumer damit eine Distanz zu seinem Traum schaffen, seiner Botschaft aus dem Wege gehen oder die Gruppe entmutigen, mit ihm zu arbeiten?

»Ich habe einen Traum gehabt, aber wenn jemand anders lieber zuerst drankommen möchte...«

»Ich hatte einen Traum, aber sicherlich hat jemand anders einen besseren.«

Läßt dies nicht an eine Tendenz denken, sich zu verstecken, sich zurückzuhalten und unverhältnismäßig bescheiden zu sein, wobei man sich aber nur immer wieder selbst eine Schlappe beibringt. Dies können auch genau jene Dinge sein, mit denen sich der Traum beschäftigt.

»Ich weiß nicht, soll ich meinen Traum mitteilen oder nicht? Ich denke, ich werde ihn mitteilen.«

Noch einmal: Die einschränkende, ambivalente Feststellung kann für den Traum einen Hinweis geben.

Phase II

Warum warten wir, bis die ganze Gruppe ihre Meinung gesagt hat, bevor wir den Träumer wieder ins Blickfeld rücken? Nun, das hat mit der Offenheit und Zweckmäßigkeit zu tun, worüber wir schon früher gesprochen haben. Egal wie ernstgemeint der Wunsch des Träumers ist, den Traum zu erschließen, man muß immer mit der Möglichkeit irgendwelcher Selbstschutz- und Verteidigungsmaßnahmen rechnen. Sie können die Form unbewußter Verzerrung des Mitgeteilten oder die des Vermeidens bestimmter Traumteile annehmen. In beiden Fällen lenkt das, was der Träumer sagt, leicht die Gruppenreaktionen in Bahnen, die von den Gedankenverbindungen des Träumers nahegelegt werden. Das könnte schon hilfreich sein, aber es besteht die Gefahr, daß die Reaktionen der Gruppe von den Vorurteilen des Wach-Ichs beim Träumer gehemmt werden. Wenn die Gruppenmitglieder ohne die Assoziationen des Träumers beginnen, werden ihre Reaktionen frei und spontan sein, weil sie von dort kommen, wo sie mit dem Traum in Verbindung stehen. Die Reaktionen können manchmal danebengehen, aber oft werden sie auch zutreffen – und solche Reaktionen wären nicht aufgekommen, wenn die Gruppenmitglieder sich bei ihrer Arbeit in jenen Bahnen bewegt hätten, die ihnen vom Träumer nahegelegt worden waren.

Es interessiert uns gar nicht, wie viele Reaktionen »falsch« sind, weil, so paradox es scheinen mag, *alle* Reaktionen für unsere Zwecke nützlich sind. Eine »falsche« Reaktion hilft dem Träumer zu definieren, was das Bild *nicht* ist, und kann es dem Träumer dadurch ermöglichen, sich einer richtigen Bestimmung dessen, was es ist, zu nähern.

In Phase II muß die Gruppe wachsam gegenüber jedem sein, der versucht, eine autoritäre Haltung zum Träumer einzunehmen. Wenn ein Mitglied plötzlich loslegt: »Du mußt dieses oder jenes Gefühl haben«, dann sollte es daran erinnert werden, daß dies ja seine Gefühle und nicht die des Träumers sind. Das gilt auch dann, wenn bei der Arbeit mit Traumbildern jemand versucht, seine persönliche Interpretation dem Träumer aufzudrängen.

Der Träumer befindet sich in dieser Phase in einer einmaligen Beziehung zur Gruppe und zu sich selbst. Er hört anderen zu, die mit etwas arbeiten, das er geschaffen hat. Der Träumer ist sich bewußt, daß die Gruppenmitglieder manchmal Dinge sagen, die beinahe ins Schwarze treffen. Nach und nach wird er mit immer mehr neuralgischen Stellen im Traum konfrontiert, die unbequem und sogar peinlich sein können. Zur selben Zeit bemerkt der Träumer, daß er in einer Position ist, diese Feststellungen unter solchen Umständen zu untersuchen, in denen er sich nicht zu verhüllen oder sich gegen irgend jemand zu verteidigen braucht. Wenn jemand mit persönlichen Wahrheiten konfrontiert wird und frei ist, sie zu akzeptieren oder zurückzuweisen, und sich nicht ihretwegen verteidigen muß, dann ist seine natürliche Reaktion, die Wahrheit anzunehmen. Bei fast jedem Menschen gibt es etwas, das die heilende Kraft der Wahrheit erspürt.

Bevor diese Phase beendet wird, ist es wichtig, sich zu vergewissern, daß die Gruppe jedem Detail des Traums die ihm gebührende Aufmerksamkeit gewidmet hat. Es kann von Nutzen sein, die Beiträge der Gruppe niederzuschreiben und neu zu ordnen, um der Struktur des Traums nachzugehen. Spezielle Beachtung sollte der Abfolge der Bilder geschenkt werden. Beim erneuten Untersuchen der Bilder in ihrer natürlichen Reihenfolge können zusätzliche Hinweise ans Licht kommen. Ein Bild, das außerhalb des Zusammenhangs verwirrend sein mag, kann einen Sinn erhalten, wenn es zu dem vorhergehenden oder nachfolgenden Bild in Beziehung gesetzt wird. Manchmal wird in dieser Hinsicht eine Zusammenfassung durch den Leiter helfen; dies dient dann nicht nur dazu, den Traum für die Gruppe in ein System zu bringen, sondern auch dazu, sich genauer auf Einzelheiten konzentrieren zu können, die vorher übersehen worden sind oder denen nicht genügend Beachtung geschenkt wurde. Wenn die Gruppe ihre Arbeit konsequent durchgeführt hat, wird die Zusammenfassung kurz ausfallen können.

Phase III

In dieser Phase ist es wichtig, zu spüren und zu respektieren, wohin und wie weit der Träumer gehen will. Trotz der Tatsache, daß er den Traum mitgeteilt hat, bleibt es doch sein Traum. Mit Unterstützung und Hilfe durch die Gruppe versucht er, zu einer Position größerer Offenheit und Verantwortlichkeit gegenüber dem Traum zu kommen. Dennoch kann nach Auffassung der Gruppe der Träumer blind sein gegenüber etwas ganz und gar Offensichtlichem. Und die Gruppe kann darin recht haben. Vor langer Zeit wies Freud darauf hin, daß es für andere Leute leichter ist, in unserem Unbewußten zu lesen, als für uns selbst. Wir vermögen gegenüber dem Traum eines anderen ehrlicher zu sein, aber wir brauchen nicht mit den Konsequenzen jener Ehrlichkeit zu leben. Obwohl dies also möglich ist, dürfte es dennoch in dieser Phase eine gute Arbeitsregel sein, daß nur das, was vom Träumer »abgesegnet« worden ist, als mit dem Traum in Verbindung stehend gilt, egal für wie richtig irgend jemand die vom Träumer nicht akzeptierten Vorstellungen hält. In den meisten Fällen entpuppen sich solche Vorstellungen als die eigenen Projektionen der Gruppenmitglieder.

In eben dieser dritten Phase hat die Gruppe sogar Gelegenheit herauszufinden, welche ihrer Reaktionen auf den Träumer bezogen waren und bei welchen es sich ausschließlich um ihre eigenen Projektionen gehandelt hatte. Während der zweiten Phase sind die Reaktionen oft eine Mischung aus dem, wovon die Gruppenmitglieder meinen, daß es im Träumer vor sich geht, und dem, was sie als von ihnen selbst kommend spüren. Nun können sie selber entdecken, daß das, was sie für eine Wahrnehmung der Situation des Träumers hielten, in Wirklichkeit ihre eigene Projektion war. Dies wird dann zu einer Lernerfahrung für alle in der Gruppe, zu einem Hinweis darauf, wo einige ihrer eigenen Wahrnehmungen voreingenommen waren.

In Phase III liegt die wichtige Funktion der Gruppe darin, dem Träumer zu helfen, eine Brücke zwischen seinen Bildern und seiner Lebenssituation zu bauen. Diese Verbindungen werden oft spontan erscheinen, ebenso wie die Metaphern in der Vorstellung plötzlich lebendig werden. Manchmal wird der besondere Kontext trotz der bewußten Bemühungen des Träumers, an ihn heranzukommen, verhüllt bleiben. Zwei Vorschläge sind oft nützlich: Der eine ist, den Träumer zu ermutigen, sich die Gedanken in Erinnerung zu rufen, die er kurz vor dem Einschlafen hatte, denn dabei beginnt einem der Tagesrest oft klarzuwerden. Wenn das nicht von Erfolg gekrönt ist, kann dem Träumer die Aufforderung helfen, die Ereignisse des Tages, der dem Traum vorangig, zu rekapitulieren. Was manchmal als eine Aufzählung scheinbar alltäglicher Ereignisse beginnt, wird dann oft durch einen Geistesblitz der Einsicht unterbrochen. Das Gesicht des Träumers hellt sich bei diesem Aha-Erlebnis auf. Die Aufregung über die Entdeckung wiegt all jene Verlegenheit oder Gespanntheit auf, die mit dem ursprünglichen Ereignis verbunden gewesen sein könnte.

In dem zwischen dem Träumer und der Gruppe ablaufenden Dialog ist es wichtig, die Fragen so zu stellen, daß der Träumer sie als exploratorisch und unvoreingenommen erfährt. Wie gesagt: Solange die Gruppenmitglieder die Freiheit haben, jede Frage zu stellen, hat auch der Träumer die Freiheit, mit seinen Antworten nach Gutdünken zu verfahren.

Sensibel gegenüber dem Träumer zu sein, schließt auch ein, den rechten Augenblick zu erspüren, in dem der Prozeß zu einem Abschluß gebracht wird. Die Gruppe muß sich vorsehen, nicht einen zu gefügigen Träumer weiter zu »pushen«, als er will, und auch umgekehrt: nicht zu früh zu stoppen, bevor der Träumer bereit ist aufzuhören. Der Schlüssel hierzu liegt beim Träumer. Nur er kann sicher erspüren, wann der Moment kommt, von dem an er mit Vertrauen, Kompetenz und Offenheit den Prozeß für sich allein fortsetzen kann. Wenn die Gruppenmitglieder erfolgreich waren, haben sie als »Hebammen« gedient; sie haben den Traum »herausgeholt« und dem Träumer geholfen, die Verbindung zu ihm herzustellen. Sobald letzteres geschieht, ist ihre Arbeit beendet, und die Arbeit desjenigen, der den Traum in die Welt gesetzt hat, beginnt ernst zu werden.

12. Wenn Träume gemeinsam bearbeitet werden

Ich hoffe, daß dieser Einblick in die Arbeit mit Träumen zeigt, wie effektiv eine kleine Gruppe dabei helfen kann, unsere Träume zu verstehen – und auch uns selbst als Urheber unserer Träume. Die Gruppe stimuliert nicht nur das Interesse an der Arbeit mit Träumen, sondern wird auch zu einem wirkungsvollen Instrument, den Träumer an seine eigenen Träume heranzuführen. Und sie kann einige der raffinierten Abwehrmechanismen feststellen helfen, die dem Traumverständnis im Wege stehen. Wer in einer Traumgruppe den Traum eines anderen verfolgt, beschäftigt sich lediglich mit dem, was der Traum aussagt. Der Träumer aber kämpft mit zwei Problemen: Was sehe ich denn in dem Traum? Und: Was tue ich, um mich möglicherweise selbst davon abzuhalten, das zu sehen, was gesehen werden soll? (Oder anders gesagt: Welchen Teil des Traums kann ich ohne weiteres als auf mich zutreffend anerkennen, und bei welchem bin ich versucht, ihn zu verleugnen?) Für den Träumer muß es schwer sein, gleichzeitig an beiden Seiten des Tisches zu sitzen, besonders wenn er ein Verständnis für das Wesen der Träume erst entwickeln muß.

Das Ergebnis gemeinsamer Arbeit mit Träumen ist oft bemerkenswert und kann (das Motiv ausgenommen) mit dem Erlebnis der zwei hungrigen Männer mit der »Steinsuppe« verglichen werden: Zwei Männer, die auf Wanderschaft waren, hatten einen Kochtopf, aber nichts zum Hineintun. Sie kamen auf einen öffentlichen Platz in einer winzigen Ortschaft und ließen sich dort zur Rast an einem Brunnen nieder. Einer der Männer füllte Wasser in den Topf, während der andere zwei Steine aufsammelte, um sie zum Wasser dazuzugeben. Sie entfachten ein Feuer unter dem Topf und begannen, das Wasser umzurühren. Nach einer Weile fanden sich ein paar Dorfbewohner am Brunnen ein. Eine alte Frau sagte: »Was habt ihr denn da?«

»Steinsuppe«, antwortete der hungrige Mann.

»Nie davon gehört.«

»Sie ist sehr gut, könnte aber noch eine Möhre vertragen«, erwiderte einer der Männer.

Die alte Frau ging fort und kehrte nach ein paar Minuten mit einigen Möhren zurück, die sie in die brodelnde Suppe warf.

Dem nächsten Dorfbewohner, der nach der Suppe fragte, sagte man, wie köstlich sie schmecken könnte, wenn es nur noch ein paar Zwiebeln gäbe. Er ging fort und kam mit Zwiebeln zurück.

Immer wieder wurde Fragestellern versichert, daß »Steinsuppe« eine Köstlichkeit sei, sie aber nur noch etwas von diesem oder jenem bräuchten, um sie zu vervollkommnen. Fasziniert davon, »Steinsuppe« zu kochen, steuerte jeder Dorfbewohner etwas bei, ein wenig Gemüse, ein bißchen Fleisch, ein paar Gewürze und so fort. Endlich war die Suppe fertig. Die zwei hungrigen Männer luden dann alle ein, die etwas zu dem feinen Festmahl beigesteuert hatten, aus dem großen Kochtopf die dampfende Steinsuppe zu essen.

Bei der Arbeit mit Träumen beginnen wir zwar nicht mit einem leeren Topf, sondern mit einem Traum, der wirklich schon die Zutaten zur Suppe enthält. Aber manchmal können wir für uns allein nicht viel mit ihm anfangen. So bringen wir also den Traum zu dem »öffentlichen Platz«, zur Traumgruppe, und lassen jedes Mitglied seinen Teil in Gestalt seiner Gefühle, seiner Reaktionen, seiner Fragen in den Topf werfen. Dann haben wir eine Mischung, die den Träumer und die Zuhörer bereichern wird.

Obwohl an dem Prozeß, so wie wir ihn beschrieben haben, nichts besonders Technisches oder Schwieriges ist, gibt es einige Aspekte, die eine weitere Diskussion verdienen. Einige Teilnehmer könnten Schwierigkeiten damit haben zu begreifen, was der Ausdruck »visuelle Metapher« meint. Da dieser für die Arbeit mit Träumen grundlegend ist, versuche ich zu Beginn, ihn anhand folgenden Beispiels klarzumachen:

Eine Hausfrau aus der Vorstadt träumt, mit einem Einrad die Hauptstraße hinunterzufahren, und das mitten im Verkehr. Die Träumerin hat noch nie auf einem Einrad gesessen und auch kein Interesse an einem Versuch. Doch im Blick auf das, was sie in ihrem Leben erfahren hat, ist dies das am besten geeignete Bild, ihre Situation zum Ausdruck zu bringen. Ihr Traum verwendet das Bild für einen expressiven und dramatischen Vergleich mit ihrem Wachleben. Das ist eine visuelle Metapher. Worauf, meinen Sie, könnte der Traum hindeuten?

Wenn man es so dargestellt hat, begreift die Gruppe dies und bringt eigene Ideen vor, die ihr einfallen:
Sie ist in einer sehr prekären Situation.
Sie zeigt Mut und Kühnheit.
Sie ist sehr verletzbar.
Sie ist ein bißchen eine Angeberin und exhibitionistisch.
Sie ist mit ihrer emotionalen Balance beschäftigt.
Sie macht eine Vorführung.
Weitere Möglichkeiten werden Ihnen sicher in den Sinn kommen. Eine der obenstehenden traf auf diese Träumerin tatsächlich zu. Dies gehört, wie wir gesehen haben, zu den Dingen, die eben in einer Gruppe vorkommen.
Aber lassen Sie uns einige andere der üblichen Phänomene bei der Traumgruppenarbeit untersuchen.

Initialträume

Die Teilnahme an einer Traumgruppe bedeutet eine ungewöhnliche und besonderes Engagement beanspruchende Verpflichtung. Schließlich gehören Träume in den Privatbereich, und wir lassen nur selten Menschen an ihnen teilhaben, die wir nicht gut kennen. Die meisten von uns wurden durch keine vorausgegangenen Erfahrungen darauf vorbereitet, vor anderen derartige Intimitäten auszubreiten. Deshalb kommen in der ersten Sitzung eine ganze Anzahl von abschirmenden und einschränkenden Mechanismen ins Spiel. Ein Teil von uns selbst hält es vielleicht für einen vorschnellen Schritt und ist beunruhigt, welche sorgsam gehüteten Geheimnisse nun ans Licht kommen könnten. Initialträume berühren oft die Spannungen, die dann entstehen, wenn der Impuls, sich mitzuteilen, anzuvertrauen und zu enthüllen, im Widerstreit steht mit dem gleich starken Impuls, sich zu verbergen, zu entziehen und zu verhüllen.

Ich träumte, daß ich im Bett lag und träumte. Das nächste, was ich weiß, ist meine Verblüffung darüber, daß ich mitsamt meinem Bett regelrecht aus dem Fenster flog. Und dabei wachte ich auf.

Dieser Traum zeigt das Dilemma recht klar. Der Träumer war, seinem eigenen Wunsch entsprechend, schon dabei, einen Traum mitzuteilen. Dann aber kam seine Selbstschutzstrategie ins Spiel, die den Traum so ummünzte, daß alle – er, das Bett und der Traum selbst – aus dem Fenster flogen. Was solche Tricks betrifft, so sind wir außerordentlich clever, wenn wir schlafen und träumen. Hier der Initialtraum einer jungen Frau:

Ich hängte Wäsche auf, auch meine Unterwäsche, draußen auf einer Wäscheleine. Mau-Mau-Krieger erschienen, die aussahen, als wären sie zu einem Kampf bereit. Ich hängte mich selbst schnell über die Wäscheleine und blieb bewegungslos, in der Hoffnung, so zu verschwinden. Das klappte. Sie sahen mich gar nicht.

Auch dieser Traum scheint eine Reaktion auf die von der Situation ausgehende Aufforderung zu sein, eine geheime Seite von sich selbst mitzuteilen, und auf die daraus resultierende Angst. Persönliche Dinge, ihre Unterwäsche, werden da öffentlich zur Schau gestellt. Die Mau-Mau-Krieger mit ihrer Aggressivität und Fremdartigkeit wirken auf sie wie eine Bedrohung. Ihr erster Impuls, sich zu fügen, indem sie sich zur Schau stellt, weicht der Vorahnung eines Kampfes. Wie der vorige Träumer wendet sie den Zaubertrick des Verschwindens an: Indem sie mit der auf der Leine hängenden Wäsche verschmilzt, entzieht sie sich als die exponierte Person, die sie ja ist, den Blicken und narrt den Feind auf diese Weise.

Den Traum darstellen

Wir wissen alle, daß die Menschen, mit denen wir verkehren, in ihrem Persönlichkeitszuschnitt sehr unterschiedlich sind. Die eine Person ist passiv und fügsam, die andere drängt sich vor und will herrschen, eine weitere ist zu intellektuell, wieder eine andere zu emotional, und so weiter. In einer Traumgruppe kann es nützlich sein, unseren Blick dafür zu schärfen, denn genau diese Züge werden wahrscheinlich im Traum bildlich dargestellt. Man kann einen Träumer, der in einem Traum passiv reagiert, bei der Arbeit an seinem Traum ebenfalls passiv erleben. Wenn der Träumer eine von der Gruppe kommende Wahrnehmung dieser Art bestätigt, wird die Wirkung der einschlägigen Traumbilder dadurch bestärkt.

Manchmal kann ein ganz bestimmtes Verhalten beobachtet und auch gut mit den Bildern des Traums korreliert werden. Lucy, eine junge Frau, teilte einen Traum mit, der ihre Mutter und einen stummen Jungen von zwölf Jahren zeigte, den Lucy therapeutisch beraten hatte. Der Traum war recht verwickelt. Die Gruppe arbeitete gut damit, und weil sie von früher wußte, wie begeistert die Träumerin auf die Gruppenarbeit reagierte, erwartete sie dies auch bei dieser Gelegenheit. Da war es schon irgendwie eine Überraschung, daß Lucy sehr wenig zu sagen hatte. Es schien fast so, als wenn sie absichtlich den Mund hielte. Als ein Gruppenmitglied sie fragte, ob dieses Verhalten mit dem Bild verbunden sein könnte, öffneten sich die Schleusen. Anscheinend hatte in der vorigen Sitzung das Verhalten eines Gruppenmitglieds sie an ihre Mutter erinnert. Diese Person war auf eine Weise still geblieben, die Lucy beunruhigt und wieder auf den Konflikt gestoßen hatte, den sie mit ihrer eigenen Mutter gehabt hatte. Sie hatte ihre Mutter als einen gefühllosen Menschen erlebt und oft eine ohnmächtige, stille Wut ihr gegenüber empfunden.

Die Botschaft meiner Mutter an mich war, ruhig zu sein. Ihr Schweigen war alldurchdringend. In dem Traum war ich dabei, mich zu vergnügen, bis meine Mutter mit ihrem tadelnden Schweigen ins Bild kam. An diesem Punkt geschah es, daß der stille kleine Junge erschien.

Für sie symbolisierte das stumme Kind ihre Unfähigkeit, in einer Situation, die schmerzhaft für sie war, etwas zu sagen. Ihr eigenes Schweigen und der Rückzug waren ihre Verteidigung gegen das, was sie als ein feindseliges Schweigen von den anderen erlebt hatte.

Dies ist ein Beispiel dafür, wie Spannungen zwischen Gruppenmitgliedern entstehen können und dann in einem Traum reflektiert werden. Was hier zu tun ist, das heißt, ob die Gruppe mit den Belastungen leben oder aber sie zwischen den einzelnen Mitgliedern zur Sprache bringen und klären sollte, wird sich nach dem Grad des von dem Problem verursachten Unbehagens sowie nach den Fähigkeiten der Gruppe zu richten haben. In diesem Beispiel wurden die Ereignisse der vorausgegangenen Sitzung untersucht. Als sich dabei herausstellte, daß jedes einzelne Mitglied das Vorgefallene wahrgenommen hatte, löste sich die Spannung.

Gefühlsausbrüche

Manchmal wird die Beschäftigung mit den eigenen Träumen lang vergessene emotionale Wunden wieder aufreißen und dadurch Gefühlsstürme auslösen. Das Beste, was die Gruppe dann tun kann, ist, dem Träumer wortlos zu verstehen zu geben, daß er in ihrer Gegenwart seinen Gefühlen freien Lauf lassen darf. Mehr ist kaum erforderlich. Beruhigungsversuche wohlmeinender Gruppenmitglieder bewirken nur, daß der Fluß der Gefühle unterbrochen wird.

Lillian, eine junge Frau, die vor kurzem von einem Skiurlaub zurückgekommen war, teilt den folgenden Traum mit:

Ich war in einer Skihütte. Ich befand mich in dem einen Raum und entschloß mich, in den anderen nebenan zu gehen. Es war ein sehr großes Zimmer. Der Raum war sehr schön. In ihm waren eine Menge Leute, die sich gut amüsierten. Es gab jede Menge Süßigkeiten dort, und es war eine prächtige Party. Ich fragte mich: »Warum bin ich nicht vorher in diesen Raum gegangen?« Ich verließ die Hütte durch die Hintertür und entschloß mich, Ski zu laufen. Gerade hinter mir war ein Berg. Ich war für mich allein.

Hier einige der Gruppenreaktionen, die in Lillian ein emotionales Crescendo hervorriefen.

Gefühle der Gruppenmitglieder

»Ich hatte ein Gefühl, als ob ich allein weggehen würde, und das erforderte Mut.«

»Ich fürchtete mich davor, in den großen Raum zu gehen.«

»Ich wollte mit den anderen zusammensein, riß mich aber von ihnen los.«

»Ich fühlte mich enttäuscht und neidisch, als ob es zu spät wäre.«

Bilder

»Bei dem Berg muß ich an die Anstrengung denken, aber auch daran, daß man es schließlich doch schafft.«

»Skilaufen ist ein herrlicher Sport. Ich fühle mich allein.«

»Das Bild, das mir vorschwebt, ist das eines traurigen, verlassenen Kindes, das seine Nase gegen ein Schaufenster preßt und betrübt auf all die unerreichbaren Süßigkeiten guckt.«

»Jemand ist als erster angelangt und hat alles verdorben, wie wenn ich ein älteres Geschwister habe, das vor mir angekommen ist. Ich fühlte mich übergangen.«

Die letzten Beiträge über das traurige Kind und das Problem der Geschwisterrivalität führten bei Lillian zu einer tränenreichen Reaktion, die mehrere Minuten andauerte. Die Gruppe tat nichts anderes, als sie schweigend zu unterstützen, als Lillians Gefühle überschwappten. Nachdem sie ihre Fassung wiedererlangt hatte, wollte sie der Gruppe unbedingt mitteilen, was sie während des ganzen Prozesses durchgemacht hatte.

Als wir begannen, hatte ich noch keine Vorstellung, wovon der Traum handelte, außer daß es da eine Beziehung zu meinem letzten Skiurlaub gab. Als ihr anfingt, über Traurigkeit zu sprechen, über Entbehrung, und dann die Geschwisterrivalität erwähntet, paßte plötzlich alles zusammen, und diese schlimme Traurigkeit überkam mich. Mein Bruder war in diesen Ferien bei uns. Er ist zehn Jahre älter und hatte wirklich all die Süßigkeiten bekommen. Zum ersten Mal spürte ich das Traurige an all dem und ein Gefühl des Verlustes. Neulich sagte eine meiner Freundinnen, die meinen

*Bruder gerade kennengelernt hatte, sie halte ihn für einen verletz-
lichen Typ. Das erschütterte mich. Ich hatte ihn immer vergöttert.
Meine Reaktionen darauf führten zu dem Traum. Ich begann zu
begreifen, daß meine Freundin recht hatte, und hätte ich das nur
früher schon gewußt, wäre mir eine Menge Schmerz erspart geblieben. Dieser große Raum in dem Traum war sein Zimmer. Ich
vermochte nur die Süßigkeiten zu sehen. Es war zu bedrohlich für
mich, die Verletzbarkeit zu sehen. Ich mußte fortgehen und meinen
eigenen einsamen Kampf beginnen. Es ist etwas Unheimliches
daran, den Berg alleine hinabzusteigen.*

Dies waren einige ihrer unmittelbaren Reaktionen. Wichtig
war, daß sie sich nun mit dem Traum auf eine emotionale Weise
verbunden fühlte. Nun konnte sie damit beginnen, die Probleme
allein zu lösen.

Außergewöhnliche Bilder und Worte

Wenn wir uns in unseren Träumen bemühen, sonderbare und
phantastische Bilder hervorzubringen, oder wenn wir Worte und
Sätze produzieren, die zunächst sinnlos erscheinen, sollten wir
zum Verständnis unseres Traums herauszufinden versuchen, wie
diese Bilder oder Worte zustande gekommen sind. Oft sind es
zusammengesetzte Bilder. Zwei oder mehr Bilder können zu einem einzigen Bild »verdichtet« sein. Ähnlich können neue Worte
aus einer Verschmelzung mehrerer Wort-Teile kreiert werden.
Man betrachte dieses Traum-Fragment:

*Dann hörte ich Willa (mein Patenkind). Ich machte mich gleich
auf, um sie zu suchen, und fand sie unter einem Stein eingeklemmt
und so verschüttet, daß nur noch ihr Kopf herausschaute. Ich
dachte: »Mein Gott, ich muß sie rausholen.« Dann bemerkte ich,
daß sie ein Gesicht wie ein Schwein hatte mit einer großen
Schweineschnauze. Erst war Willa noch lebendig, aber dann wurde sie leblos.*

An dem Traum wurde in seiner Gesamtheit von der Gruppe gearbeitet. Die Träumerin sprach positiv auf die Anregung an, daß

das Kind im Traum ein Selbstbild sein könnte. Darauf fing sie an, dieses zusammengesetzte Bild zu erschließen:

Ich habe mich mit der Frage meiner extremen Abhängigkeit von Dr. R. beschäftigt (die Träumerin war mehrere Jahre in Therapie gewesen). Willa ist ein schönes, engelgleiches, aufgewecktes Kind. Ich denke wirklich, sie stellt mich als Kind dar, obwohl ich mich selbst für häßlich hielt. Ich war die mittlere von drei prachtvollen Schwestern (die Träumerin ist eine attraktive Frau mittleren Alters). Für mich steht das Schwein für Gefräßigkeit und Übertreibung; diese Seite meines Charakters hat es wirklich gegeben. Aber ich fange an einzusehen, daß ich, um meine kindische Abhängigkeit zu überwinden, mich selbst als das, was ich bin, akzeptieren muß, also die gierige, häßliche und habsüchtige Seite ebenso wie die großmütige, freigebige und fürsorgliche. Damit die Erwachsene sich entwickeln kann, muß ich das Kind, die Fehler und all das akzeptieren. Ich war nie das häßliche Kind, für das ich mich hielt. Nachdem ich diesen Mythos aus der Vergessenheit hervorgeholt habe, kann ich ihn nun endgültig begraben.

Im folgenden Auszug, ebenfalls Teil eines längeren Traums, taucht ein seltsames Wort auf:

John, einer meiner Vorgesetzten, war mit mir im Badezimmer. Er saß im Yogasitz in einem Sandkasten... Ich hörte jemand das Wort »smanning« rufen. Ich fragte, was das sei. Er sagte, es sei das Wort, um die Tür zu einem anderen Bewußtsein zu öffnen.

Der Traum selbst war lang und kompliziert. Die Träumerin war eine junge Frau, die Probleme in ihrer Ehe hatte. Mehrere Tage vor diesem Traum war sie in sexuelle Phantasien vertieft gewesen, die die Männer in ihrem Büro einbezog. Die Arbeit an dem Traum verdeutlichte ihr, daß sie sich im Büro aufreizend und provokativ verhalten hatte. Dies schien das Wortteil »bemannen« (manning) auszudrücken, hinter Männern her sein. Gleichzeitig lag etwas Gutes und Erhebendes in dem Wort, das in dem Traum auftauchte. Es war, als ob diese sexuellen Gefühle mit einem neuentdeckten Empfinden von Freiheit und Wohlbefinden im Zusammenhang stünden, das der Schlüssel zu einem anderen Bewußtseinsniveau zu sein schien. Die Yogaposition des Mannes legte etwas Spirituelles nahe, etwas, das mit einem Swami verbunden ist. An diesem Punkt »klingelte« es bei ihr, denn ihr wurde klar, daß das Wort im Traum eine Kombination von »Wami« und »mannig« war und daß sie sich auch erinnern konnte, im Traum nicht sicher gewesen zu sein, ob das Wort »smanning« oder »swamming« geheißen habe.

Eine der Lektionen, die der Träumer lernen muß, ist, sich keinem Traum zu entziehen, egal wie absonderlich oder beängstigend er zu sein scheint. Es gibt stets etwas an ihm, das man beachten sollte. Wenn man bereit ist, sich auf eine solche Begegnung einzulassen, wird man innerlich reicher. Der folgende Traum illustriert das. Der Träumer, ein Mann Ende dreißig, bezeichnete ihn als alptraumähnlich und stellte ihn einer ziemlich großen Zuhörerschaft vor: gut vierzig Teilnehmern eines Volkshochschulkursus. Ich bin dabei aktiver gewesen, als ich normalerweise in einer Kleingruppen-Sitzung gewesen wäre, da ich das Material nutzen wollte, um der Zuhörerschaft den Prozeß im Verlauf des Abends zu verdeutlichen. Hier sind Auszüge aus der Sitzung:

Rogers Traum
Ich ging nachts die Treppe hinunter ins Spielzimmer. Es war sehr dunkel. Dort angekommen, machte ich Licht und sah meinen Vater an der Decke hängen. Ich schwebte hoch zu ihm. Ich hatte Angst und sagte: »Nein, nein.« Ich wurde von meiner Frau geweckt. Mein Vater war weiß und bläulich wie ein Leichnam, sprach aber und murmelte... ich konnte nichts verstehen.

MONTAGUE: Wir wollen versuchen, ein Gefühl für den Traum zu bekommen, der uns mitgeteilt wurde. Welche Art von Gefühlen hat er in euch hervorgerufen?

TEILNEHMER I: Ich meine, es geht drunter und drüber. Er ist hektisch, beunruhigend... aufwühlend...

TEILNEHMER II: Angst.

TEILNEHMER III: Ich empfinde ein Gefühl der Schuld. Das Gefühl, daß er irgendwie dafür verantwortlich war. Es rüttelte ihn wirklich auf. Das ist mein vorherrschendes Gefühl.

TEILNEHMER IV: Auch ich habe echte Angst.

TEILNEHMER V: Ins Kellergeschoß gehen war wie in den Mutterleib zurückkehren. Dunkel ist es dort. Wenn wir uns tiefer damit einlassen wollen, ist es der Todeswunsch gegen den Vater. Dieser Wunsch ließ ihn Schuld und Angst spüren. Wenn er wirklich die Stelle des Vaters einnimmt, wird er bestraft und vernichtet werden. Weil sein Vater ihm ein Zeichen gibt, nach oben zu kommen (dies war nicht Bestandteil des Traums; M.U.), glaubte er, nun ginge sein Wunsch in Erfüllung und sein Vater wäre tot – also würde er bestraft und getötet werden. (Der Teilnehmer wurde darauf hingewiesen, daß eine solche deutende, theoretische Zusammenfassung an dieser Stelle unangebracht war.)

TEILNEHMER II: Ich spüre ein Verlangen, zu seinem Vater eine innige Beziehung herzustellen, aber auch sehr viel Besorgtheit, das zu tun, bevor es zu spät ist, und sich darüber klarzuwerden, daß der Vater bald tot sein würde.

TEILNEHMER VI: Dieser Gang hinunter in die Dunkelheit könnte heißen, tiefer in sein eigenes Unbewußtes zu gehen; eine Erforschung seiner selbst. Vielleicht, um dort etwas sehr Persönliches zu finden.

MONTAGUE: Okay. Nun wollen wir beginnen, über die Metaphern zu sprechen. Will noch jemand von seinen Gefühlen berichten?

TEILNEHMER VII: Kann es sein, daß es nicht wirklich sein Vater ist? Nach dem, was der Träumer sagt, habe ich nicht das Gefühl, daß der Vater als solcher im Traum ist. Ich glaube eigentlich nicht, daß das wirklich sein Vater sein kann.

(Dies war wiederum eine Tendenz, in Metaphern zu denken, statt bei den Gefühlen zu bleiben.)

MONTAGUE: Gibt es noch etwas, das der Traum euch fühlen läßt? Welche Gefühle ruft der Traum bei *euch* hervor? Erschreckt er euch nicht ein bißchen?

ALLE: Ja... ja!

MONTAGUE: Richtig. Er jagt mir einen Schrecken ein. Diese so kraß und dramatisch geschilderte Sterbeszene – und um eine solche handelt es sich ja in dem Traum – ist als Bild irgendwie überwältigend. Nun, wir wollen versuchen, uns die Metaphern genauer anzugucken. Ihr habt ja schon mit Bemerkungen zu ihnen begonnen. Könnt ihr mit den Metaphern etwas anfangen?*

---

* Dieses Transkript stammt von einem meiner sehr frühen Workshops. Ich hatte noch nicht darauf bestanden, daß sie über den Traum so persönlich sprechen, als ob er ihr eigener wäre.

TEILNEHMER III: Ich weiß nicht, ob es eine Metapher wird. Ich habe einfach das Gefühl, die Handlung ist ein instinktiver Versuch, den unvermeidlichen Tod abzuwenden. Er sagt, sein Vater hätte gemurmelt. Nun ist es ja ein Lebenszeichen, wenn jemand noch murmeln kann. Die weißlich-blaue Haut ist einfach ein entsetzliches Bild.

MONTAGUE: Du reagierst auf das Bild sehr direkt. Ich versuche aber, dich dazu zu bringen, daß du in metaphorischer Weise darauf eingehst.

TEILNEHMER IV: Der Vater ist unerreichbar. Er spricht, und dennoch ist er nicht zu verstehen.

TEILNEHMER VI: Ich glaube, der Träumer legte mehr Wert auf dies: Ich ging hinunter... diese Richtung...

MONTAGUE: Was heißt das für dich?

TEILNEHMER VI: Verzweiflung.

MONTAGUE: Noch etwas mit hinunter – die Treppe hinuntergehen?

TEILNEHMER IV: Ich assoziiere es gerade auch mit Tod. Ich meine...

TEILNEHMER VIII: Es könnte etwas in seinem geschäftlichen oder persönlichen Leben sein, oder was auch immer, in das er hinuntergeht, also vor allem die Sache, an der er dran ist, von der er dachte, daß sie richtig wäre, und von der merkt er plötzlich, daß sie falsch ist, und deshalb zieht er sich zurück. Das Hinuntergehen ist wie etwas, von dem er irgendwie schon wußte, daß es falsch war, aber er ging trotzdem zu ihm hinunter.

TEILNEHMER VII: Wenn man im Hängen selbst, so wie es war, eine Metapher sieht, könnte es dann so sein, daß es eine Situation symbolisiert, die noch in der Schwebe ist? Eine Entscheidung vielleicht oder ein Konflikt zwischen ihm und seinem Vater, auch nicht notwendigerweise seinem Vater – vielleicht ein Konflikt in ihm selbst, der noch »anhängig« ist...?

MONTAGUE: Gut. Ja?

TEILNEHMER I: Wenn wir die Annahme akzeptieren, daß beides er selbst in zwei verschiedenen Zuständen ist, dann könnte sein Hinuntergehen ein Hinabsteigen ins Unterbewußte oder in Teile der Situation oder in etwas anderes sein. Und die Tatsache, daß die Worte unverständlich sind, hieße dann, daß er sich selbst vielleicht nicht sagt... Ich habe das Gefühl, beim Hinuntergehen war es dunkel, und dann, als er hinaufgehen wollte, sagte sein Unterbewußtes: Nein.

TEILNEHMER VII: Also ich denke, er hat Angst davor, seine Eltern zu verlieren, und fürchtet den Tag, an dem dies eintritt.

MONTAGUE: Keiner von uns, mich eingeschlossen, kann irgend etwas darüber mit letzter Sicherheit behaupten. All das, was wir hier gehört haben, sind Vermutungen, die möglicherweise zutreffen. Hinunterzugehen könnte bedeuten, in sein Unterbewußtes zu gehen. Es könnte auch heißen, in seiner Kindheit herumstöbern, und so weiter. Wir tappen im dunkeln, und um wirklich an diesem Traum zu arbeiten, glaube ich, müssen wir uns an dich wenden, Roger. Willst du uns sagen, was du denkst? Möchtest du es uns erzählen oder uns ein paar von deinen Assoziationen oder Ideen darüber mitteilen?

ROGER: Es gibt Konflikte. Ich habe wirklich Probleme. Der Konflikt zwischen Arbeit und Familie. Ich weiß nicht, welche Teile Phantasien waren. Ich weiß nur, daß ich sehr froh war aufzuwachen.

MONTAGUE: Ich kann das verstehen.

ROGER: Es hat mich richtig geschaudert. Ich war froh, die verschiedenen Gedanken der anderen hier zu hören, weil sie ohne irgendeine persönliche Beteiligung es anders betrachten als ich. Die eine Sache, die mich traf, war die, daß ich zur Zeit wirklich dieses Problem habe. Jemand sagte, ich wäre vielleicht dabei, etwas falsch zu machen, und dächte darüber nach. Ich würde vielleicht versuchen, es zu korrigieren, oder ich würde etwas fürchten. All diese Dinge stimmen, was die Familie angeht. Sie sind in der einen oder anderen Hinsicht persönlich.

TEILNEHMER X: Was den Konflikt angeht, so sagte ihm sein Unterbewußtes vielleicht: Wenn du ihn auf eine bestimmte Art und Weise löst, dann werden die Folgen furchtbar sein. Nämlich diese Art Grauen in ihm hervorrufen. Und deshalb sagt er: »Nein, nein... ich will das nicht.« [Der Teilnehmer benutzte diese Worte, um seine Gefühle auszudrücken. Im Traum kamen sie nicht vor.]

Montague: Das war ein sehr einsichtiger Kommentar. Was an dem Traum könnte dich glauben lassen, daß du auf der richtigen Spur bist? Was an dem Traum könnte das erhärten?

TEILNEHMER X: Was mich eigentlich daran denken ließ, war, daß

er sagte, er sei in Konflikt; auch, daß der ganze Traum so furchtbar ist und daß er sagte: »Nein, nein...« Meinen Sie, was genau...?
MONTAGUE: Er erwähnt doch, daß diese schreckliche Szene in einem Spielzimmer stattfindet, in der Phantasie. Wir spielen in unserer Phantasie. Es ist nicht real. Nichts im Traum ist zufällig
oder irrelevant oder unwichtig. Und wenn er sagt: »Die Szene, die
ich gerade beschreibe, findet in einem Spielzimmer statt...«, dann
sagt er das aus einem bestimmten Grund. Vielleicht spielt er in
dem Traum ein Drama. Das machen Kinder. Sie spielen in der
realen Welt, aber es ist ein Spiel, es ist nicht die reale Sache. Gibt
es noch etwas, das ihr herauszukriegen versuchen würdet? Seid
ihr zufrieden mit dem, wo wir sind?
ROGER: Ja. Ich weiß wirklich nicht, wie man sich noch eingehender damit befassen kann oder ob noch mehr dran ist.
MONTAGUE: Willst du dich noch eingehender damit befassen?
ROGER: Sicher. Wohin es uns auch führt, für mich ist es okay.
MONTAGUE: Wenn du träumst, deinen Vater umzubringen, und es
nicht wirklich dein Vater ist, wofür könnte das stehen?
ROGER: Autoritätspersonen.
MONTAGUE: Richtig. Autoritätspersonen. Ein Chef? Jemand mit
Macht über dich? Größer als du? Mächtiger? Hat das irgendwas
mit deiner Konfliktsituation zu tun?
ROGER: So eine Konfliktsituation kennt wahrscheinlich jeder, der
im Geschäftsleben steht. Das ist das Opfer, das man bringen muß:
zur Arbeit zu gehen und sich dem Job zu widmen, statt zu Hause
zu sein und Zeit für seine Kinder und seine Frau zu haben. Und
das ist der Konflikt, dem sich jeder gegenüber sieht, aber ich hätte
nie gedacht, daß ich ihm mit vierzig Jahren auf diese Weise gegenüberstehen würde. Ich arbeite für ein recht großes Unternehmen. Mir geht es recht gut in meinem Job, was ich aber sagen
will, ist, daß ich glaube, mein Ich zwingt mich, mich in meinem
Job noch stärker zu engagieren, obwohl das Opfer eigentlich zu
groß ist. Ich glaube nicht, daß ich meine Familie aufgeben will.
Das ist der grundlegende Konflikt, in dem ich mich befinde. Ich
dachte, ich hätte ihn zugunsten meiner Familie gelöst... und
doch... ich bin mir nicht wirklich sicher.
MONTAGUE: Okay, ergibt das nun etwas mehr Sinn? Könnte der
Vater in dem Traum Rogers *Rolle* als Vater darstellen? Das ist der

Konflikt. Werde ich ein guter Vater sein, oder werde ich mich einfach aus dem Staub machen, mich in die Arbeit stürzen und mich nicht richtig um meine Familie kümmern, also kein guter Vater sein? Nun, glaube ich, sehen wir den Traum metaphorisch. Am Anfang haben sich ein paar auf Roger gestürzt und ihn beschuldigt, mörderische Gedanken gegen seinen Vater zu haben – seinen Vater umbringen zu wollen.* Das tut er aber in keiner Weise! Er gibt sich alle Mühe, weiterhin soviel Kraft zu finden, um als Vater leben zu können, weil aus diesem Teil seiner selbst das Leben herausgepreßt wird. Etwas hat ihn mit seiner Fähigkeit, sich so liebevoll und väterlich am Familienleben zu beteiligen, wie er es offenbar will, im Würgegriff. Eine Schlinge um den Hals ist eine sehr deutliche Metapher für etwas, das das Leben aus einem herauspreßt. Ihr solltet lernen, von dem rein Buchstäblichen abzusehen. Ihr müßtet die Polizei holen, wenn ihr es so wörtlich nehmen wolltet. (Nachdem die Teilnehmer des Kurses erst einmal dazu gebracht worden waren, das Bild als eine Metapher für das zu sehen, was mit dem Vater in ihm selbst passierte, sahen sie sehr schnell dem Problem auf den Grund.)

TEILNEHMER X: Also, er sagte, es fände ein Kampf statt zwischen seinem Ich und dem, was er bei der Arbeit tun zu können und tun zu müssen glaubt, und dem, was er seiner Familie geben möchte – ein Hin- und Hergezerrtsein zwischen beidem.

MONTAGUE: Das ist der Grundkonflikt, von dem diese Bilder herkamen. Und wie er sagte, ist es ein sehr harter Kampf, weil da schon enorm an ihm gezerrt wird. Und wenn sich in dem Job Möglichkeiten eröffnen oder wenn man stark engagiert ist, gibt es eine natürliche Tendenz...

ROGER (unterbricht): ... Ich möchte wirklich in beiden Bereichen das Beste geben und das Beste haben. Es ist sehr schwierig, ein Gleichgewicht zu finden. Es ist sehr schwer. Es ist fast so, als wenn man wählen müßte. Man muß wirklich wählen.

---

* Ich übertreibe hier, um zu verdeutlichen. Obwohl dies nur *ein* Teilnehmer explizit zum Ausdruck gebracht hat, bin ich sicher, daß dasselbe noch in anderen Köpfen ablief, so wie auch bei mir. Was von der psychoanalytischen Theorie her naheliegend scheint, ist nicht immer das Zutreffende. Der Vater des Träumers war schon lange tot, und es gab keinen Hinweis darauf, daß hier eine ungelöste Feindschaft gegen den wirklichen Vater im Spiele war.

MONTAGUE: Ich glaube, das ist es, was dir der Traum sagen will. Wähle!

ROGER (unterbricht): ... Darüber kann man aber keine näheren Angaben machen – ich meine, wir alle rationalisieren auf irgendeine Weise, und ich sage nur, es zeigt sich mir gerade jetzt, daß ich an einem Scheideweg angekommen bin, und ich hatte nicht gedacht, daß ich so früh im Leben an diesem Punkt ankommen würde. Anscheinend gehen wir blind durchs Leben, und vielleicht die einen länger als die anderen, weil sie ihn nicht erkennen – die Art Konflikt – und ihn wirklich nicht sehen, bis es vielleicht zu spät ist.

MONTAGUE: Ich glaube, das ist wahr, aber wenn du ein richtiger Vater sein willst, mußt du es in deinem Alter erkennen; sonst ist es zu spät. Bis du es eingesehen hast, kannst du schon Großvater sein... also war es ein Krisentraum, seht ihr, und deshalb war er so packend und so erschreckend, deshalb aktivierte er soviel Angst und war am Schluß wirklich ein Alptraum. Der Konflikt erreichte den Punkt, an dem sich ihm als Familienvater die Schlinge um den Hals zuzog.

TEILNEHMER X: Und wie hilft ihm unsere Arbeit?

MONTAGUE: Das mußt du Roger fragen. Ob unsere Bemühungen, mit dem Traum zu arbeiten und ihn in einen sinnvollen Zusammenhang einzuordnen, ihm helfen, hängt davon ab, ob er selbst irgend etwas als Reaktion auf diese Bemühungen spürt. Ein Traum ist ein Versuch, uns mit Dingen, die gerade im Gange sind, zu konfrontieren. Irgendein Geschehen spiegelt sich in ihm wider. Wir verstehen es vielleicht nicht, aber wir fühlen es. Und wir versuchen dem Träumer zu helfen, daß er versteht. Was Roger mit seinem Traum macht, hängt von all den Zwängen und Reaktionen ab, denen er in seinem Leben ausgesetzt ist, und auch von seiner Intelligenz, seinem Realitätssinn, seinem Verantwortungsgefühl und allem anderen. Vielleicht kann ihm dies Verständnis, diese Kommunikation mit sich selbst helfen, mit dem Konflikt ein bißchen realistischer umzugehen, als er es ohne dieses Wissen getan hätte.

ROGER: Ich kann das nur bestätigen, wenn ich sage: Ich glaube, der Traum zeigt, wie ich wirklich denke. In andern Worten: Ich glaube, daß ich mich für meine Familie entschieden habe, klar, aber der Konflikt existiert noch, weil die gewohnte Festlegung oder das gewohnheitsmäßige Engagement etwas sind, aus dem man nur sehr schwer ausbrechen kann.

MONTAGUE: Wie würdest du das nennen, was mit dir geschieht? Etwas hat dich im Würgegriff. Richtig? Das ist deine Metapher. Es ist die klarste Metapher im Traum. Daß etwas deine Vaterrolle im Würgegriff hat und du als Folge davon leidest. Wenn du dich von deiner Sauerstoffzufuhr abdrosselst, ist keine Hoffnung mehr für dich. Wenn du aufhörst, Nahrung zu dir zu nehmen, kannst du es noch eine Woche aushalten. Aber wenn du die Sauerstoffzufuhr abdrehst, bleibt dir nur noch wenig Zeit.

TEILNEHMER VII: Jemand fragte gerade, wie dieser Traum ihm helfen könnte. Sicher bringt der Traum sein eigenes Verständnis seiner Situation zum Ausdruck oder ist eine Projektion seiner eigenen Gefühle. Und wenn Roger dieses Wissen hat, dann kann er seine Entscheidung selbst fällen.

TEILNEHMER V: Rationalisieren nicht die meisten Akademiker ihre Karriere auf diese Weise? Daß sie es für ihre Kinder und ihre Frau tun. Und sie fühlen sich gar nicht schuldig.

MONTAGUE: Richtig. Das ist die Differenz zwischen dem Wach-Ich und dem Traum-Ich. Das Wach-Ich kann sich den Luxus der Rationalisierung gönnen. Es kann den ganzen Konflikt vertuschen; aber dem Traum-Ich bleibt all das überlassen, was während des Tages unter den Teppich gekehrt wurde. Ihm hat man die Wahrheit überlassen. Ich wünschte, ich hätte diesen Traum gehabt, als ich vierzig war. Ich glaube, in diesem Sinne ist das ein sehr heilsamer Traum. Er macht uns angst, erschreckt uns wie ein Alptraum, aber es ist doch ein guter Traum – sich Sorgen machen wegen dieser Art Verlust –, denn das Bedauerliche ist ja, daß sich nicht genug Leute um diesen Verlust Sorgen machen.

ROGER: Ich danke euch allen.

MONTAGUE: In Ordnung... Sie sind jetzt entlassen. (Lachen)

(Hier wurde der implizite Hinweis des Träumers aufgenommen, daß er sich an diesem Punkt mit der Arbeit, die getan worden war, begnügen wolle. Es gab noch eine weitere Diskussion, bei der es um generelle Fragen über Träume ging, die oft gestellt werden.)

Teilnehmer X: Mir fällt auf, daß das, was unser Unterbewußtes träumt, in Hinsicht auf den Gebrauch von Metaphern soviel cleverer ist. Ich meine, ich kann mir beim Schreiben eines Briefes gar keine so trefflichen Metaphern ausdenken, wie es die sind, die in meinen Träumen auftauchen. Das ist etwas, das mich immer wieder verblüfft.

MONTAGUE: Es ist eine Tatsache, daß unsere Kreativität ihren ganzen Scharfsinn entfaltet, während wir schlafen. Wenn man mit Hilfe all jener Informationen, die wir in Rogers Fall über die Traumsituation haben, versuchen wollte, ein Bild zu malen oder einen Film zu drehen – mit andern Worten: visuelle Bilder davon zu kreieren –, dann könnte man wahrscheinlich nicht das zeigen oder derart viel aussagen, wie Roger es in diesen wenigen, einfachen Bildern konnte. Sie übermitteln so viel in einer knappen und verdichteten Weise, ohne überschüssigen Ballast, und kommen genau auf den Punkt. Alles ist von Belang, alles ist bedeutungsvoll. Hinuntergehen... sich ansehen, was unten ist in der Dunkelheit, das Spielzimmer als Schauplatz, und dann dieses krasse Bild von dem, was in diesem Spielzimmer abläuft, wo man doch erwartet, daß es locker, lustig und spaßig zugeht. Seht euch den dramatischen Kampf an, der in diesem Raum im Gange ist! Es trifft uneingeschränkt zu, daß unser Traumleben nicht genug Beachtung gefunden hat. Man hat es sogar verächtlich gemacht. Ich glaube, daß die Träume sich in vollem Maße unseres wertvollsten Potentials bedienen – der Kreativität. Wir sind enorm kreativ, wenn wir Bilder verwenden, um über unser Leben zu sprechen. Lebenserfahrung in visuelle Bilder zu übersetzen, ist kreativ, und außerdem machen wir das unablässig, intensiv und ganz automatisch!

TEILNEHMER X: Ich bin nicht sicher, daß das meine Frage über die Metapher tatsächlich beantwortet, oder?

MONTAGUE: Der Grund, warum ich so weitschweifig geantwortet habe, ist, daß ich nicht wirklich weiß, warum wir im Blick auf unsere Kreativität soviel cleverer sind, wenn wir träumen. Ich habe aber eine Hypothese, die besagt: Wenn wir im Wachsein so offen und mit unseren Gefühlen so in Kontakt sein könnten, wie das im Schlafen der Fall ist, dann wären wir alle kreativer. Ich glaube, so ist das bei den Künstlern. Sie finden eine offene Beziehung zu ihren Gefühlen – komme, was mag. Es war von unserem Träumer sehr mutig, diesen Traum in die Gruppe zu bringen, weil er ein so ehrliches Bild seiner Gefühle zeigt. Wenn ihr den so deuten würdet, wie ihr es zu Beginn machen wolltet, würdet ihr den Träumer wegen alldem anklagen und ein schreckliches Ungeheuer aus ihm machen. Aber er ist eine sehr menschliche Person in einem sehr menschlichen Konflikt, der von ihm sehr ehrlich dargestellt wird. Und ich glaube, genau das ist es, was Kreativität ausmacht: Offenheit und Verbundenheit mit den Gefühlen. Vielleicht kommt noch etwas hinzu: die Gabe, die gerade aus diesem hohen Maß an Offenheit entsteht, sich auch von dem gewohnten oder oberflächlich bekannten Äußeren nicht täuschen zu lassen, deshalb tiefer zu blicken und Dinge sehen zu können, die sonst nicht beachtet werden.

TEILNEHMER XII: Ich bin mir im unklaren über diese »Offenheit«. Warum verkleiden und symbolisieren wir etwas? Warum können wir nicht ehrlich und offen *sein* und einfach nur sagen, wie wir uns fühlen, statt alle möglichen Metaphern und Symbole zu verwenden?

MONTAGUE: Dafür gibt es viele Gründe. Ich habe das Wort »Verkleidung« nicht benutzt, oder?

TEILNEHMER XIII: Aber wir verkleiden doch...

MONTAGUE: Wirklich?

TEILNEHMER XIII: Hat er nicht...

MONTAGUE: Ich glaube nicht, daß er irgendwas maskiert hat.

TEILNEHMER XIII: Die Autoritätsperson. Warum konnte er sich nicht selber dort aufhängen?

MONTAGUE: Er sprach von dem Würgegriff, mit dem die Realität seinen sehnsüchtigen Wunsch, ein guter Vater zu sein, abschnürt. Ich glaube nicht, daß das eine Verkleidung ist. Es ist eine sehr dynamische, konkrete Darstellung seines Gefühls. Ich verbinde mit Träumen nicht den Begriff der Verstellung. Ich betrachte Träume eher als dramatische Darstellungen dessen, was wir durchmachen – was wir fühlen, was wir erleben.

TEILNEHMER II: Die bildhafte Dimension weckt meine Neugier. Der Traum ist primär bildhaft. Ich weiß nicht, wie man all das im Bild Enthaltene verbalisieren könnte – ein Bild sagt mehr als tausend Worte. Wenn er in Worten niederschreiben wollte, was er fühlte, würde er eine Stunde damit zubringen. Genau wie wir, als wir beschrieben haben, was in dem Traum geschieht – das beschrieb er in einem einzigen Bild.

MONTAGUE: Wenn wir uns von der Wirklichkeit abschneiden, wie wir es beim Einschlafen tun, können wir nicht in der normalen Weise denken. Wir brauchen »Input«, öffentlichen und sozialen Input, um in den Begriffen der Sprache und der abstrakten Vernunft denken zu können. Sobald wir diesen Input verlieren, denken wir sehr konkret und in bildlichen Bezügen: Unsere Bilder drücken Gefühle aus, die nie sehr klar und konkret in Worte gefaßt worden sind. Die Metapher wurde von den Menschen entwickelt, um etwas auszudrücken, das sie nicht verstehen, oder um etwas zu betonen, das sie nicht leicht in Sprache fassen können.

Wir wollen die Reaktionen der Gruppe auf diesen Traum abschließend nachvollziehen. Der Prozeß begann mit tiefen Gefühlen von Qual und Unbehagen, als die Teilnehmer den Traum hörten. Sie entfernten sich dann emotional von ihm, als sie sich auf ein paradoxes Manöver einließen. Indem sie über den Traum im wortwörtlichen Sinne sprachen – und dabei zum Beispiel implizierten, der Träumer wäre für den Tod seines Vaters verantwortlich –, da sprachen sie in Wirklichkeit überhaupt nicht über ihn. Erst als der Träumer bestimmte Tatsachen über seine gegenwärtige Lebenssituation enthüllte, wurde ein wirkliches Eingehen auf den Traum möglich, und es wurde eine sinnvolle Verbindung zwischen dem Traum und der Situation im Wachleben des Träumers hergestellt.

Daß der Traum tiefere Ebenen haben kann, ist sicher wahr. Aber der Träumer kann sich diese selbst ansehen, wenn er will, sobald er die Verbindung zu einer gegenwärtigen Lebenssituation vollzogen hat.

Die Einstellungen zu den Träumen ändern sich während der Arbeit mit ihnen tiefgreifend. Träumer erleben, daß sie positiv darauf reagieren, egal wie beunruhigend der Inhalt ist oder wie aufwühlend die Gefühle sind, die vom Traum herstammen. Ein Gruppenmitglied sagte einmal: »Die wichtigste Entdeckung, die ich gemacht habe, ist, daß es bei der Arbeit mit Träumen nichts gibt, wovor man Angst haben müßte.« Und jemand anders fügte hinzu: »Selbst wenn ich den Traum als gewaltig erlebe, kenne ich kein Widerstreben, mit ihm zu arbeiten, da ich weiß, daß ich leicht etwas Positives oder Nützliches in ihm finden kann. Ich habe gelernt, daß Träume sich mehr mit unseren Ressourcen als mit unseren Beschränkungen befassen. Wenn es mir gelingt, den Traum in mein Leben einzugliedern, dann zeigt mir das immer, daß ich versucht habe, menschlicher zu werden.«

13. Praktische und organisatorische Fragen

Zusammensetzung der Gruppe

Traumgruppen können auf recht verschiedene Weise entstehen. So entschließen sich etwa Freunde, Familienmitglieder, Arbeitskollegen oder sogar Fremde, die ein gemeinsames Interesse an Träumen haben, spontan zur Gründung einer solchen Gruppe. Als erstes hat man sich also zu entscheiden, ob man lieber mit Leuten, die man schon kennt, arbeiten möchte oder jedermann akzeptiert, der Interesse erkennen läßt. Der Vorteil, die Teilnehmer der Gruppe vorher zu kennen, besteht darin, daß es schon zu Beginn ein gewisses Vertrauen gibt und eine Bereitschaft, sich mitzuteilen. Aber eventuell fühlt man sich auch ungebundener, seine Träume Fremden zu erzählen. An einem von Nans Workshops nahmen eine Mutter und deren Schwiegertochter teil. Die junge Frau zögerte, Einzelheiten ihres Privatlebens mitzuteilen, weil dies natürlich die persönlichen Gefühle zu ihrem Mann berührte. Sie meinte, es sei eine Verletzung der Intimsphäre ihres Mannes, im Beisein seiner Mutter von bestimmten Dingen zu sprechen. Dabei war sie doch offen und wollte unbedingt Feedback von der Gruppe bekommen. Eine andere Mutter und ihre Tochter umgingen einen ähnlichen Konflikt, indem sie nicht in der gleichen Traumgruppe waren. Es ist wichtig zu sehen, daß durch die Arbeit an Träumen die Stärken und Schwächen jedes Teilnehmers den anderen bekannt werden.

Damit jedem Interessierten die Teilnahme an einer Gruppe offensteht, bedarf es einiger organisatorischer Anstrengungen. Was die Mitgliederwerbung angeht, so ist zu überlegen, ob man in einem örtlichen Mitteilungsblatt (z.B. der Gemeinde, des Kindergartens, der Kirche, des Elternbeirats) inseriert oder im Betrieb, in der Fachschule oder Universität, im Lebensmittelladen oder an irgendeinem anderen erreichbaren Schwarzen Brett einen entsprechenden Text anschlägt. Man muß allerdings immer mit der

Möglichkeit rechnen, daß jemand nur mitmacht, um sich zu produzieren, um ein Forum zur Verbreitung seiner eigenen Ansichten zu finden oder zu irgendeinem anderen zweifelhaften Zweck.

Kann sich die Gruppe einer bereits existierenden Organisation, etwa einer kirchlichen oder schulischen, angliedern, so hilft ihr das und verschafft ihr einen gemeinsamen Treffpunkt. Dies trifft besonders dann zu, wenn mehr als ein Workshop geplant ist. Jede Überbelegung läßt sich als Start zur Gründung einer weiteren Gruppe benutzen.

Wie die Gruppe sich dann wirklich zusammensetzt, hängt davon ab, welche Leute auf das Angebot reagieren – Paare, Freunde, Fremde, Mütter, Singles, wer auch immer –, und davon, daß man diese dann benachrichtigt. Man braucht nicht lange, bis sechs oder acht Leute gefunden sind, die nur zu gern vier bis sechs Abende hergeben, um den Sinn ihrer Träume zu erkunden.

In den von mir veranstalteten Traumgruppen waren sich die Teilnehmer am Anfang meist fremd. Das klappt gut. Sie lernen einander über die Arbeit mit Träumen kennen. In schon vorgegebenen Gruppen, wie der einer Familie, einer Schule oder von Menschen, die zusammen arbeiten, beginnen die Teilnehmer mit einer größeren Zahl gemeinsamer Interessen und mehr gegenseitiger Kenntnis. Wie wir gesehen haben, kann dies die Arbeit erleichtern oder auch erschweren. Erleichtert wird sie durch den bereits bestehenden Kontakt und ein gewisses Vertrauen, das sich schon aufgebaut hat; erschwert dadurch, daß in den Träumen Spannungen gegenüber anderen Gruppenmitgliedern häufiger zutage treten können.

Mich beeindruckte, wie gut Menschen von ganz verschiedenem Herkommen und Lebensalter in Traumgruppen miteinander arbeiten können. Ich habe in ein und derselben Gruppe Teilnehmer im Alter von Anfang 20 bis 80 Jahren gehabt. Manche allerdings, besonders die jungen Leute, bevorzugen eine homogenere Alterszusammensetzung und die damit einhergehenden Gemeinsamkeiten.

Fachleute (d.h. jene Leute, die sich in irgendeiner Form psychotherapeutisch betätigen) und Laien können gut miteinander auskommen. In fast jeder meiner Gruppen gibt es eine Mischung von beiden. Diplome allein verschaffen keine hervorgehobene Position in der Praxis der Arbeit mit Träumen. Viele Laien arbeiten intuitiv und dennoch sehr effektiv. Experten können aufgrund ihrer Erfahrung der Gruppe auf ihrem Weg helfen, so daß sie weiter kommt, als dies ohne Hilfe möglich gewesen wäre. Gelegentlich gab es Probleme wegen der Neigung von Therapeuten, gegenüber der Gruppe eine therapeutische Haltung anzunehmen. Sie wollten den Traum als Sprungbrett zur Ermittlung und Aufdeckung persönlicher Komplexe benutzen, wohingegen die übrige Gruppe darauf aus war, dem Träumer dabei zu helfen, daß er sich in jenen Teil seiner Psyche versetzte, der im Traum widergespiegelt wurde, und daß ihm die künstlerische Leistung dieses Vorgangs und dessen Wachstumspotential bewußt wurden.

Der Leiter braucht den Beistand der Gruppe, um sicherzustellen, daß keiner der Teilnehmer die Gruppe mit Beschlag belegt oder von ihren erstrebten Zielen abbringt, ja wenn nötig, um diesen Teilnehmer aus der Gruppe auszuschließen. Wie gesagt, sind Traumgruppen keine Therapiegruppen, in denen zwischenmenschliche Schwierigkeiten erforscht werden und Hilfe zu ihrer Bewältigung geboten wird. Das Ziel einer Traumgruppe ist, dem Träumer zu helfen, sich mit seinem Traum in Verbindung zu setzen, so daß er aus einer besseren Position heraus selber an seinen Problemen arbeiten kann. Die Gruppe kann sich aus allen möglichen Leuten zusammensetzen, nur muß sich dieser Aufbau unterstützend auswirken.

Sollen Paare an derselben Gruppe teilnehmen? Meine diesbezüglichen Erfahrungen sind gemischter Natur gewesen. Wenn beide Partner ernsthaft an der Arbeit mit Träumen interessiert sind, dann funktioniert es für beide gut. Wenn aber ein Partner hineingezwungen wird oder aus anderen Gründen als dem Interesse an Träumen kommt (z.B. aus Neid, Machtanspruch, Exhibitionismus), dann hat es sich nicht ausgezahlt.

Zur Frage der Gruppenleitung

Kann eine Gruppe sich ohne einen erfahrenen Experten zusammenfinden, der ihr »auf die Sprünge hilft«? Ja, denn wie ich zu erläutern versucht habe, *hat der Leiter in der Gruppe keine hervorgehobene Position, nur weil er mehr über Träume weiß*. Zur notwendigen Qualifikation des Leiters gehört, daß er jenen Prozeß uneingeschränkt versteht und beherrscht, der hier schon umrissen wurde, und ihn auch logisch begründen sowie schützend begleiten kann. Die Rolle des Leiters besteht darin, dafür zu sorgen, daß der Prozeß sich so entwickelt, wie er soll, und daß die Bedürfnisse und Rechte des Träumers und der Gruppenmitglieder respektiert werden. Der Leiter ist dazu da, die Einheit des Prozesses zu wahren, und nicht, seine überlegenen Kenntnisse in bezug auf Träume herauszustellen. Führungsqualitäten und Erfahrung können die Arbeit mit Träumen effektiver machen, nicht weil der Leiter zur Autorität für den Traum wird, sondern weil er den Prozeß zum maximalen Vorteil aller zu nutzen weiß und sich auch der Grenzen des Vorgehens bewußt ist. Je mehr er über Träume weiß, um so besser ist es für die Gruppe, wobei aber ebensogut irgendein anderes Mitglied in der Gruppe diese Kenntnisse besitzen könnte. Mit anderen Worten: Das Fehlen eines Fachmanns sollte Sie nicht davon abhalten, eine Gruppe zu formieren.

Vielleicht fühlt sich keiner genügend qualifiziert, um leiten zu können, weil der ablaufende Prozeß für alle neu ist. In diesem Falle kann die Gruppe selbst die Aufgaben der Leitung übernehmen, weil sehr wahrscheinlich alle benötigten Einzelvoraussetzungen bei den verschiedenen Gruppenmitgliedern gegeben sind.

Wenn ein erfahrener Leiter fehlt, sollte die Gruppe einen ihrer Teilnehmer als Moderator bestimmen, der ihr hilft, jede Phase des Prozesses zum Abschluß zu bringen und dann zur nächsten überzugehen. In der Übernahme dieser Verpflichtung könnte man sich in der Gruppe sogar abwechseln.

Es gibt drei Hauptbereiche, für die der Leiter Verantwortung tragen muß:

1. Respektierung der Privatsphäre des Träumers und seiner Kompetenz für seinen Traum;

2. Wahrung der Offenheit der Gruppenmitglieder;
3. Wahrung der Offenheit des Träumers.

Respektierung der Privatsphäre des Träumers und seiner Kompetenz

Dieser Aspekt des Gruppenprozesses kann nicht genug betont werden. Ich erläutere das als Leiter den Traumneulingen manchmal so: »So mögen einige Hemmungen haben, einen Traum öffentlich zu erzählen. Wichtig dabei ist, sich zu vergegenwärtigen, daß Sie selbst die Sache in der Hand haben und jederzeit abpfeifen können. Sie entscheiden, was Sie von den Vorschlägen der Gruppe annehmen oder ablehnen, und Sie geben das Zeichen zum Abschluß. Die Gruppe ist dazu da, Ihnen zu helfen, aber sie darf nicht weiter gehen, als wozu Sie bereit sind.«

Und zur Gruppe sage ich: »Sie können ermutigen, aber dürfen nicht antreiben. Halten Sie sich genau an den Inhalt, also an die Metaphern des Traums. Versuchen Sie nicht, den Träumer zu verleiten, über das eigentliche Traummaterial hinauszugehen. Wenn der Träumer seinen Traum präsentiert, dann tut er damit kund, daß er an ihm arbeiten und sich von Ihnen helfen lassen will, das Problem, die Krise oder die Bedrohung seines Gleichgewichts zu erkennen. Sie können nicht bestimmen, wie intensiv der Träumer sich mit seinem Material auseinanderzusetzen hat. Bedenken Sie, daß bei der Arbeit mit Träumen nicht Ihr Wille, sondern der des Träumers an erster Stelle steht. Jeder hat ein anderes Tempo und ein anderes Motiv, sich mit seiner Psyche zu befassen. Spontaneität und Energie lassen sich nicht erzwingen.«

Wahrung der Offenheit der Gruppenmitglieder

Da es die primäre Aufgabe der Gruppe ist, dem Träumer zu helfen, muß der Leiter darauf achten, daß niemand seine persönlichen Gefühle gegenüber dem Träumer ausagiert oder partout seine hausgemachten Theorien zur Traumdeutung bestätigt sehen will. Der Träumer ist alleiniger Experte für seine Träume. Wiederum: Ein Teilnehmer mag sich sicher sein, daß der Träumer irgend etwas von dem, was sein Traum aussagt, nicht sieht, aber er kann sich damit irren. Schon manchmal glaubte ich als erfahrener »Traumarbeiter«, mit einer speziellen Erkenntnis richtig zu liegen, was sich dann aber als falsch herausstellte. Die Gruppe soll den Träumer so weit begleiten, wie er mit seinem Traum in der Öffentlichkeit gehen will, sich in ihn einfühlen, sich nicht mit wenigem zufriedengeben und den Träumer nicht forcieren.

Wird der Prozeß verstanden, jede Regel befolgt, dann treten nur sehr wenige Probleme auf, obwohl es auch Spannungen geben kann, wie es immer der Fall ist, wenn Leute in einer Gruppe zusammenkommen. Man braucht Fertigkeiten und Erfahrung, um dies zu erkennen und damit umzugehen. Die Arbeit mit Träumen sollte in diesem Fall vorübergehend ausgesetzt werden, so daß die Gruppe sich auf das Problem konzentrieren kann. Der Leiter muß auch irgendwelche unbewußten Verfälschungen auf seiten des Träumers oder anderer Gruppenmitglieder erkennen. Vielleicht sind die wichtigsten Aufgaben des Leiters diese: sensibel zu bleiben für die Reaktionen des Träumers; zu wissen, wann man den Prozeß vorantreiben muß und wann man sich auf einen allzu fügsamen oder gehemmten Träumer einläßt und ihm hilft, sich auszudrücken; und zu spüren, wann mit der Gruppe die Frage der Beendigung besprochen werden sollte.

Führungsqualität, Ausbildung und Erfahrung können dem Prozeß eine weitere Dimension eröffnen. Wenn eine Gruppe an einem Traum arbeitet, nähern sich die Mitglieder den Traumbildern aus allen möglichen Richtungen und in jeder beliebigen Reihenfolge. Obwohl vieles von dem, was im einzelnen beigetragen wird, ins Schwarze treffen kann, kommt es doch zu einer gewissen Zerstückelung. Ein guter Leiter ist sich dessen bewußt und wird am Ende der zweiten Phase sowohl die eigenen Beiträge als auch die der Gruppe logisch aufeinander sowie auf die Abfolge der Traumbilder beziehen. Der Leiter kann auch die Änderungen, die in der dritten Phase vorgenommen werden, integrieren und ordnen und dem Träumer damit helfen, seinen Traum zusammenzusetzen.

Damit sich niemand von dem scheinbar riesigen Ausmaß all dieser Aufgaben entmutigen läßt, nochmals der Hinweis, daß die

Gruppe an einem gemeinsamen Prozeß arbeitet. Jedes Mitglied steuert einen Beitrag für die Entwicklung der Gruppe bei. Jeder, ob er nun selbst über einen Traum berichtet oder ob er an der Bearbeitung des Traums eines anderen mitwirkt, ist aufgerufen, einen ehrlichen Beitrag zu liefern. Oberaufseher ist niemand.

Wahrung der Offenheit des Träumers

Dies mag wie ein Gegensatz zu meiner früheren Feststellung klingen, die Kompetenz des Träumers müsse respektiert werden. Aber es ist keiner, sobald man sich klarmacht: Der Träumer bittet, wenn er einen ihn verwirrenden Traum präsentiert, die Gruppe darum, daß sie ihm hilft, den Grund für seine Verwirrung zu finden. Im Gegensatz zum Träumer lügen Träume nicht.

Niemand in der Gruppe steht unter dem Zwang, irgend etwas zu enthüllen, aber wenn der Träumer sich einmal entschlossen hat einzusteigen und die Gruppe um Unterstützung ersucht, dann ist er verpflichtet, sich mit ihr offen auseinanderzusetzen. Ein Träumer kann, nachdem er einen Traum mitgeteilt hat, den inneren Wunsch haben, sich zu distanzieren, ohne daß man es merkt. Statt daß er dann die Möglichkeit in Anspruch nimmt, den Prozeß zu beenden, wird er ihn durch Ausweichmanöver sabotieren. Wenn er zum Beispiel über Ereignisse befragt wird, die zu dem Traum führten, wird er unvollständige oder irreführende Antworten geben. Er wird nicht willens sein, der Leistung der Gruppe irgendeine Anerkennung zu zollen, oder sogar leugnen, daß einige ihrer Vermutungen ins Schwarze trafen, denn er muß geschickt lavieren, um die eigenen Lebenslügen aufrechtzuerhalten.

Wie ich schon sagte, gibt der Träumer durch die Art, wie er den Traum einführt, oft Hinweise darauf, daß er ausweicht: »Ich hatte letzte Nacht einen echt blöden Traum.« Der Leiter muß verständlich machen, daß kein Traum zu kurz, zu dumm, zu langweilig oder zu phantasielos ist, als daß damit nicht gearbeitet werden könnte, weshalb die Gruppe keine dieser Ausreden akzeptieren sollte.

Während er einen Traum präsentiert, kann der Träumer mit Rationalisierungen versuchen, Teile davon wegzulassen: »Dieser

Teil ist zu verwickelt.« Es ist aber wichtig, daß ein Traum nicht zurechtgestutzt oder an ihm herumgepfuscht wird. Der Träumer muß bestärkt werden, den vollständigen Traum zu berichten, wenn er ihn überhaupt erzählen will. Macht ein Träumer einen übermäßig ängstlichen und abwehrenden Eindruck, dann sollte jemand aus der Gruppe versuchen, ihm dies ins Bewußtsein zu rufen, indem er fragt: »Möchtest du, daß wir mit deinem Traum weitermachen?«

Vereinbarungen über Termine

Im allgemeinen können Zeitvereinbarungen recht flexibel gehandhabt werden. Meine Präferenz gilt wöchentlichen Sitzungen, aber einige Gruppen haben sich auch mit Erfolg auf monatlicher Grundlage getroffen. Nicht viele Leute können die Zeit erübrigen, sich für längere Dauer mehr als einmal pro Woche zu treffen.

Nach meiner Erfahrung sind Sitzungen von zwei Stunden Dauer für die Arbeit das Beste. Das läßt genügend Zeit, um unerledigte Punkte oder zusätzliche Informationen von der vorigen Sitzung zu erwähnen, sich dann mit einem Traum zu befassen, der auch schwierig oder komplex sein kann, und manchmal sogar an mehr als einem Traum zu arbeiten. Arbeit mit Träumen sollte ohne Zeitdruck vonstatten gehen. Ich habe oft die vollen zwei Stunden mit einem einzigen Traum zugebracht. Jeder, der einen Traum erzählt, verdient, daß die Gruppe ihr Bestes gibt, egal wieviel Zeit dies braucht.

Träume aufschreiben

Wir haben schon von den Vorteilen, ein Traumtagebuch zu führen, gesprochen. Für die Arbeit in der Gruppe ist es ratsam, einen Traum so bald wie möglich zu notieren, um einen so genauen und detaillierten Bericht wie möglich zu haben. Der Träumer sollte seinen Traum langsam genug erzählen, so daß die Gruppenmitglieder ihn mitzuschreiben vermögen. Auf diese Weise haben sie genaue Aufzeichnungen, auf die sie sich später beziehen können.

Manche Teilnehmer finden es auch hilfreich, sich während des Arbeitsprozesses Notizen zu machen. So können die im Verlauf der Diskussion vorgebrachten Ideen festgehalten werden. Ein Protokoll kann bei späteren Versuchen helfen, die Beiträge der Gruppenmitglieder mit der sich entwickelnden Traumsequenz zu vergleichen.

Ein weiterer Vorteil des Notizenmachens zeigt sich in der Nachbereitung der Sitzung. In ihrem Eifer, das Traummaterial durchzuarbeiten und so viele Dinge wie möglich zur Übereinstimmung zu bringen, werden die Gruppen und der Träumer manchmal Details in ein Schema pressen oder Bedeutungen akzeptieren, ohne ganz sicher zu sein, daß sie auch wirklich passen. Wenn es möglich ist, etwas Zeit verstreichen zu lassen, und der Traum nach ein paar Tagen überdacht wird, scheinen diese erzwungenen Übereinstimmungen und der unklare Sinn von allein zu verschwinden, und bessere Einfälle tauchen dafür auf. Offenbar können in der Sitzung Ideen ausgelöst werden, die längere Zeit benötigen, um ihren Weg ins Bewußtsein zu finden.

Nan hat ein spezielles System, das Protokoll einer Traumsitzung aufzunehmen. Sie bedient sich eines Ko-Leiters oder Protokollführers, der ihr hilft, den dreistufigen Prozeß, mit dem wir in unserem Traum-Workshop arbeiten, zu verdeutlichen und zu klären. Nachdem der Träumer seinen Traum erzählt hat, schreibt der Protokollant »Negativ« und »Positiv« auf ein großes Blatt Papier, das an einem Tafelständer befestigt ist. Der Schreiber notiert die von den Gruppenmitgliedern geäußerten Gefühle, die bei ihnen ausgelöst wurden, als sie den Traum hörten, unter die jeweils zutreffende Überschrift. Manchmal ist die Reaktion auf einen

Traum sowohl negativ als auch positiv; solche ambivalenten Gefühle werden zwischen den zwei Polen aufgeführt. Dieses System, Worte und Gefühle aufzuschreiben, bewahrt die Gruppe davor, sich den Bildern zu früh zuzuwenden; das passiert leicht, weil Traumbilder eine starke Anziehungskraft ausüben und es Spaß macht, mit ihnen zu arbeiten, mehr Spaß jedenfalls, als wenn man versuchen muß, sich in komplexe Gefühle einzuarbeiten, um sie klar zu verstehen. Im allgemeinen sprudeln die Gefühle zuerst nur so hervor, weshalb die Gruppe annimmt, daß damit schon alle Möglichkeiten ausgeschöpft seien. Der Protokollführer ermutigt daher die Gruppe, abzuwarten und noch weiter nach jenen subtilen, schwieriger auszudrückenden Gefühlen zu suchen. Wenn alles notiert worden ist, wird das Blatt an die Wand geklebt, wo es für Ergänzungen und für Beziehungen zwischen negativen und positiven Gefühlen erreichbar bleibt.

Der Schreiber hängt dann ein neues großes Blatt Papier an den Halter. Dieses Mal werden die Traumbilder aufgeschrieben, manche als Untertitel von anderen Bildern.

Schauen wir uns an, wie es funktioniert: Eine Mutter von vier Kindern berichtete, daß ihr Traum in einem alten Haus begonnen habe; darin befanden sich der Haushalt der Träumerin, mehrere Appartements auf verschiedenen Stockwerken und ein Einzelschlafzimmer.

Zuerst wurde *Altbau* auf das Blatt geschrieben und unterstrichen. Die Reaktionen der Mitglieder wurden darunter aufgeführt: Leben; ich selbst; mein Leben; gut gebaut; eine Menge vom Leben gesehen haben; Reparatur nötig, usw. Dann schrieb der Protokollant etwas eingerückt die Untertitel der verschiedenen Lebensräume in dem alten Haus auf: *Haushalt der Träumerin:* elegant; separat; dauerhaft, und so fort. *Appartement:* vorübergehend; Kapital-Investition kommt nicht wieder herein; kein Platz, um sich auszubreiten; überfüllt; weniger Verantwortung, usw. *Einzelschlafzimmer:* Abgeschiedenheit; Mietshaus; inneres Versteck; privat; reserviert für Intimität; abgetrennt, und so fort. Diese Art graphischer Darstellung verstärkt das nicht-lineare Denken, durch das Ideen und Bilder umarrangiert und auf verschiedene Weise verbunden werden können, um die Spannweite des Zusammenhangs zwischen den Bildern darzustellen.

Der Protokollant überträgt alle unterschiedlichen Reaktionen der Mitglieder auf das Papier. Dies verlangt die Fähigkeit des Zusammenfassens aller Antworten unter Beibehaltung der genauen Unterscheidungen, die die Mitglieder gemacht haben. Die Teilnehmer müssen sich davon überzeugen, daß der »Chronist« die genaue Bedeutung jedes Kommentars wahrt.

Nan hält dies für eine gute Übung, den Geist zu trainieren, sensibel zu werden für die Bandbreite der Reaktionen und der Zusammenhänge zwischen ihnen. Was auf die Blätter geschrieben wird, repräsentiert die Arbeit der Gruppe und läßt sich von den Mitgliedern und vom Träumer leicht überprüfen.

Am Ende einer Sitzung werden die Blätter dem Träumer überlassen, damit er sie zur Verfügung hat, wenn er sich zusätzliche Aspekte des Traums durch den Kopf gehen lassen will oder eine Gedächtnisstütze für die Einzelheiten der von der Gruppe geleisteten Arbeit braucht. Wie es eine Träumerin formulierte, nachdem sie ihren ersten Traum der Gruppe erzählt hatte: »Aufmerksame Zuhörer zu haben, die genauso interessiert daran sind, meinen Traum zu erforschen, wie ich, ist schon eine tolle Erfahrung.«

Der Gruppenvertrag

Da unsere Träume unsere tiefsten Hoffnungen und Ängste spiegeln, ist mit ihrer Preisgabe gewöhnlich ein gewisses Unbehagen verbunden. Bestimmte klare vertragliche Vereinbarungen können hier einigen Schutz bieten:

Die Teilnahme an den Sitzungen ist verpflichtend.

Durch Kontinuität der Teilnahme stellt sich Vertrauen schneller ein, und sie hilft in Phasen, in denen ein durch die Arbeit mit Träumen hervorgerufenes Gefühl von Unbehagen dazu verleiten könnte, sich zurückzuziehen. In einer Gruppe bekannte eine der Teilnehmerinnen am zweiten Abend, daß sie nicht wiedergekommen wäre, wenn es diese Verpflichtung nicht gegeben hätte. Sie wurde zu einem Mitglied, das sehr viel Energie und Einsicht in die Gruppe einbrachte.

Die Sitzungen sind für Besucher geschlossen.

Ausnahmen können gemacht werden, sofern die gesamte Gruppe *vor* dem Besuch zustimmt. Eine einzige neu hinzukommende Person verändert die Gruppendynamik und kann leicht die gemeinsame Arbeit auf einem oberflächlichen Niveau festhalten. Es ist oftmals überraschend zu sehen, wie die gesamte Arbeit einer Sitzung zunichte wird, weil man diese Vereinbarungen nicht oder nicht deutlich genug getroffen hatte. Hausgästen und Freunden gegenüber läßt sich dies leichter erklären, wenn es sich um eine Gruppenentscheidung handelt.

Trauminhalte und die Arbeit mit ihnen sind vertraulich.

Keinesfalls darf das, was in den Sitzungen zur Sprache kommt, außerhalb der Gruppe zu Konversationsstoff degradiert werden. Der Respekt vor der höchst persönlichen Natur von Träumen ermöglicht nicht nur die notwendige Offenheit, sondern hilft auch dabei, Zugehörigkeitsgefühl und Wärme in der Gruppe aufzubauen.
  Nachdem man den Vertrag präsentiert hat, erübrige man reichlich Zeit für Fragen und Verbesserungen.

Mögliche Probleme

Wie bei anderen menschlichen Angelegenheiten auch, klappt nicht immer alles wie geplant. Hier sind einige Fragen und Probleme, die aufkommen können.

Wie lang darf ein Traum sein, damit die Gruppe an ihm arbeiten kann?
Wie wir gesehen haben, eignen sich kürzere Träume mehr für noch am Anfang ihres Wegs stehende Gruppen. Aber wenn die Gruppe Erfahrung sammelt und lernt, wie sie die Zeit bemißt, die für die Arbeit an den Träumen notwendig ist, wird sie mit längeren Träumen keine Probleme haben und sogar mit der Traumserie einer Nacht umgehen können.

Es gibt keine Begrenzung, wie kurz ein Traum sein kann. Träumer meinen sich oft entschuldigen zu müssen, wenn sie weiter nichts als ein Fragment haben oder ein Bild aus einem längeren Traum. Sie finden dann rasch heraus, daß die Gruppe mit Gewinn eine Stunde oder länger damit zubringen kann.

Gelegentlich wird jemand einen Traum präsentieren, der zum Erzählen nicht weniger als 20 oder 30 Minuten braucht. Gewöhnlich ist es aber besser, einen kürzeren Traum zu wählen.

Wie ist es mit Träumen, die mehrere Jahre zurückliegen?
Diese können am besten angepackt werden, nachdem die Gruppe einige Erfahrung mit neuen Träumen gesammelt hat. Wenn ältere Träume für den Träumer wichtig sind, gibt es normalerweise eine Erinnerung an den ihnen zugrundeliegenden Kontext. Das Problem ist, daß der Kontext sich nicht so leicht nach zusätzlichen Erinnerungen untersuchen läßt wie bei einem frischen Traum. Ist ein alter Traum auch noch ein Wiederholungstraum, dann sollte unbedingt danach gesucht werden, ob zwischen den Kontexten, die den Traum auslösen, Ähnlichkeiten bestehen.

Gibt es Träume, an denen die Gruppe nicht arbeiten sollte?
Die allgemeine Regel ist, daß die Gruppe innerhalb der obenerwähnten Begrenzungen anstreben sollte, mit jedem angebotenen

Traum zu arbeiten. Es gibt allerdings einen Vorbehalt, der mit der Stabilität der den Traum präsentierenden Person zusammenhängt. Zwar ist es unwahrscheinlich, daß jemand mit einer nicht erkannten akuten Psychose in eine Gruppe kommt, aber wenn das passieren sollte, könnten Verzerrungen und Fehlwahrnehmungen des Prozesses auftreten, die für die Gruppe eine zu schwierige Aufgabe darstellen sowie das Risiko einer Verstärkung der Psychose mit sich bringen würden. Dies wäre ein Fall für professionelle Hilfe und Behandlung. Diese einschränkende Feststellung besagt jedoch nicht, daß nicht sogar Menschen mit großen emotionalen Schwierigkeiten in Traumgruppen gehen könnten. Ich habe erfolgreiche Gruppen mit schwer gestörten Patienten gehabt. Das wichtigste Kriterium ist die Fähigkeit der Teilnehmer, sich realistisch auf den Prozeß der Arbeit mit dem Traum einzulassen.

Was ist, wenn niemand einen Traum bringt?
Es kommt vor, daß niemand einen Traum neueren Datums hat. Wenn dies der Fall ist und die Gruppe sich darauf einigt, auch frühere Träume zu bearbeiten, präsentiert gewöhnlich jemand zunächst einen älteren Traum, an dem dann gearbeitet wird. Sollte auch dann noch kein neuerer Traum zum Vorschein kommen, kann die Gruppe immer noch eine allgemeine Diskussion über Träume führen oder darüber, was sie bis jetzt gelernt hat.

Können zwei Personen den gleichen Traum haben?
Leute können ähnliche Träume haben, aber identische Träume sind mir noch nicht untergekommen. Was manchmal geschieht, ist, daß jemand beim Anhören des Traums eines anderen fühlt, er hätte genau den gleichen Traum selber haben können.

Was muß auf jeder Stufe des Prozesses beachtet werden?
STUFE I (in der der Träumer den Traum präsentiert, während die Gruppe zuhört):
　　Niemand sollte in Verlegenheit gebracht werden und sich verpflichtet fühlen, einen Traum mitzuteilen. Auf dieser Stufe muß sich der Träumer bei der Schilderung allein an den erinnerten Traum halten. Die Gruppe sollte immer kritisch verfolgen, ob er nicht in den Kontext oder in assoziative Bezüge abschweift.

STUFE II (in der die Gruppe an den Traum herangeht, zunächst persönliche Gefühle ausdrückt und dann die Metaphern erkundet):

Die Gruppe darf nicht von der Regel abweichen, den Traum so zu bearbeiten, wie wenn er ihr eigener wäre. Die Mitglieder sollten besser zueinander sprechen statt zum Träumer. Am Anfang gibt es die Tendenz, den Träumer anzusehen und irgendwelche deutenden Kommentare abzugeben.

Der Träumer darf sich zu diesem Zeitpunkt nicht aktiv mit der Gruppe einlassen, und er sollte zu vermeiden suchen, der Gruppe Hinweise auf die »Richtigkeit« ihrer Reaktionen zu geben. Manchmal ist es für den Träumer schwierig, sein nonverbales Verhalten zu kontrollieren, wenn er Entdeckerfreuden erlebt, was man ihm dann aber ruhig einmal gestatten sollte.

Es gibt Situationen, in denen zwei oder mehr Mitglieder dezidierte, jedoch gegensätzliche Ansichten über einen Aspekt des Traums haben und in Meinungsverschiedenheiten darüber geraten, wer nun recht hat. Diese Art von Diskussion muß unter Kontrolle gehalten werden. Man erinnere sich: Jeder Teilnehmer darf unangefochten alles sagen, was er denkt. Vom Blickpunkt des Prozesses ist jeder der beiden gegensätzlichen Ansichten richtig, und es gibt keinen Grund für eine Auseinandersetzung.

STUFE III (in der der Träumer den Zusammenhang herstellt zwischen den Emotionen, den Traumbildern und der gegenwärtigen Lebenssituation, die die Ursache des Traums war und in der die Gruppe dann in einen Dialog mit dem Träumer eintritt):

Es ist wichtig, daß der Träumer für eine erste Reaktion genügend Zeit hat, also nicht befürchten muß, unterbrochen zu werden.

Die Gruppenmitglieder sollten sich bewußt sein, daß sie zwar jede gewünschte Frage über den Traum oder die Reaktion des Träumers stellen können, aber alle Begrenzungen zu akzeptieren haben, die er in bezug auf Umfang und Grad der Selbstenthüllung vornimmt. Andererseits sollte der Träumer aber keinen Traum vorbringen, von dem er *schon im voraus weiß,* daß er sich dabei nicht so frei fühlt, jene relevanten persönlichen Ereignisse mitzuteilen, die zu dem Traum geführt hatten.

Niemandem darf erlaubt werden, zum Träumer eine autoritär

deutende Haltung einzunehmen. Auch sollte niemandem erlaubt werden, sich zum Therapeuten des Träumers aufzuschwingen.

Die Gruppe muß den Kontext des Traums in einer so strikten Weise verfolgen, wie es nur möglich ist.

Die Gruppe sollte das, was sie als Gefälligkeitsreaktionen des Träumers ansieht, zur Sprache bringen.

Die Mitglieder müssen lernen, emotional mit dem Träumer in Einklang zu sein, während der Prozeß sich entfaltet, damit sie alle Spannungssignale, die auftreten können, erfassen.

Welche Art von Spannungen entstehen leicht in einer Gruppe, und wie sollte man mit ihnen umgehen?

Wenn man den Prozeß umsichtig verfolgt, werden nur wenige Spannungen entstehen. Da wir aber in einem Bereich subtiler emotionaler Gegenströmungen arbeiten, gibt es gelegentlich Spannungen. Diese können aus dem Verhalten eines einzelnen Teilnehmers resultieren, der die Gruppe zu dominieren versucht, oder sie können zwischen zwei oder mehr Mitgliedern entstehen.

Jede Gruppe muß für sich den besten Zugang zu diesem Problem herausarbeiten. In den wöchentlichen Gruppen, die ich durchgeführt habe, bin ich nur wenigen Situationen begegnet, in denen innere Spannungen ein Störfaktor waren. Bei keiner Gelegenheit ist es notwendig gewesen, jemanden zu bitten, die Gruppe zu verlassen. Offensichtlich kann jeder Prozeß mißbraucht werden. Wir Menschen sind Verletzungen durch andere ausgesetzt, und Traumgruppen bilden da keine Ausnahme. Nur derjenige, von dem die Gruppe glaubt, daß er den Prozeß stört, sollte nicht in einer Traumgruppe sein.

Werden durch die Arbeit mit Träumen hervorgerufene Gefühle mit in den Alltag genommen?

Der ganze Zweck der Arbeit mit Träumen besteht in ihrer Wirkung auf das Leben der Teilnehmer. Gute und schlechte Gefühle werden sich steigern. Die guten Gefühle werden hoffentlich die schlechten überwiegen. Gelegentlich mag irgendeine Art von Nachbehandlung notwendig sein; oft sucht die betreffende Person Unterstützung durch eine andere Person in der Gruppe. Einige Male haben Mitglieder meiner Gruppen mich um Einzelsitzungen gebeten. In einem Fall führte die Arbeit in der Gruppe zu dem Entschluß, in Therapie zu gehen.

Wie lange sollte eine Traumgruppe fortgeführt werden?
Dafür gibt es keine feste Regel. Die Gruppen können zeitlich beschränkt oder fortlaufend sein. Mehrere meiner Gruppen sind nun im dritten Jahr. Meine Empfehlung an die Teilnehmer ging dahin, sich einmal für vier wöchentliche Sitzungen zu verpflichten und dann zu verlängern, wenn sie es wünschen. Nans Workshops dauern sechs Wochen, und ihre Gruppen verlängern ebenfalls, wenn der Wunsch danach besteht.

Was geschieht, wenn die Teilnehmer einander besser kennenlernen?
Dadurch, daß die Gruppe sich besser kennenlernt, schärfen sich die Wahrnehmungen der Teilnehmer. Dies wird besonders nützlich in der dritten Stufe des Prozesses, wenn die Gruppe direkt mit dem Träumer arbeitet. In gewissem Ausmaß wird dieses Bewußtsein auch auf die Projektionen der Gruppe in der zweiten Stufe Einfluß nehmen.

Welche Probleme können entstehen, wenn Gruppenteilnehmer zur gleichen Zeit in Einzeltherapie sind?
Theoretisch können Probleme entstehen, wenn es sich bei solchen Teilnehmern um Personen handelt, die gerne manipulieren oder Zwietracht säen. Meine Erfahrung ist jedoch die gewesen, daß solchen Manipulationstendenzen kein großer Stellenwert zukommt. Meistens ergänzen sich die beiden Prozesse sehr gut. Das Wesentliche an der Arbeit mit Träumen ist die Suche nach einer ehrlichen Beziehung zu sich selbst. Dies erhöht oder verringert leicht manipulative Tendenzen.

Bei normalem Lauf der Ereignisse wird der Träumer nach der Gruppenarbeit mehr Verbindung zu seinem Traum haben, und er kann ihn dann auf einer intimeren Ebene mit dem Therapeuten besprechen. Umgekehrt könnte es auch so sein, daß einem Traum in der Therapie nur flüchtige Aufmerksamkeit geschenkt wurde, in welchem Fall der Träumer ihn weiter mit der Gruppe erkunden kann. Gelegentlich könnte die Gruppe über einen ihr präsentierten Traum dem Träumer helfen, ein tieferes Verständnis dessen zu entwickeln, was in seiner Therapie vor sich geht.

Ist diese Art der Arbeit mit Träumen Therapie?
Ganz allgemein gesprochen: Jede nützliche Erfahrung kann als therapeutisch definiert werden. In diesem Sinne wäre dann die Antwort ja. Aber wenn die Frage sich auf den Begriff der Psychotherapie im engeren technischen Sinne bezieht, dann lautet die Antwort nein.

Worin unterscheidet sich unsere Methode, mit Träumen zu arbeiten, von Gruppenpsychotherapie?
Psychotherapie impliziert das Konzept eines Experten oder Spezialisten, der durch theoretische und technische Ausbildung die Fähigkeit erworben hat, Menschen mit emotionalen Schwierigkeiten zu helfen. Der Therapeut hat bestimmte Erwartungen gegenüber dem Patienten oder Klienten (daß jener zum Beispiel rückhaltlos alles offenbaren werde) und kontrolliert und lenkt den Prozeß in vielerlei Hinsicht.

Ganz andere Bedingungen herrschen bei der Tätigkeit einer Traumgruppe vor. Die Annahme geht dahin, daß Träumen ein normaler Heilungsvorgang ist, der verstanden und von jedermann genutzt werden kann, ohne spezielle theoretische oder technische Fertigkeiten. Alleiniger Experte ist hier der Träumer. Er allein kontrolliert den Prozeß. Des Träumers Erwartungen allein sind maßgebend.

Obwohl der Leiter, sofern es einen gibt, den Prozeß lenkt, hat er innerhalb der Gruppe keine Sonderstellung. Er nimmt an allen Aspekten der Arbeit teil, einschließlich des Mitteilens von Träumen. Tatsächlich ist es diese Atmosphäre der Gleichheit, die dazu verhilft, sich selbst frei und ungezwungen zu offenbaren.

Der Unterschied zwischen den beiden Vorgehensweisen läßt sich noch genauer benennen. In einer Traumgruppe steht ausschließlich der Traum im Zentrum. Damit die Arbeit an den Träumen ihrem eigenen Tempo entsprechend vonstatten gehen kann, wird genügend Zeit für sie zur Verfügung gestellt. In der therapeutischen Stunde drängen sich weit mehr Probleme in den Vordergrund, die um die verfügbare Zeit konkurrieren.

Die Gruppe bietet ein breites Spektrum von Möglichkeiten und Formen des produktiven Zusammenspiels, um die metaphorischen Bedeutungen in einem Traum zu verfolgen. Das geht über das hinaus, was eine einzelne Person mit den Bildern tun kann, selbst wenn sie den Träumer sehr gut kennt, wie im Fall des Therapeuten. Ich sage das nicht, um den Beitrag, den das Wissen des Therapeuten zum Verständnis des Traumes beitragen kann, zu bagatellisieren, sondern eher, um zu betonen, daß für viele Bilder die kollektive Imagination der Gruppe einen reicheren und vielseitigeren Fundus abgeben kann.

Vielleicht liegt der wesentliche Unterschied zwischen Psychotherapie und der Arbeit mit Träumen in der Gruppe im Schwerpunkt dieser beiden Prozesse. In der Gruppentherapie liegt er primär auf dem zwischenmenschlichen Feld – den Beziehungen innerhalb der Gruppe –, das sich durch die Interaktion der unterschiedlichen Teilnehmer herausbildet, und nur sekundär auf den individuellen Motivationsstrukturen. Bei der Arbeit mit Träumen steht die Beziehung des Träumers zu seinem Traum im Mittelpunkt. Die Dynamik des zwischenmenschlichen Feldes wird minimiert, da die Gruppenmitglieder bei ihrer Bemühung, mit den Traumbildern in Verbindung zu treten, zum erweiterten Ich des Träumers werden.

Dieselben Unterschiede gelten für das Verhältnis zwischen Traumgruppen und Encounter-Gruppen. Letztere sind weniger hierarchisch strukturiert als Therapiegruppen, aber auch bei ihnen stehen die zwischenmenschlichen Beziehungen im Mittelpunkt. Das Individuum wird als verantwortlich für sein verbales und sonstiges Verhalten in der Gruppe betrachtet, und dieses Verhalten bestimmt die Art des zwischenmenschlichen Feldes. In der Traumgruppe wird die Ebene der Verantwortlichkeit durch den Traum vorgegeben.

Welche Aspekte des Gruppenansatzes lassen sich auf die individuelle Arbeit mit Träumen übertragen?
Anders formuliert: Wenn jemand sich keiner Gruppe anschließen, sondern seine Träume lieber ohne fremde Hilfe verstehen möchte – ist dies möglich? Ja. Es ist nicht leicht, aber auch nicht unmöglich, und es kann enorm lohnend sein. Im Grunde sind wir ja oh-

nehin zum größten Teil auf uns selbst gestellt, wenn es um die Arbeit an unseren Träumen geht. Die vorhergehenden Kapitel können uns als Struktur und als einfache Methodik dienen, um bei dieser Aufgabe voranzukommen. Die Hauptmerkmale des Traumlebens – seine Ehrlichkeit, seine Einzigartigkeit und seine Bedeutung für uns – erfordern eine Struktur, die jede dieser Eigenschaften berücksichtigt und auch die Schwierigkeiten, im Wachleben eine Beziehung zu ihm herzustellen, in Betracht zieht.

Jene, die Erfahrungen damit gemacht haben, an Träumen in einer Gruppe zu arbeiten, fanden es hilfreich. Aspekte dieser Erfahrung auf ihre eigene, individuelle Arbeit mit Träumen anzuwenden, und es gibt keinen Grund für Sie, deren Technik nicht zu übernehmen. Was der Gruppenansatz vollbringt, ist, wie wir gesehen haben, dies: den Traum zu objektivieren, ihn zu einem »Objekt da draußen« zu machen, an dem andere arbeiten können. Zwischen dem Träumer und dem Traum wird ein Abstand geschaffen und der so entstandene Zwischenraum dann mit den von der Gruppe gelieferten Gefühlen und Metaphern ausgefüllt. Dieser zeitweilige Abstand gibt dem Träumer die Gelegenheit, den »Input« zu prüfen, den er von anderen erhalten hat. Wenn man an sich selbst arbeitet, kann man einen ähnlichen Kurs verfolgen, aber dies wird einiges an imaginativem Rollenspiel erfordern. Der erste Schritt ist, daß man versucht, den Traum zu objektivieren, ihn auf Distanz zu halten und ihn wenn nötig so zu sehen, als wäre er der Traum einer anderen Person. Danach denke man an die Gefühle und die metaphorischen Reaktionen, die in einem aufkämen, wenn es sich tatsächlich um einen fremden Traum handeln würde. Zuletzt suche man jenes Ereignis im Wachzustand, das dem Traum voranging.

Zu den verschiedenen Aspekten des Prozesses gibt es ganz unterschiedliche Äußerungen:

»Ich kann an die Gefühle kommen, scheine dabei aber die Bilder wegzuschieben. Es macht mir auch Mühe, mit den Bildern zu spielen. Ich habe es hilfreich gefunden, die Bedeutungen, die mir einfielen, niederzuschreiben, sogar die falschen.«

»Es ist hilfreich für mich, den Traum so zu behandeln, wie wenn es der Traum eines anderen wäre, und dann meinen Weg in ihn hinein zu erfühlen. Es fällt mir schwer, Gefühle zu identifizieren.

Ich habe eine Liste für alle möglichen Gefühle, an die ich denken könnte, aufgestellt und finde das hilfreich, wenn ich Schwierigkeiten habe.«

Nützliche Fragen, die man sich selbst stellen kann, sind:
– Was übersehe ich, das es zu sehen gibt?
– Was würde ich eher sehen, wenn es der Traum einer anderen Person wäre?
– Was habe ich aus der bisherigen Arbeit an meinen Träumen über meine eigenen Vorurteile und Lebenslügen gelernt, das nützlich sein kann, wenn ich an einen neuen Traum herangehe?

Wer eine Zeitlang mit Träumen gearbeitet hat, wird sich bestimmter ihnen innewohnender Voreingenommenheiten bewußt. Diese sind Tendenzen, die weniger dem Traum selbst entstammen, sondern auf ihn aufgesetzt werden. Ein nützlicher Hinweis, um einen Traum zu objektivieren, ist im folgenden Kommentar eines Gruppenteilnehmers enthalten: »Ich finde, daß ich mit einem Traum besser arbeiten kann, wenn ich nach dem Aufwachen etwas Zeit verstreichen lasse. Es ist günstig, wenn ich nicht versuche, mich mit ihm in der Hitze der Emotionen zu beschäftigen, die er mir hinterlassen hat.«

Diese Methode kann funktionieren, aber der Traum sollte niedergeschrieben werden, bevor man sich anderen Dingen zuwendet.

Was kann ich mir von der Beschäftigung mit meinen Träumen an Lernerfahrungen erwarten?

Das Bedeutsamste an Neuem, das Sie erfahren werden, ist das Gewahrsein einer größeren Dimension Ihrer selbst. Dadurch scheinen Sie einen Anstoß in Richtung größerer emotionaler Gesundheit zu bekommen, so daß Sie weder vor den entsprechenden Problemen zurückschrecken, noch die Ihnen verfügbaren Ressourcen unterschätzen. Sie werden sich selber, als die Quelle einer so aufschlußreichen Bilderschau, höher einschätzen. Sie werden bald damit rechnen können, daß Ihre Träume jene dringend notwendigen Wahrheiten über Ihr Leben ans Licht bringen, zu denen Sie im Wachleben nur schwer kommen. Dies stellte jemand folgendermaßen dar:

»Bevor ich diese Technik lernte, waren Träume eine ziemlich dunkle, wenn nicht unverständliche Sprache für mich. Nun finde ich, daß ich, sogar ohne die Hilfe einer Traumgruppe, weit eher dazu in der Lage bin, mit dem größeren Entwurf von mir selbst in Verbindung zu treten und das darin enthaltene Wissen in mich aufzunehmen.«

Bestimmte Fähigkeiten entwickeln sich, besonders solche, die mit dem Identifizieren subtiler und flüchtiger Gefühle zu tun haben, und ebenso die Kunst, das metaphorische Potential der Traumbilder zu erforschen.

»Ich finde, diese Arbeit hat mir einen interessanten Nebeneffekt geliefert: Dadurch, daß ich mich bemühte, meine Gefühle in Worte zu fassen, kann ich mich jetzt viel gewandter ausdrücken.«

Sie werden geübt im Erkennen vertrauter Themen und kennen Ihr »Traumvokabular«, das Sie entwickelt haben, um diese Themen zu reflektieren. Vielleicht gebrauchen Sie dieselben Bilder immer wieder, um dieselben oder ähnliche Bedeutungen auszudrücken. Einem Träumer erschien ein Automobil immer in Zeiten unmittelbar bevorstehender Veränderungen. Wenn er meinte, eine Situation unter Kontrolle zu haben, sah er sich auf dem Fahrersitz. Ein anderer Träumer pflegte in einer Situation, die irgendeine Art Vorwärtsbewegung mit sich brachte, von einem Haus mit neuen Räumen zu träumen, wenn der Aufbruch mit einem Gefühl von Freiheit und Expansion verbunden war. Aber denken Sie daran, mit Ihrem Traumwortschatz vorsichtig zu sein, und seien Sie sich immer bewußt, daß es subtile Variationen gibt in der Art und Weise, wie ein bestimmtes Bild benutzt wird.

14. Erfahrungen aus einem Jahr Gruppenarbeit mit Träumen

Meine Hauptempfehlung für die Arbeit mit Träumen, die Montague Ullman und ich beschrieben haben, ist wohl, daß ich *keine* ausgebildete Psychologin bin. Auch soll mein Engagement in der Arbeit mit Träumen keinen professionellen Status vorspiegeln. Ich bin Schriftstellerin, Lehrerin, Mutter und anderes mehr, arbeite aber nicht in einem der sogenannten helfenden Berufe. Gerade als Laie konnte ich (was Montague nicht möglich war) überprüfen, ob wir recht damit hatten, daß eine Traumgruppe auch ohne die Leitung eines Profis gut arbeiten kann. Ich kam also für die Stelle des »nicht-professionellen Traumsachverständigen« in Frage.

Orientiert an den Verfahren, die Montague und ich zusammen ausgearbeitet hatten, begannen mein Mann und ich einen achtwöchigen »Workshop«. Er wurde als Kursus in einer Erwachsenenbildungsstätte angeboten, die sich in einer weißen Holzvilla viktorianischen Stils befand: dem »Tower House«. Acht Leute meldeten sich für den Traum-Workshop an. Nach Ablauf dieses Kursus trafen wir uns monatlich einmal in den Wohnungen der Mitglieder. Unseren Spitznamen »Tower House«-Gruppe behielten wir auch nach dem Ortswechsel bei.

Wegen unserer unterschiedlichen Terminpläne konnten wir uns nicht regelmäßig und häufiger treffen. Wir wollten aber zusammenbleiben. Im allgemeinen haben wir an Träumen gearbeitet, die in der unserem Treffen vorangegangenen Woche geträumt wurden. Wir hatten nie »Nachschubprobleme« in bezug auf frische Träume.

Die hier von mir ausgewählten Träume und die daran anknüpfende Arbeit spiegeln – wenn auch nicht erschöpfend – das, was wir an Selbsterfahrung gewonnen haben, und die Methoden, welche dies ermöglichten.

Vor unserem ersten Treffen kannten einige von uns einander noch gar nicht. Zwar waren wir zunächst etwas reserviert, zugleich aber auch richtig gespannt darauf, unsere Träume zu erforschen, oder zumindest waren wir angetan von der *Idee*, dies zu tun. In der Gruppe waren drei Ehepaare (Tish und Weston, Lenore und Ben, Howard und ich), eine seit kurzem verwitwete Frau (Dotty) und drei verheiratete Leute, die ohne ihren Partner kamen (Mike, Mary und Jenny). Unter uns waren ein Schiffskapitän, drei Regierungsangestellte, eine Sonderschullehrerin, ein Leiter eines Feriencamps und zwei Künstler. In unserer vierzehnten Sitzung faßte Tish die inzwischen aufgetretenen Veränderungen mit den Worten zusammen: »Am Anfang beschäftigten uns die eigenen Träume. Jetzt kümmern wir uns umeinander.«

Einige Tage vor der ersten Sitzung hatte Carolyn, die sich unserer Gruppe anschließen wollte, ihre Anmeldung zurückgezogen. Sie mußte wegen einer akuten Bronchitis zu Hause bleiben; wie es sich dann aber herausstellte, war sie diejenige, die den ersten Traum berichtet hat. Am Morgen nach unserem ersten Treffen rief sie an, um sich zu erkundigen, wie es gelaufen sei. Am Ende unseres Gesprächs meinte sie dann recht zaghaft: »Übrigens hatte ich diese Nacht einen wirklich seltsamen Traum... über Lisa (ihre kleine Tochter, die vor einigen Jahren an Leukämie gestorben ist). Ich kann mir gar nicht erklären, warum ich gerade jetzt von ihr träume.«

Carolyns Traum
Lisa und ich waren in der Schule, um an einem Musical zu proben. Ganz plötzlich sagte Lisa, sie fühle sich nicht wohl. In ihren blauen Augen sah ich die Angst, daß sie wegen ihrer Krankheit bei der Aufführung versagen würde. Ich steckte sie ins Bett und schaute nach, ob sie Fieber hatte. Das war nicht der Fall. Durch eine Seitentür ging ich aus der Schule und weinte.

Arbeiter auf der gegenüberliegenden Seite der Allee sahen mich weinen, kamen aber nicht näher. Frustriert nahm ich einen Holzklotz und fing an, damit die Wand des Gebäudes zu schlagen. Ein Krankenpfleger fragte, ob etwas nicht stimme. Ich erzählte ihm, Lisa fühle sich nicht wohl, worauf er meinte, er würde Fräulein Z., eine Krankenschwester, holen. Zum Teil hing meine Frustration damit zusammen, daß ich nicht wußte, wie ich Lisas Anwesenheit erklären sollte. Jeder wußte doch, daß sie gestorben war – dabei war sie hier und noch krank.

Ich wußte, Carolyn wollte unbedingt an dem Traumkurs teilnehmen. Trotzdem erstaunte mich, wie sehr der Trauminhalt deutlich machte, daß sie darauf hoffte, die Gruppe würde ihr bei der Bewältigung ihrer inneren Konflikte helfen. Als sie über ihre Gefühle vom Vortag nachdachte, wurde ihr klar, daß sie sehr betrübt darüber gewesen war, sich nicht wohl genug zu fühlen, um an dem Traumkurs teilzunehmen – genau wie Lisas Krankheit diese im Traum davon abhält, an der *Aufführung* mitzuwirken. Sie wollte neue Möglichkeiten *ausprobieren,* ihrem wahren Selbst zum Ausdruck zu verhelfen. Daß sie ihre Anmeldung zurückzog, bedeutete eine verpaßte Gelegenheit (ein Aspekt, der sich einem besonders beim Tod eines Kindes aufdrängt). Um sie herum nahm das Leben seinen Lauf. Niemand ging auf die Dringlichkeit ihrer Gefühle ein (die gleichgültigen Arbeiter in der Allee). Sie befreite sich aus ihrer Isolation, indem sie sich entschloß, mich, die Traumschwester – Fräulein Z. – zu rufen. Dies schien zu verdeutlichen, daß irgendwie die innere Wunde noch nicht verheilt war, sondern sie schmerzte und Beachtung forderte.

Carolyns offener Hilferuf in Gestalt ihres Traums war eine Bestätigung meiner Ansicht, daß alles in uns selbst vorhanden ist: Kräfte für psychisches Wachstum ebenso wie die Schmerzen unserer Niederlagen – und daß wir nicht unbedingt einen Arzt benötigen, um an diese Quellen heranzukommen. Mit den Traumtechniken aufrichtig und regelmäßig arbeiten und bereit sein, zuzuhören und zu antworten – das ist alles, was wir brauchen.

Und Carolyn machte deutlich, daß es die *Gruppe* war, von der sie Hilfe erwartete. Sie wandte sich nur an *Fräulein Z.,* weil ihr Gesundheitszustand es nicht zuließ, an der Gruppe teilzunehmen. Wir alle brauchen einander. Ich zumindest brauchte Carolyns Traum.

Beim zweiten Treffen erinnerte sich Dotty (eine Witwe mit erwachsenen Kindern und einem höchst verantwortungsvollen Posten bei der Regierung) an ein Traumerlebnis jener Woche.

Dottys Traum
Nan sagte, ich müßte einen kurzen Traum träumen. Das geht nicht, dachte ich. All meine Träume sind lang und kompliziert. Ich ging zu Bett und hatte diesen Traum:

»Ich bin allein.«
Ich wachte auf und ging umher, um zwischen Träumen und
Wachsein sicher unterscheiden zu können. Ich ging ins Bett
zurück und träumte wieder:
»Ich bin allein.«
Ich wachte auf und dachte: »Aha! Nun habe ich zwei kurze
Träume gehabt.« Ich schenkte ihnen keinerlei Bedeutung, sondern
schrieb sie nur auf. Dann hatte ich einen dritten Traum: Ich stell-
te jemandem meine Gruppe vor. Ich schnitt aus einem Blatt
weißem Papier zwei Kreise aus, die die Gruppe darstellen sollten.
Sie sahen aus wie Platzdeckchen.
Es gab auch zwei viereckige Servietten. Zuerst wollte ich sie
rund zuschneiden, sah dann aber ein, daß sie so, wie sie waren,
okay waren.
Also hatte ich drei kurze Träume geträumt!

Die Gruppe war sich darin einig, daß in diesen Träumen Einsamkeit deutlich wurde und darüber hinaus das Bedürfnis nach Anerkennung und Zugehörigkeit. Dotty war sehr darum bemüht, einen
Traum zu produzieren, der die notwendigen Kriterien für die Zuwendung der Gruppe erfüllte. Es war, als führten die ersten beiden Fragmente den Befehl aus, einen kurzen Traum zu präsentieren. Nachdem sie das erreicht hatte, durfte sie ihre Gefühle in einem etwas längeren Traum ausdrücken.

Lenore fragte, ob Kreise eine allgemeingültige Bedeutung hätten.

Darauf erzählte Dotty, was sie gelesen hatte, bevor sie zu Bett
ging:

Ich hatte mich mit John Sanfords Buch »Gottes vergessene
Sprache« befaßt. Er ist Priester in der Episkopalkirche und ging
ans C.G. Jung-Institut in die Schweiz. Nach Sanford sind Men-
schen, bei denen die innere Entwicklung mit der äußeren Hand in
Hand geht, im Gleichgewicht. Beim Kreis haben alle Peripherie-
punkte die gleiche Entfernung vom Mittelpunkt. Quadrate haben
vier Seiten gleicher Länge.

Bei kleinen Kreisen denke ich an einen kleinen Kreis von Leu-
ten. Weiß bedeutet rein und sauber... weißer als Schnee... Verge-
bung. Das sind die einzigen Gedanken, die wohl überhaupt zum

Traum passen. Aber ich bin nie darauf gekommen, wie er richtig zu verstehen ist.

Ben meinte, Dotty habe versucht, etwas (die Quadrate) in eine kleine Gruppe einzupassen, und das ging nicht. Was aber repräsentierten die Quadrate? Nach einiger Zeit des Herumratens teilte Dotty einen zusätzlichen »Tagesrest« mit:

Am Abend vor den Träumen war ich in meinem Kirchenkreis, und wir hatten dort eine niederschmetternde Diskussion über unser Zusammenleben. Ich spürte, die meisten von uns hatten das Gefühl, daß kein echtes Miteinander zustande gekommen war. In letzter Zeit bin ich viel allein gewesen, weit weg von der Familie und ohne nähere Kontakte.

Dotty mußte etwa 45 Minuten – länger als alle anderen von uns – fahren, um zu unseren Sitzungen zu kommen. Wir wußten, daß die Traumgruppe für sie eine wichtige Erfahrung bedeutete. Und wir wußten, daß der Kirchenkreis ihr ebenfalls ein echtes Zugehörigkeitsgefühl gab. Sie war an beiden Gruppen interessiert. Sie brauchte einen Platz. Dies stand in Beziehung zu ihrem Traumbild mit den Platzdeckchen. Wir bemerkten auch die Betonung der Zahl zwei: zwei Kreise; zwei Quadrate; zweimal sagen: »Ich bin allein.«

Die beiden kurzen Träume bilden den Hintergrund für die Beurteilung ihrer Beziehungen zu den beiden Gruppen, zu denen sie gehört. Sie fühlte sich allein und verlassen. Sie betonte dies dadurch, daß sie es zweimal sagte, einmal für jede Gruppe. Nachdem sie sich versichert hatte, daß sie zu beiden Gruppen gehört (den weißen Kreisen), fragte sie sich, welches ihr Platz in den Gruppen sei (die runden Platzdeckchen), und sah sich als quadratische Serviette. Dies reichte nicht aus, ihre Zugehörigkeit zu bestätigen. Ihre scharfen Ecken ließen sich nicht in die Kreise einpassen. Zunächst war sie versucht, ihrer Vorstellung des Gruppenbildes mit aller Gewalt entsprechen zu wollen. Aber dann wurde ihr klar, daß das nicht nötig war. Durch die Kombination von Quadrat und Kreis schuf sei einen neuen Rahmen, einen neuen Platz: eine Umgebung, in der gegessen wurde, wo Bedürfnisse befriedigt werden konnten, und recht häufig mit Genuß.

Wir sprachen darüber, wie Träume uns mit Situationen konfrontieren, die im Alltag nicht völlig bewältigt worden sind. Dotty stellte die Frage: »Wenn ich träume ›Ich bin allein‹, dann träume ich von etwas, das ich weiß. Ich *bin* allein. Warum träume ich davon? Es gibt doch nichts, was man daraus lernen kann.«

Wir stellten fest, daß es zwei Seiten von Wissen gibt: jene, die wir ganz für uns selbst erkennen, also durch unsere eigenen Gedanken und Gefühle, und die Erweiterung unseres Verständnisses durch den Austausch mit anderen.

Wir fragten Dotty, ob sie mit der Arbeit an ihrem Traum zufrieden sei. »Unglaublich – es sitzt wie angegossen!«

Viele unserer Träume waren für uns Rätsel, die uns nicht ruhen ließen, bis wir sie gelöst hatten. Jenny berichtete einen »Einzelbild-Traum«, wie sie es nannte:

Eine Freundin sitzt in einem Stuhl und blickt mich finster an. Sie ist sehr, sehr dick.

In der Woche vor diesem Traum hatte Jenny (eine verheiratete Frau mit zwei heranwachsenden Kindern) erfolglos versucht abzunehmen. Aber warum sollte gerade diese wohlproportionierte Freundin, an der absolut nichts auszusetzen war, dick sein und finster dreinblicken? Wir stellten Jenny alle erdenklichen sinnvollen Fragen. War sie sich denn sicher, daß diese Freundin ihr nicht doch kritisch gegenüberstand, eventuell auf einem anderen Gebiet als dem des Gewichts? Erinnerte Jenny sie an eine Autoritätsperson? War Jenny neidisch auf den Körperbau der Freundin?

Wir meinten schon, Jenny verschweige uns Gefühle und blockiere dadurch unsere Arbeit. Dann fragte jemand, wie die Freundin heiße. »Anita Cook.« Da krümmten wir uns vor Lachen.

Mike erklärte ihr: »Solange du kochen mußt *(need to cook)*, wirst du nicht an Gewicht verlieren!«

Wir lernten bald, daß eine Gefahr darin liegt, wenn das vorherrschende Gefühl eines Traums sich mühelos erkennen läßt: Manchmal verleitet einen gerade diese Offenkundigkeit zu voreiligen, verallgemeinernden Schlußfolgerungen, wodurch die genaue Bedeutung des einzelnen Traums fortgeschwemmt wird. In diesem Sinne wurde von uns Jennys Traum vom »Sarg auf dem Hügel« erfahren.

Jennys Traum
Ich träumte, meine Mutter in einem Sarg einen Hügel hinaufzu-
schieben. Das war schrecklich. Ich schob sie diese schmutzige
Straße hinauf, vorbei an dem Haus, in dem ich aufgewachsen bin.
Ich schaffte den Sarg bis nach oben, konnte ihn aber nicht über
die Kuppe des Hügels schieben. Ich hatte das Gefühl von unsägli-
cher Anstrengung.

Jennys Wort »Anstrengung« entsprach auch der Reaktion der
Gruppe auf den Trauminhalt: schwer, mühselig.

Wir fragten sie: »Könnte es sein, daß du mit dir etwas herum-
trägst, das typisch für deine Mutter ist und das du gerne loswer-
den, begraben möchtest? Es ist schwer für dich, mit dieser toten
Masse zu leben.« Dies klang logisch.

Aber Jennys Schweigen zeigte uns, daß sie hiervon wenig begeistert war.

Wir wendeten uns wieder den Traumbildern zu und versuchten
ein »Brainstorming«: unseren Phantasien darüber, was die Bilder
bedeuten könnten, freien Lauf zu lassen. »Mutter« erinnerte einige an Heim, Wärme, Sicherheit, Liebe und Umsorgtsein; andere
dachten an Besitzergreifung. »Sarg« beschwor Bilder von Tod,
Container, letzter Ruhe und Mutterleib herauf. Die Mutter *im*
Sarg führte uns zu den zwei Deutungen: das erdrückende Gefühl,
niemals aus dem Schoß der Mutter herauszukommen, und ein
Versuch, die Vergangenheit zu begraben.

Als Jenny hinzufügte, der Sarg sei aus schlichtem Kiefernholz
gewesen, sagte Dotty: »Es liegt etwas Primitives in der ganzen
Szene. Einen Kiefernsarg einen Hügel hinaufzuschieben, ruft bei
mir das Bild äußerster Armut hervor.« Wir glaubten, wir kämen
jetzt ohne einen Tagesrest nicht weiter:

Am Tag vor dem Traum war ich zum Capitol Hill (in Washington)
gegangen, um einen Kongreßabgeordneten zu treffen, der sich um
die Rechte und die Notlage der Wanderarbeiter kümmert. Dies ist
ein Problem, das auch mir sehr am Herzen liegt, und obwohl es
ziemlich schwierig zu bewerkstelligen war, brachte ich den Mut
auf und ging zu ihm, um mit ihm zu reden. Ich hatte ihn in einer
Rede vor dem Kongreß gehört, die sich scheinbar offen und direkt
mit den Problemen der Wanderarbeiter befaßte. Ich dachte, er

würde sich tatsächlich für die reale Situation interessieren. Ich hatte Angst, zu ihm zu gehen, spürte aber, daß es besser werden würde, sobald wir das Gespräch begonnen hätten. Ich hatte mir die Punkte sorgfältig zurechtgelegt, über die ich ihn befragen wollte, und hatte einiger meiner Ideen aufgeschrieben. Ich mußte vor seinem Büro warten, um ihn zu treffen. Und dann schüttelte er mir die Hand, murmelte etwas, das man auf Wahlkampfreisen sagen würde, und ging davon! Im ersten Moment fühlte ich mich wie ein Bauerntrampel. Eine Null. Und dann wurde ich wütend!

Jenny erwiderte auf Dottys Empfindung von bitterer Armut, ausgedrückt in dem Bild vom Kiefernsarg, der den Berg hinaufgeschoben wird: »Das Bild schlimmer Armut schleicht sich öfter in meine Träume ein. Meine Kindheit auf einer Farm in Mississippi war geprägt von großer Armut. Der Kongreßabgeordnete vertrat eine der ärmsten Regionen seines Bundesstaats, so arm wie das Milieu, aus dem ich komme.«

Plötzlich sprang Lenore auf und rief: »Der Hügel!« Endlich hatten wir die mehr allgemein gehaltenen Kommentare hinter uns gelassen und verbanden die Metaphern des Traums mit Jennys gegenwärtigem und persönlichem Dilemma.

Jenny hatte mit sich gekämpft, zum Capitol Hill zu gehen, weil sie empfand, daß die am Rande ihrer Existenz hart arbeitenden Menschen diesen äußersten Versuch wert sind. Sie kannte aus erster Hand die Auswirkungen von Entbehrung und das Gefühl von Unterlegenheit. Solche Mißstände erinnerten sie an ihre eigene Herkunft. Wenn sie den anderen helfen wollte, versuchte sie dabei nicht auch, den Schmerz der eigenen Vergangenheit zu begraben (die Mutter im Sarg)? Sie schaffte es bis zum Hügel (Capitol Hill), erreichte aber nichts. Am Ende sah sie sich neben dem Kiefernsarg stehen. Ihr wurde die Unterstützung verwehrt, von der sie gedacht hatte, daß sie ihr zustünde (die Mutter war tot). Für die Zukunft der Wanderarbeiter blieb ihr keine Hoffnung, und ihre alten Gefühle der Unterlegenheit war sie auch nicht losgeworden (der nicht in die Erde versenkte Sarg). Die Bilder der Armut spiegelten die Misere der Wanderarbeiter, Jennys Machtlosigkeit, deren Not zu lindern, und die Armut in ihrer Kindheit. Ein echtes Engagement des Abgeordneten zu erreichen war wohl ebenso schwer, wie zu versuchen, Tote wiederzuerwecken.

Es war klar, daß wir mit unterschiedlichen Graden von Skeptizismus in die Traumgruppe gekommen waren. Die kulturelle Konditionierung hatte bei einigen von uns ganze Arbeit geleistet – so bei denen, die jeder nicht von einem Fachmann geleiteten Gruppe mit Mißtrauen gegenüberstanden. So wandten sie sich an mich, um Ratschläge und Hinweise zu erhalten, weil ich ja schon mit Montague Ullman zusammengearbeitet hatte. Aber mit zunehmender »Reife« der Gruppe wuchs auch das Gefühl, daß gerade die Vielfalt persönlicher Hintergründe die Arbeit mit jedem Traum außerordentlich beleben kann. Unsere gemeinsamen Arbeitstechniken erwiesen sich, im Verein mit Phantasie und Ehrlichkeit, oft als gute Katalysatoren beim Erfassen der Bedeutung eines Traums.

Wir hatten uns schon einige Monate getroffen, als ich einen Anruf von Mary bekam, einer englischen Künstlerin, die mit einem amerikanischen Psychologen verheiratet ist. Sie hatte einen Traum mit einer Menge »eigenartiger Vorfälle« gehabt und wollte mit mir darüber reden. Fünf Wochen vor diesem Anruf war aber unsere Adoptivtochter aus Korea gekommen, und wegen der Eingewöhnung des kleinen Kindes in den neuen Zeitablauf und die neue Sprache sowie wegen seiner nächtlichen Ängste hatte ich im Durchschnitt nur zwei Stunden Schlaf pro Nacht gehabt. Deshalb hörte ich mir Marys Traum zwar an, war aber einfach zu müde, um auf ihn einzugehen. Ich sagte ihr, ich würde darüber nachdenken und dann zurückrufen, und unser nächstes Treffen kam, bevor ich den Anruf hatte erwidern können. Ich vermutete jedoch, daß dies ein Glück war, denn wenn Mary und ich an diesem besonderen Traum alleine gearbeitet hätten, wäre sein Reichtum wohl nie erschlossen worden – und die Gruppe hätte sicher eine ihrer anregendsten Phasen verpaßt. Seither bezeichneten wir uns, wenn uns der Teamgeist beflügelte, als den »Hansebund«.

Marys Traum
Ich war in einem sehr alten Haus, noch aus dem Mittelalter, in einem Schlafzimmer mit angrenzendem Badezimmer. Die Toilette spülte ziemlich oft ganz von selbst, und ein Regal im Bad bewegte sich. Ein paar Kinder kamen an die Tür und fragten nach Jeffrey (Marys Sohn). Sie waren neun oder zehn Jahre alt, also nicht in

255

Jeffreys jetzigem Alter. Ich sagte ihnen, es sei noch zu früh am Morgen für Jeffrey, um zu spielen, ob sie nicht später wiederkommen könnten. Sie gingen, aber ich bemerkte, daß ein paar durch die Tür ins Badezimmer gingen und dann hinunter in einen Raum im Keller.

Meine Mutter kam ins Haus, und ich erzählte ihr, daß seltsame Dinge passierten. Noch während ich mit ihr sprach, kam ein großer brauner Papiersack aus dem Bad geflogen. Dann hörten wir einen Umzug unten auf der Straße. Wir schauten aus dem Fenster, und ich konnte in einem sehr alten Haus gegenüber von unserem – die Straßen waren ziemlich eng – dieselben Kinder sehen, die vorher ins Haus gekommen waren. Meine Mutter sagte: »Vielleicht solltest du lieber aus diesem Haus ausziehen.«

Mary berichtete folgenden »Tagesrest«: Ein Freund meines Mannes ist an einer Bushaltestelle tot umgefallen. Am Tag vor diesem Traum sind wir in der Leichenhalle gewesen. Das ist für mich so eine Sache mit den Leichenhallen. Bevor ich von England hierher zog, hatte ich nie eine von innen gesehen. Als ich zum ersten Mal dazu kam, fragte ich Jason, meinen Mann, was man dort macht. Als er es mir erklärt hatte, sagte ich: »Laß mich niemals dort hineingehen.« In England werden die Toten ins Bestattungsinstitut überführt und danach zur Kirche, aber niemals in einen so merkwürdigen Salon, wie die Leichenhalle einer ist. In all den Jahren seit meiner Verheiratung bin ich nicht hingegangen, aber diesmal machte ich mir Sorgen wegen Jason... der Verstorbene war ein Kollege, den er jeden Tag gesehen hatte... und deshalb ging ich doch hin.

Die Witwe dieses Mannes ist eine schwierige Person. Ihre jüngere Tochter sperrte sich ins Badezimmer ein und weigerte sich, zur Leichenhalle zu gehen, aber die Frau sagte zu mir: »Morgen muß sie dorthin!« Ich entgegnete ihr, vielleicht wollte das Mädchen ihren Vater nicht in einem Sarg liegen sehen, denn auch ich wollte ihn ja eigentlich nicht dort sehen. Ich spürte, daß die Mutter nachtragend war. Dann hat sie zu Jason gesagt, sie wollte, daß wir mit ihrer Tochter sprechen. Ich dachte, das würde nun doch wirklich zu weit gehen. Mit unseren eigenen Kindern sind wir nicht so streng. Das Ganze nahm mich ziemlich mit.

*Ich kehrte von all dem mit dem Gefühl zurück, absolut aus-
gelaugt zu sein. Ich war in einen Sessel gesunken und in einer Art
Apathie, als Jeffrey mich ansprach: »Das ist doch dein Bekannter,
Mutter.« Da war wirklich Doktor Ullman im Fernsehen und leite-
te seinen Traumkurs in New York! Ich saß da wie angewurzelt. Er
machte alles genauso wie Nan. Und nicht nur das: Die Träume
der Teilnehmer handelten von ihrer Angst, über sie im Traumkurs
zu berichten, genau wie das bei uns am Anfang gewesen war. Das
war ziemlich aufregend. Nun wußte ich, wie Doktor Ullman aussieht und daß Nan alles so macht, wie es sein soll.*

*Meine Gedanken vor dem Einschlafen drehten sich um Nan,
Doktor Ullman und die Träume.*

*Ich weiß, ich habe schon eine Menge gesagt, aber ich muß euch
noch eine Assoziation aus der Vergangenheit mitteilen. Vor einigen Jahren waren wir in Bergen in den alten Hansehäusern, in
denen die deutschen Kaufleute früher gewohnt haben. Die deutschen Lehrlinge durften diesen Bereich nicht verlassen. Sie gingen bei einem Kaufmann in die Lehre und blieben dort in den
Häusern. Die Gebäude waren alle untereinander verbunden: jedes hatte eine Verbindung mit dem nächsten. In den winzigen
Schlafräumen waren vier bis sechs Kojen, in denen die Lehrlinge
schliefen. Sie durften nicht unter die Norweger gehen, durften
sich nicht anfreunden mit den Leuten des Landes, in dem sie aus-
gebildet wurden. Ich war niedergedrückt, als ich aus den Häusern
hinausging. Diese Art von Häusern habe ich in meinem Traum gesehen.*

Marys Traum regte uns zu einer lebhaften Diskussion an. Wir
sprachen über Jessica Mitfords Buch ›The American Way of
Death‹ (1963; deutsch: ›Der Tod als Geschäft‹, Anm. d. Übers.).
Wir redeten über Isolation und das Abgeschnittensein von den
Gebräuchen und Gewohnheiten des eigenen Geburtslandes. Wir
sprachen von Poltergeistern und »Geräuschen im Dunkel der
Nacht«. Wir diskutierten über unseren Traumkurs und über den
von Montague Ullman. Wir brauchten zwei Treffen, um all unsere
Reaktionen zu ordnen und sie in einer für Mary befriedigenden
Weise zusammenzusetzen.

Wir folgerten, daß der Traum in Gestalt eines einzigen »Szenarios« zwei Themen kombiniert hatte, die Teile von Marys »Tagesrest« waren: ihr Erlebnis in der Leichenhalle und ihre Sicht der Traumgruppe. Ein Schlüssel zum Traum war ihre Verknüpfung des Traumhauses mit den Häusern der Hanse-Lehrlinge.

Die eindrucksvollsten Bilder kamen von den folgenden Metaphern: *Das alte Haus:* Marys emotionaler Bereich, in dem viel harte Arbeit geleistet wird. Man hat den Eindruck einer Entfremdung und zugleich vom Eingriff in die Privatsphäre. *Badezimmer:* Eine fremde Kraft stört persönliche Aktivitäten an diesem Ort. Etwas ist außer Kontrolle. *Ein Regal wird verschoben:* ein vergeblicher Versuch, das Unerfreuliche und die Erschöpfung des Tages wegzuschieben. *Das WC spült von selbst:* ein weiterer Versuch Marys, das Erlebnis zu beseitigen, ohne daß sie etwas damit zu tun hat. Denn wie könnte sie für den Inhalt einer von selbst spülenden Toilette verantwortlich sein! *Gruppe von Kindern,* die in ihren Privatbereich eindringen: Das sind wir, die Kameraden der Traumgruppe. Wir fragten nach Jeffrey, den sie im Alter von zehn oder elf Jahren sieht, dem üblichen Alter von Hanse-Lehrlingen. Um bei unserem Spiel mitzumachen, muß sie etwas von der Spontaneität der Kindheit annehmen, zugleich aber die damit verbundene harte Arbeit akzeptieren. Mary denkt, es sei zu früh, das Spiel offener zu spielen. Ein paar von uns schleichen sich dennoch vorbei. (Sie ist ambivalent hinsichtlich eines Rausschmisses.) Die Kinder dringen in ihr Territorium auf beängstigende Weise ein. Wir gelangen unter das Badezimmer. Hier befindet sich das Zeug, das sie heimlich wegzuschaffen versucht.

Marys Konflikt – zwischen ihrem Bedürfnis nach Privatleben und dem Drang, ihre Gefühle zu zeigen – ist nun »aus dem Sack«... tatsächlich fliegt der Papier*sack* aus dem Badezimmer. Ein Mitglied fügte hinzu: »Wenn du ausge*sackt* bist (im Bett und beim Träumen), bleiben deine Gefühle nicht wie gewohnt verborgen.« *Umzug:* Wenn Mary ihre Gefühle vor anderen zeigt, werden all jene Kinder (die Traumkameraden) zusehen. Was ist, wenn sie *lachen* und es als etwas Lustiges ansehen, obwohl es für sie ziemlich ernst ist?

Aus dem Haus ausziehen: Was sollte sie tun? Ihrer gewohnten Zurückhaltung folgend, könnte sie dies alles hinter sich lassen und eine innere psychische Distanz wiederherstellen, in der die »Unruhegeister« der Traumgruppe ihr Haus nicht umzukrempeln drohen.

Der Tag hatte Mary emotional ausgezehrt. Sie war mit einer der gefürchteten Leichenhallen konfrontiert worden, mußte ihrem Mann beistehen, sich um eine Witwe kümmern, die ihrer Tochter gegenüber nachtragend war. Wir bemerkten, daß einige der Traummetaphern ihre Vorstellung des *»American Way of Death«* ausdrückten. Die Toilette spült von allein: ihr Gefühl, daß wir die unangenehmen Aspekte des Todes durch die Verlogenheit und den Pomp der Leichenhallen zu verbergen suchen. Unpersönliche Mächte *beseitigen* totes Material. Was wir sehen, ist nur der Behälter, der Sarg oder der *braune Papiersack.*

Dies wäre der erste Anstoß für ihren Traum gewesen, hätte sie nicht unmittelbar vor dem Zubettgehen den Film von Montague Ullmans Traumgruppe gesehen. Sie war fasziniert und gespannt darauf, seine Techniken in Aktion zu sehen. Auch war sie erstaunt über die Ähnlichkeit zwischen unserer Gruppe und seiner. Besonders erwähnte sie, daß der Inhalt des Traums etwas mit der Angst bei der Teilnahme an einer Traumgruppe zu tun hatte. Unsere Traumgruppe bekam mehr Gewicht, weil unser Ansatz dem von Montague Ullman ähnelte. Vielleicht könnte sie der Gruppe mehr von ihren intimsten Gefühlen anvertrauen, wie jene, die sie an dem Tag erlebt hatte. Dies erweckte das alte Schreckgespenst wieder zum Leben – wenn ich mich öffne, bin ich angreifbarer: Soll ich, oder soll ich nicht?

Zum Abschluß dieses Treffens sagte Weston: »Jeder von uns hätte seine eigene Version dieses Traums träumen können. Wir alle fragen uns, ob wir wahrheitsgetreu erzählen sollen oder nicht. Wir haben diese Türen, die jeden von uns mit dem Haus des anderen verbinden. Und wir alle versuchen sicherlich ernsthaft, von unserer Arbeit mit den Träumen zu profitieren. Ich ernenne uns zu Hanse-Lehrlingen!«

Wir hatten acht Monate zusammen an unseren Träumen gearbeitet, als Lenore (eine Lehrerin für lernbehinderte und verhaltensgestörte Kinder) uns ihre Sicht vom »Dilemma der gemeinsamen Identität« mitteilte.

Lenores Traum
Da ist ein Kleinkind. Ich denke, es könnte Kerry sein (Howards und Nans Adoptivtochter), etwa zwei Jahre alt. Viele Leute sitzen in einem Kreis, und dort ist ein großer, offener Kamin mit lodern-dem Feuer. Dotty sagt: »Wir können hinter das Gitter klettern, da sind wir am Feuer, wenn uns kalt ist.« *Das mache ich. Ich habe den Eindruck, daß meine Freunde von der Kirche dort sind, eine vertraute Gemeinschaft. Es gibt eine Toilette, die sich in einen Kinderstuhl mit eingelassenem Töpfchen verwandeln läßt. Je-mand sagt:* »Du kannst darauf auch beten.« *Als ich hingehe, um es zu betrachten, sehe ich, daß obenauf ein Kothäufchen liegt. Niemand merkt es oder sagt irgend etwas. Das Kind geht von ei-nem zum andern. Ich spüre Wärme, Möbel und Holz. Ein gutes Gefühl.*

Lenore fügt hinzu, daß der Ort dem Bauernhaus, das ihre Kir-chengemeinde besaß, ähnelte, so wie es vor einigen Jahren war. Wenn all die Leute um das Feuer herum saßen, war es warm und gemütlich. Sie war vor wenigen Tagen zu einem Gottesdienst dort gewesen und hatte gedacht, wie sehr die Atmosphäre dort sie jetzt enttäuschte. Die Wärme und Behaglichkeit waren dahin.

Unser letztes »Tower House«-Treffen war in Lenores Haus ge-wesen. Sie hatte diesen Traum in der Nacht, bevor wir kamen, ge-habt.

Ben (Lenores Mann) meinte, der Traum würde den Hausputz vor dem Gruppentreffen beschreiben. Vielleicht glaubte Lenore, daß sie nicht rechtzeitig alles weggeräumt haben könnte (das »Häufchen« auf der Toilette) und daß dennoch niemand Notiz da-von nehmen würde. Diese Art von Toleranz wäre bezeichnend für eine vertraute Gemeinschaft.

Lenore griff einen Teil dieses Gedankens auf, um ihre Gefühle in bezug auf das »Häufchen« zu klären. »Ich glaube, das bedeu-tet: Mach dir keine Sorgen darüber, wie du nun wohl vor dieser Gruppe dastehst. Solche Art Entleerung und Unordnung sind er-wünscht.«

HOWARD: Etwas mitzuteilen, das vertraulich und normalerweise unerwünscht ist, entspricht Kinderart. Ein Kind sieht das »Häuf-chen« als einen Teil von sich und verbirgt es nicht.

NAN: Hast du einen Traum gehabt, den du uns an diesem Abend mitteilen wolltest? Könnte das Häufchen ein besonderer Traum gewesen sein?

LENORE: Ich hatte einen Traum, bei dem ich mir überlegt habe, ob ich ihn erzählen soll. Ich meinte zu Ben, ich würde ihn nicht erzählen, worauf er sagte: Tu's doch, wenn du willst! Aber ich tat's nicht (kurzes Lachen). Man weiß nie bei solchen Träumen...

JENNY: Dachtest du, du solltest erst mal darüber *beten?* (Der verwandelbare Kinderstuhl.)

NAN: Was würde es bedeuten, auf die andere Seite des Gitters zu gehen?

LENORE: Ganze Arbeit zu machen. Ich bin sehr für ganze Arbeit, für Engagement.

TISH: Suchtest du nicht Wärme?

LENORE: Die Wärme ist das Verbrennen wert.

JENNY: Wie sieht es mit dem verwandelbaren Kinderstuhl aus?

LENORE: Das geht auf die Zeit zurück, als Ben und ich unsere Babys hatten. Wir haben dauernd diskutiert, ob wir etwas kaufen sollten, das vielseitig verwendbar ist, oder etwas, das nur *einem* Zweck dient. Was dabei herauskam, war dieser komplizierte Apparat, bei dem wir uns dann fragten: »Warum haben wir so was gekauft?«

NAN: Könnte es sein, daß du in deiner Kirchengruppe eine Art Verlust empfindest – das Bauernhaus ist nicht mehr so, wie es vor einigen Jahren war – und du es gern hättest, wenn unsere Gruppe sowohl als Traumgruppe wie auch als offen spirituelle Gruppe arbeiten würde? Neulich hat Dotty gesagt, daß sie aus einer der Kerngruppen eurer Kirche ausgetreten ist. In dem Traum deutet sie an, daß, wenn man glaubt, draußen in der Kälte zu sein, man näher ans Feuer treten soll. Und du gehst herum und suchst etwas, wo du dich niederlassen kannst, wie das kleine Kind.

WESTON: Vielleicht siehst du uns als eine Art konfessionelle Gruppe. Unsere innersten Bewegungen nach außen zu kehren, wo jeder sie sehen kann, ist wie ein Bekenntnis.

LENORE: Ich glaube, das kommt dem nahe. Ich habe wirklich ein Gefühl der Zugehörigkeit und Freiheit in dieser Gruppe. Ich muß mich entscheiden, was dies für mich bedeutet, ohne diese Bedeutung überzubewerten.

Die »Tower House«-Gruppe hatte eine Atmosphäre geschaffen, in der Lenore Toleranz und Wärme erlebte. Dies gab ihr einen ersten Halt, von dem aus sie andere bedeutsame Beziehungen neu bewerten konnte. Ihr Traum drückte ihre Bindung an die Traumgruppe aus; und doch hatten wir eine bestimmte Identität sowie Ziele, die nicht unbedingt ein befriedigender Ersatz für andere Engagements sein mußten.

Eines Abends gab uns Lenores Mann Ben (ein Zivilangestellter im Verteidigungsministerium) eine Lektion darüber, wie wichtig es ist, alle Einzelheiten in unsere Traumberichte aufzunehmen.

Bens Traum
Ich war in einem Klassenzimmer oder Büro. Der Flur draußen war so wie die Flure im Pentagon, wo ich arbeite. Die Leute machten Mittagspause. Zwei Jungen, mit denen ich zur Schule gegangen war, kamen zu mir und sagten: »*Laß uns zusammen zum Mittagessen gehen.*« *Ich war geschmeichelt, daß sie mich aufforderten, und sagte, ich würde sie auf dem Gang treffen. Ich ging hinaus auf den Flur. Dort war ein großes Durcheinander. Ich sah die Jungs nicht. Also dachte ich, ich würde allein zum Essen gehen. Als ich den Korridor entlangging, kamen sie beide auf mich zugerannt und sagten:* »*Wir haben uns deinetwegen schon Sorgen gemacht.*« *Dies tat mir gut, und ich ging mit ihnen weiter.*

Wir arbeiteten an Bens Traum unter Einbeziehung des Tagesrests, den er berichtet hatte, kamen aber auf nichts, was uns weiterbrachte. Dann fragte Howard nach den Jungen im Traum. Ben sagte: »Ich wuchs mit ihnen in einem Jungeninternat auf. Sie saßen in der Schule immer zusammen, weil ihre Namen alphabetisch aufeinanderfolgten. Sie standen sich nicht besonders nahe, sind aber beide zu verschiedenen Zeiten enge Freunde von mir gewesen. Es ist zehn Jahre her, daß ich sie zum letzten Mal gesehen habe.«

LENORE: Das ist wie ein anderer Traum von dir, in dem du zum Mittagessen eingeladen wurdest, was dir gutgetan hatte.

NAN: In dem andern Traum wurdest du eingeladen, dich einer Gruppe anzuschließen, aber am Tisch war kein Platz mehr frei, weshalb du den Teller mit dem Essen auf dem Schoß halten mußtest. Du warst froh, doch dabeizusein, obwohl du nicht an den Tisch gelassen wurdest. In diesem Traum jetzt fühlst du dich dem Akzeptiertwerden einen Schritt näher. Hier bist du viel mehr Teil von etwas – nicht auf der Suche nach einem Platz, sondern ausgesucht.

BEN: Miteinander essen ist eine Form sozialen Umgangs. Es bedeutet eine Art Akzeptanz. Als die Jungen nicht zu sehen waren, dachte ich: Ich werde vorausgehen und alleine essen, aber lieber möchte ich mit ihnen essen.

LENORE: Weil du in einem Waisenhaus aufgewachsen bist, machtest du dir oft Gedanken darüber, wie du Weihnachten verbringen würdest, die Wochenenden und all dies. Du mußtest eingeladen werden, andernfalls warst du allein beim Essen in einem Restaurant.

BEN: Ja, ich habe das viele Male erlebt... Aber das ist Jahre her. Ich kann damit nicht mehr viel anfangen. Es ist kein wirklich fertiger Traum. Ich denke, die Hauptsache, die ich aus ihm herausbekomme, ist das Angenommensein. Diesmal mußte ich mich nicht selber darum bemühen. Es war jemand da, der mich gewählt hat.

Mir fiel noch etwas anderes ein: Vor einem Monat erhielt ich eine OPR-Prämie.* Eigentlich hätte ich sie schon vor einem Jahr bekommen müssen, aber es brauchte so lange, bis sie bewilligt wurde.

JENNY: Vor etwa zwei Wochen wurde ich auch benachrichtigt, daß ich für eine Beförderung vorgesehen bin. Wir sind ja in einem Alter, wo eine kleine Gehaltserhöhung nicht soviel bedeutet, aber ich stelle mir vor, daß wir alle irgendeine Art von Anerkennung brauchen.

DOTTY: Könnten diese zwei Arten der Anerkennung deine beiden Freunde sein?

BEN: Das ist möglich, denn in beiden Fällen hatte ich sie mir nicht ausgesucht.

LENORE: Wie hießen die Jungen?

BEN: Ich glaube nicht, daß ihr sie kennt. Einer hieß Salter und der andere Saltonstall. Ähnliche Namen.

---

* OPR = Outstanding Performance Rating, also Prämie für hervorragende Leistungsbeurteilung. (Anm. d. Übers.)

DOTTY: Ähnliche Formen der Anerkennung.

LENORE: He! Du arbeitest doch im SALT-Ressort!

BEN: Ich habe die Namen nie erwähnt, weil ich mir nicht denken konnte, daß sie irgend etwas bedeuten. Erstaunlich... ich wollte an diesem Traum wirklich nicht vorbeigehen... er schien nur nicht bedeutsam genug zu sein. Ich denke, man sollte lieber nichts von seinen Träumen für selbstverständlich nehmen.

Wir waren uns zu Beginn unserer Treffen darin einig, daß wir nur an solchen Problemen des Wachlebens arbeiten wollten, die in unseren Traum-Metaphern dargestellt waren. Manchmal stießen wir bei unserer Suche nach der spezifischen Aussage auf Bereiche, die weniger wichtig für das Verständnis eines besonderen Traums waren. Wir wandten uns von diesen Bereichen ab, wenn der Kern des Traumproblems klarer wurde. Von den Traumbildern ließen wir uns zu den Konflikten des Wachlebens führen. Erst nach zehn Monaten änderten wir unser Vorgehen.

Howard hatte ein Experiment erwähnt, das auf einem von Robert Van de Castle geleiteten Traum-Workshop durchgeführt wurde, in dem man versuchte, etwas zu den Problemen anderer Teilnehmer zu träumen. Weston, ein Marinekapitän, hörte aufmerksam zu und fragte, ob wir das für ihn tun würden. Er kämpfte mit sich, ob er zur Universität gehen solle oder nicht, um einen Magisterabschluß zu erwerben. Das Für und Wider war ziemlich komplex, und wir brauchten einige Zeit, die Sachlage zu erfassen. Obwohl die meisten von uns vor einem Rätsel standen, wie man »das Problem einer anderen Person träumen« könne oder woran sich erkennen ließe, ob es gelungen sei, wollten wir es doch versuchen. Vielleicht weil wir in bezug auf das Vorgehen wie auch auf unsere Erwartungen unklare Vorstellungen hatten, waren die Ergebnisse enttäuschend. In der Nacht nach unserem Treffen hatte Weston allerdings selbst einen Traum, der seine Reaktion gegenüber dem, was an dem Abend passiert war, enthüllte und uns allen ein klareres Bild gab von einigen Prozessen, die innerhalb der Gruppe wirksam waren.

Westons Traum
Tish und ich fahren zu einer gesellschaftlichen Veranstaltung. Es
scheint ein Offiziersklub zu sein, und um hineinzugelangen, ist es,
wie wenn man durch ein Drehkreuz vor einem Stadion geht. Je-
mand mir Bekanntes grüßt uns, während wir hineingehen, und
weist darauf hin, wo man parken muß. Ich lasse ihn stehen und
sage schroff: Ich habe schon näher dran geparkt (was aber
tatsächlich kein erlaubter Platz ist). Mein Eindruck ist, daß der
Fahrtweg zur Party ähnlich verlief, wie wenn man über die Wil-
son-Brücke und dann nördlich auf die 295 fährt.

»Am Abend vor dem Traum waren wir bei unserer Gruppe gewesen. Auf dem Heimweg sagte Tish, ich würde mich allmählich
herablassen und mich der Gruppe anschließen. Ich antwortete ihr,
ich sei froh, dabeizusein. Ich mochte die Leute – hielt sie für eine
Gruppe, mit der man sich vertragen konnte.«

Seit unserem letzten Treffen hatte Weston gegen Gefühle der
Reserviertheit ankämpfen müssen; er wollte in der Gruppe ehrlich Gleicher unter Gleichen sein. Als Marineoffizier war er es jedoch gewohnt, Adjutanten zu haben, die sich seinen Befehlen und
Entscheidungen vorbehaltlos unterwarfen. Es verwunderte nicht,
daß diese Art von Distanz und Autorität oft in seinen Träumen
auftauchte.

Weston hatte ein Problem in bezug auf sein Verhältnis zur
Gruppe. Die Art und Weise, wie er das Problem zu lösen versuch-
te, wurde in jener Nacht symbolisch in seinem »Drehkreuz-
Traum« beschrieben. Weston wollte in den Offiziersklub hinein-
kommen, in dem die Traumgruppen-Party lief. Zu diesem Zweck
sah er sich selbst als einen Offizier des Traumklubs, mit den gewohnten Sonder- und Vorrechten seines Wachlebens, so daß die
Gruppe – unsere Gruppe – praktisch zu seinen Adjutanten wurde.
Er forderte uns auf, jene Arbeit zu tun, die normalerweise vom
Träumer selbst getan wird: Hier ist mein Problem, träumt mir eine
Antwort. Dadurch wurde unsere gewöhnliche Prozedur umge-
dreht (Drehkreuz-Eingang in den Offiziersklub). Die Traumgruppe aufzufordern, daß sie die schwere Arbeit für ihn verrichte, war
wie an einem »nicht erlaubten Platz« zu parken. In dem Traum
weist er den Aufseher schroff zurück, der ihn darauf aufmerksam

macht, daß man woanders parken müsse. Es ist schwerer, auf dem Parkplatz zu parken und zum Offiziersklub zu laufen (d.h. einen eigenen Traum zu berichten, die Tagesreste einzubringen sowie die Gedanken beim Einschlafen und die Metaphern).

Weston wollte die Kluft zwischen sich, seinem Problem und den Mitgliedern der Gruppe überbrücken (Wilson-Brücke). Ohne sich durch Traummaterial ausgewiesen zu haben, kehrte er den Vorgesetzten heraus und belehrte uns, welchen Weg wir einschlagen müßten (nördlich, auf der 295), um ins Innere seines Kopfes zu gelangen und die Traumlösung zu ermitteln.

Die Bedingung, die er implizit aufstellte, um zustimmen zu können, ein Mitglied der Gruppe zu sein – man sollte ihn praktisch als Offizier zwischen gemeinen Soldaten sehen –, schuf für ihn das vertraute Bezugssystem. Auf seine Weise versuchte er, sich zu uns zu gesellen, und wir akzeptierten seine »Bedingung« als Schritt hin zu tieferer Zugehörigkeit. Aber wir mußten erkennen, daß dies nicht sonderlich effektiv war, weder für ihn noch für die Gruppe. Wir alle waren gleichermaßen Lehrlinge des Hansebundes: jeder mit seinem eigenen Bett, seinen eigenen Träumen, seiner eigenen Arbeit. Wir konnten einander in dem Ausmaß helfen, wie wir uns ehrlich offenbarten und einander ohne Herablassung akzeptierten.

In einem zweiten Traum jener Nacht dreht Weston den Spieß um, zu sich selbst hin, und träumte spezifisch zu seinem Gesamtproblem. In diesem Traum tat er für sich das, worum er uns gebeten hatte.

Obwohl wir es uns oft anders wünschen, haben wir alle unseren Platz im gesellschaftlichen »Wespennest«, und es gibt großen Wirbel, wenn jemand die Ordnung der Dinge stört. Howard und ich waren in eine Affäre mit den hiesigen Behörden verwickelt. Die Grundsteuern waren in unserer Gegend hochgeschnellt. Unser Haus wurde auf die doppelte Höhe des Betrages vom Vorjahr veranlagt, weshalb Howard das Bezirksamt anrief, um unser Haus neu veranlagen zu lassen. Ein paar Tage später erschien ein Bauinspektor an unserer Tür, um das zwei Jahre alte Mansardenfenster zu kontrollieren. Sein Bericht zählte eine Anzahl kleinerer Verstöße auf, einschließlich der erstaunlichen Tatsache, daß die Fenster den Bruchteil eines Zentimeters kleiner waren als vorgeschrieben. Wenn sie nicht herausgerissen und vergrößert würden, könnten diese Zimmer nicht als Schlafzimmer genutzt werden. Das Verrückte daran war, daß wir vor Howards Einspruch wegen der Steuerbemessung keine Kontrolleure gesehen und auch keine Probleme vermutet hatten. Offenbar hatte Howard in ein Wespennest gestochen. Die Wespen schwärmten umher. Unsere Akten kamen nach oben. Geübt wie er war, schrieb Howard einen Brief an unseren Bezirksaufsichtsbeamten, in dem er die Abfolge der Ereignisse darlegte. Er entschloß sich, »darüber zu schlafen«, bevor er den Brief abschickte. In der Nacht träumte er folgendes.

Howards Traum
Nan und ich fuhren in unserem Opel auf der Schnellstraße. Wir fuhren die Fourteenth Street Bridge entlang und unter der Memorial Bridge auf die Kreuzung zu, die zur Key Bridge führt. Der Potomac war über die Ufer getreten und überschwemmte die Schnellstraße. Die Autos fuhren weiter dort hindurch, ohne daß es irgendwie spritzte. Wo die Straßen zusammentrafen, war ein reißender Schlammfluß wie nach einem heftigen Regenguß. Die anderen Autos fuhren durch, als wenn dort die Straße wäre, und es schien ihnen nichts auszumachen. Ich war nicht ängstlich, aber ich fuhr langsamer, und an der Ecke hielt ich an. Dort waren diese riesigen Wassermassen, und alle möglichen Fahrzeuge fuhren mittendurch: Autos, Schlepper, Tieflader mit Baumaterial. Ich entschloß mich, das nicht zu versuchen, setzte meinen Wagen zurück und fuhr einen anderen Weg.

Es fiel uns nicht schwer, die Sturzbäche als die mächtigen und unpersönlichen Kräfte der Bürokratie zu identifizieren. Leute, die keinen *Spritzer* machten, kamen auf ihrem Weg sanft und ungefährdet voran. Howard dachte darüber nach, ob es das Risiko wert sei, das System herauszufordern, indem er den Bezirksaufsichtsbeamten auf unsere Situation aufmerksam machte (d.h. in dem reißenden Strom zur Key Bridge fahren). Wegen der möglichen Folgen hatte er keine Angst, aber wegen der Macht der Verwaltung war er doch ziemlich entmutigt. Er war ärgerlich und wollte aus der ganzen Angelegenheit aussteigen: das Haus verkaufen, um die höheren Steuern zu vergessen.

Was diesem Traumbericht zusätzliche Wirkkraft gab, war, daß Howard sich an einen zweiten Traum derselben Nacht erinnerte.

Ich sprach mit einem Mann. Es war eine erregte Unterhaltung. Ich erinnere mich: Ich hatte zwei Möglichkeiten: entweder weiterreden oder dem Kerl eine langen. Was soll's, dachte ich, holte aus und schlug zu. Die Sache war die, in Wirklichkeit schlug ich mit der Hand auf das Kopfteil der Bettstelle. Ich wachte auf, und mein Knöchel schmerzte und war abgeschürft.

Am nächsten Morgen machte Howard geringfügige diplomatische Korrekturen an seinem »durchschlagenden« Brief und schickte ihn dem Bezirksaufsichtsbeamten. Unsere Bemessung wurde gesenkt (wenn auch nur zum Teil), und der Kontrollbericht endete mit dem Vermerk »abgeschlossen«. Nach dieser Traumsequenz hatten wir alle mehr Respekt vor dem Sprichwort »Überschlafe es«.

Wir alle haben unsere kunstvollen Manöver, denen wir von Zeit zu Zeit verfallen, um uns davor zu drücken, das zuzugeben, was wir eigentlich wissen. Tish, Westons Frau, eine Vorschullehrerin, bildete da keine Ausnahme. Sie war Meisterin darin, ihre Mißgeschicke in überreichen Metaphern zu schildern. Sie pflegte eine Geschichte von homerischen Dimensionen aufzuziehen, die einem Traum entstammte, der weit genug vor unserem Treffen lag, so daß nur der offensichtlichste Tagesrest erinnert werden konnte. Zuerst fühlte sich die Gruppe ja noch schuldig wegen der flachen Reaktionen auf diese »Odysseen«. An einem quälend verlaufenden Abend wurde uns aber klar, daß die Träume auf diese Weise präsentiert wurden, weil uns nur die Möglichkeit bleiben sollte, sie ohne innere Überzeugung zusammenzubauen. Tish war verletzt und fühlte sich durch diese Aufdeckung angegriffen. Glücklicherweise waren wir lange genug zusammen, um darauf zu vertrauen, daß der Eindruck des Übergriffs zu beseitigen war. Beim nächsten Treffen sollte sie ihren letzten Traum berichten, egal wie lang er wäre. Der Traum, den sie berichtete, war, wie Lenore sagte, »eine Herausforderung für uns Frauen«. Wir nannten ihn den »weiblichen Traum«.

Tishs Traum
Ich versuchte wieder mal, einen Zug zu erreichen. Ich ging durch einen Wald hinunter. Es lag viel Schnee dort. Immer wieder traf ich auf den Zug, aber jedesmal wenn ich hinkam, sagte mir der Schaffner, ich könne nur in eine Richtung fahren. Ich sagte, das wäre in Ordnung. Ich wollte nur in eine Richtung. Ich wollte mein Auto am anderen Ende abholen und zurückfahren. Die Botschaft blieb: »Eine Richtung, ich kann nur in eine Richtung fahren.« Ich ging wieder hinauf in den Wald und wieder hinunter, so daß ich an verschiedenen Punkten an die Gleise kam.

Ohne von den Tagesereignissen zu wissen, hätten wir voreilig darauf schließen können, daß der Traum Tishs Beziehung zur Gruppe klärte: Sie wollte auf die richtige *Bahn* kommen, indem sie die Träume in einer arbeitsgerechten Form präsentierte, und uns gleichzeitig mit einer *Schnee*geschichte verwirren. Ein Bericht von den Ereignissen des Vortages führte uns jedoch viel näher an die Frustrationen, die ihr Traum verbildlichte.

Tish hatte einen sehr emsigen Morgen gehabt: Tag der offenen Tür in der Vorschule und Information interessierter Eltern, Abholen ihrer Schwiegermutter vom Friseur, dann nach Hause brausen, um rechtzeitig Westons Mittagessen zu bereiten, bevor er nach Florida abflog. Sie hatte ein Geburtstagsgeschenk kaufen wollen, das er für ihre Mutter nach Florida mitnehmen sollte, aber Weston war ärgerlich über diesen Einfall in letzter Minute und weigerte sich, es mitzunehmen, selbst wenn sie es tatsächlich fertiggebracht hätte, vor seiner Abreise zurück zu sein. Später am Nachmittag gingen Tish und ihre Schwiegermutter (die in Tishs Kleiderschrank geschaut und ihre Garderobe schrecklich gefunden hatte) in die Stadt, um für Tish neue Kleider zu kaufen. Sie fanden einige passable Angebote, kauften aber keines davon, weil Tish immer erst Westons Zustimmung einholte, ehe sie sich etwas zum Anziehen kaufte. Ihre Schwiegermutter blieb bei Freunden über Nacht, und Tish hatte einen typischen angebrochenen Abend ohne Weston. Westons Kommentar: »Total chaotisch.«

Dotty bemerkte, daß Tish und Weston viel darüber sprächen, wie schrecklich chaotisch Tish sei, wobei sie aber eine ganze Menge zu erledigen schien.

Tish antwortete: »Ja, aber ich bin wie ein Schneebesen in Aktion. Ich mache eine Menge, aber es herrscht das totale Chaos, wo ich etwas mache.«

Das brachte genau ihre Beziehung zur Gruppe auf den Tisch. Wenn sie durch einen langen und komplizierten Traum wirbelte, die Bilder in alle Richtungen weiterspann, erreichte sie, was sie wollte, ohne daß wir ihr zu nahe kamen. Niemand wird seine Hand in eine Schüssel mit einem rotierenden Schneebesen halten! Aber wie paßte dies zu Tishs Traum?

Tishs Dilemma in dem Traum ist, wie sie das tun kann, was sie will, während sie tut, was Weston will. Sie muß nicht nur schnell herumgehen, sondern auch rauf und runter, vor und zurück – von dem Wald, in dem sie für sich funktionieren kann, zum Zug. Und was bedeutet der Zug *(train)?* Westons Frau zu sein. Unter dem Einfluß seiner militärischen Schulung *(training)* glaubt Weston, daß es nur *einen* Weg gibt, den Haushalt zu führen. Tish verkörpert das Gegenteil der militärischen Ordnung. Als Westons Frau darf sie jedoch nur die Richtung einschlagen, die er für sie bestimmt. Sie muß hin und her pendeln zwischen ihrem Stil und dem seinen. In ihrem Traum versucht sie den Schaffner zu überzeugen, daß sie in seine Richtung fahren will. In Wirklichkeit hofft sie, seine Richtung zu benutzen, um zu ihrem eigenen Auto zu gelangen (d.h. zum Ende des Tages, wenn sie allein sein wird und ihren Haushalt dann so machen kann, wie sie will).

In ihrem Traum verbraucht Tish viel Energie, um zu versuchen, gleichzeitig im Wald und bei der Bahn zu bleiben. Sie kommt niemals zum Zug, noch ruht sie sich aus und freut sich an ihrem Gang durch den Wald. Es schien der Gruppe wichtig, sowohl die Schneebesen-Technik wie auch die Einspur-Bahn zu bewerten. Was wollte Tish als Frau, als Gattin, als Mutter? Warum mußte ihr Auto am Ende der Strecke stehen? Das sind aber Fragen, die nicht an einem einzigen Abend beantwortet werden können.

Im Verlauf des Jahres gab es Augenblicke, bewußt herbeigeführte und spontane, in denen wir die hinter uns liegenden Traum-Entdeckungen im Blick auf ihre Wichtigkeit Revue passieren ließen. Als Jenny die Gruppe nach neun Monaten verließ, bescherte uns dies eine Periode der Neubestimmung. Jenny glaubte, sie könne schon erfolgreich mit Träumen arbeiten. Sie fühlte sich vertraut mit unseren Techniken, und die Sprache der Metaphern war für sie nicht länger rätselhaft. Sollte sie einem Traum einmal ratlos gegenüberstehen, so könnte die Gruppe zusammengerufen werden. Für sie hatte das »Tower House« seinen Zweck erfüllt.

Jennys Auffassung half uns zu sehen, wie falsch es gewesen wäre, die »Tower House«-Gruppe als ein künstliches Unterstützungssystem am Leben zu halten. Es gab schon zu viele Gruppen um uns herum, die mit Elan begonnen und nun ihre Nützlichkeit selbst überlebt hatten. An solch einem Punkt hielten wir eine Auflösungssitzung ab. Sie endete mit einer erneuten Anerkennung des Wertes der Gruppe für jeden von uns.

Dotty drückte den bleibenden Wert unserer Treffen so aus: »Mehr als jemals zuvor blicke ich Träumen, die mir bei meinen Problemen helfen, voller Erwartung entgegen. Meine Träume zu verstehen, hat mich bewußter für meine Gedanken gemacht. Bevor wir zusammenkamen, bewegten sie sich zu sehr innerhalb der Grenzen dessen, was Traumdeutung für mich umfaßt. Wir haben den Bereich meiner Gedanken über Träume erweitert, damit er, wie das Leben selbst, alles umgreift. Die andere Seite ist die Gruppe: Es ist entscheidend für mich, unsere regelmäßigen Treffen zu haben. Das läßt mich in meiner eigenen Arbeit mit meinen Träumen aktiv sein, von den Träumen einmal abgesehen, die ich euch erzähle. Ich schimpfe sehr mit mir, wenn ich mal einen wichtigen Traum durch die Finger schlüpfen ließ, aber weil ich weiß, daß ihr an euren Träumen arbeitet, passiert mir das nur selten.«

Unsere Freude am Verlauf der Gruppenarbeit konnte nicht allein Einsichten oder gescheiten metaphorischen Assoziationen zugeschrieben werden. Wir entwickelten Verständnis und Toleranz füreinander, was auf keine andere Weise zustande gekommen wäre.

Wissenschaftler sagen manchmal von Theorien, sie hätten »Eleganz«. Rollo May verweist auf eine »innere Konsistenz... die Art von Schönheit, die unsere Sensibilität berührt – dies sind bedeutsame Faktoren, aus denen sich erklärt, weshalb eine bestimmte Idee ankommt«[1]. So war es mit unserer eigenen Arbeit mit den Träumen. Die Eleganz war evident, wenn der Träumer von der einzigartigen Bedeutung seines Traums getroffen war. Und auch die schmerzlichen Enthüllungen waren von einem Aufblitzen der Erkenntnis durchdrungen: »Natürlich! Das ist es! Wie konnte ich mich um diese Wahrheit nur so lange abmühen?« Wir empfanden Erleichterung und auch Freude.

Wie sehr wir auch an einer Zukunft unserer Gruppe zweifeln (während ich dieses schreibe, treffen wir uns alle zwei Monate), so wissen wir doch, daß unsere Träume immer bei uns sind: eine »innere Rechnungslegung«. Wir haben die Freiheit, die Träume zu ignorieren. Dies ändert aber nichts daran, daß sie uns unaufhörlich auf den Zustand unserer Psyche hinweisen. Eines Abends, als wir darüber sprachen, sagte Ben: »Laßt mich einen Traum berichten, den ich vor einem Monat hatte. Für mich enthielt er überhaupt keinen Sinn. Ich erzählte ihn Lenore, und sie sah ihn genau richtig.

Wir hatten eine Menge Gäste bei uns zu Hause. Im Wohnzimmer war mein Bett aufgeschlagen. Unter den Kissen lag ein Bündel Post. Ich hatte mich überhaupt nicht um sie gekümmert. Ein paar Briefe waren auf den Boden gefallen. Dazwischen lagen Dollarnoten.

Ich dachte: Was heißt das? Aber Lenore hatte einen Geistesblitz: ›Du liest deine Traumpost nicht und ziehst keinen Nutzen aus ihr.‹

Sie hatte recht, ich war nicht diszipliniert darin, meine Träume festzuhalten und sie niederzuschreiben. Sie kommen weiterhin, und ich ignoriere sie weiterhin. Für mich sind sie eine ungenützte Goldmine. Ich schätze, mein Traum sagte: Vergiß das nicht!«

R.D. Laing sagt:»Was wir denken, ist weniger als das, was wir wissen; was wir wissen, ist weniger als das, was wir lieben; was wir lieben, ist soviel weniger als das, was es gibt. Und in genau diesem Ausmaß sind wir soviel weniger als das, was wir sind...«[2].

Wir konnten es nicht dabei belassen – nicht mit unseren Träumen, die uns helfen.

15. Außersinnliches im Traum

Wir haben eine Anzahl bemerkenswerter Eigenschaften unseres Traumlebens kennengelernt. Dazu gehören unsere Sensibilität für das jeweils auslösende Lebensereignis und dessen möglichen Einfluß (der Tagesrest), der wichtige Prozeß des Abtastens zurückliegender Erfahrungen, mit dem wir versteckte Winkel unseres Gedächtnisses erhellen können, sowie das hervorragend zweckdienliche Verfahren, Bilder für das Schauspiel unseres Lebens zu finden und zu verwenden. Obgleich dies alles schon bemerkenswert genug ist, gibt es in unseren Träumen eine weitere, recht rätselhafte Tatsache, nämlich unsere Fähigkeit, unter besonderen Umständen Informationen über Ereignisse in unseren Träumen einzubauen, die sich in der – jetzigen oder zukünftigen – äußeren Welt abspielen und von denen wir durch die normalen Kommunikationskanäle kein Wissen bekommen haben können. Ich meine damit die paranormalen Träume und die Fähigkeit des Träumers, Informationen telepathisch (aus der Psyche einer anderen Person) oder hellseherisch (Ereignisse, die sich außerhalb der Reichweite unserer normalen Wahrnehmungsstruktur abspielen) oder präkognitiv (Ereignisse, die noch nicht stattgefunden haben) aufzunehmen. (Diese Fähigkeiten werden zusammenfassend und landläufig als »ASW«, d.h. außersinnliche Wahrnehmung, bezeichnet. Im einschlägigen Bereich tätige Wissenschaftler ziehen allerdings oft als neutralere Bezeichnung den griechischen Buchstaben »Psi« vor, unter dem man die verschiedenen Formen von ASW und weitere paranormale Wirkungen, wie die Psychokinese, d.h. den Einfluß des Geistes auf die Materie, zusammenfaßt.)

Der Beweis dafür, daß es Traumtelepathie und präkognitives Träumen tatsächlich gibt, kommt von verschiedenen Quellen. Dazu gehören veröffentlichte Berichte, die sorgfältig untersucht und von zuverlässigen Beobachtern dokumentiert worden sind, Berichte von Psychiatern und Psychotherapeuten über telepathische Träume ihrer Patienten und über erfolgreiche Versuche, telepathische und präkognitive Träume im Laboratorium hervorzurufen.[1]

Die folgenden Traumerfahrungen werden nicht als Beweis der Existenz von Telepathie, Hellsehen oder Präkognition in Träumen angesehen. Es hat keine Versuche gegeben, die hier vorgestellten Beispiele im einzelnen zu validieren.

Auf viele von ihnen bin ich aufmerksam geworden durch die Resonanz auf einen Artikel über Traumtelepathie, den ich für das Magazin ›Family Circle‹ geschrieben hatte. In einigen Fällen könnte eine sachlichere Erklärung die paranormale Hypothese ersetzen, wenn der Vorfall eingehender untersucht worden wäre. Nichtsdestoweniger veranschaulichen die folgenden Berichte, wie ich aufgrund meiner Kenntnis von offensichtlich gut dokumentierten Fällen aus der Literatur bestätigen kann, auf typische Weise, wie paranormale Traumphänomene in unser Leben treten.

Ich will mit einem eigenen Traum anfangen. Hier sind meine Aufzeichnungen davon, die ich am nächsten Tag, dem 11. Februar 1972, gemacht habe:

Ich wachte in der Nacht von einem sehr lebhaften Traum auf. Es schien ungewöhnlich real zu sein. Ich hatte von einem unbekannten Spender einen Scheck über 1 ½ Millionen Dollar erhalten und danach noch einen über denselben Betrag. Ich war überglücklich. Mir wurde klar, daß unser Traumlabor damit gerettet war. Ich konnte es nicht glauben, obwohl ich die Schecks in meiner Hand hielt.

13 Uhr: Ich erzählte Lester den Traum.

14 Uhr: Ich erzählte den Traum George, Gene und Phil.

15 Uhr: Die Post brachte einen Scheck über 500 Dollar von einem unbekannten Spender, der damit auf unseren Aufruf im Magazin »Psychic« reagierte. Es lag eine Notiz bei, die uns viel Glück wünschte. Sie war doppelt ausgefertigt: Seltsamerweise wurden uns sowohl das Original als auch, getrennt davon, ein Durchschlag dieser Notiz geschickt.

Unser Labor war damals das einzige, in dem das Problem der außersinnlichen Kommunikation in Träumen erforscht wurde. Es befand sich seit September 1971 in großen finanziellen Schwierigkeiten. Wir waren besorgt, daß wir nach Jahren grundlegender und erfolgversprechender Arbeit damit rechnen mußten, das Labor schließen zu müssen, wenn nicht bis zum Sommer zusätzliche Mittel flössen. Der Aufruf in ›Psychic‹ hatte zu Spenden von je 5 bis 10 Dollar geführt, die in den zwei Monaten vor dem Traum sporadisch verteilt eingingen.

Die Notlage des Labors ging mir natürlich im Kopf herum, ebenso die Hoffnung, irgend jemand würde uns zu Hilfe kommen. Die Tatsache, daß der Traum in der Nacht vor dem großen Scheck kam, dürfte mehr als ein zufälliges Zusammentreffen gewesen sein. Gibt es irgendwelche anderen Merkmale, die nahelegen, daß es mehr als das war? Im Traum gab es eine Verdoppelung in Gestalt des Erhalts von zwei Schecks. In der Wirklichkeit betraf die Verdoppelung den Erhalt zweier gleicher Briefe.

Nicht jeder lebhafte Traum hat einen paranormalen Inhalt, aber oft zeichnen sich paranormale Träume durch Besonderheiten aus. Die in meinem Tagebuch notierten Namen waren die von Kollegen in der Klinik, wo ich arbeitete. Für mich war es jedoch sehr ungewöhnlich, ihnen meine Träume mitzuteilen. Ich kann mich nicht erinnern, es davor oder seitdem getan zu haben.

Ich lebte und arbeitete schon sieben Monate in Schweden, als meine Frau Janet folgenden Traum hatte:

Monte und ich besuchen Ely und Norma (einen ehemaligen Studienkameraden und seine Frau). Im Haus herrschte ein reges Treiben, und es wimmelte von Leuten, einschließlich Kindern. Während unseres Besuchs kam Normas alte und schwache Mutter – und dann auch noch Elys gebrechliche alte Mutter. Norma bemutterte sie in der ihr eigenen Weise. Ely rief vom oberen Stockwerk herunter, wo ein alter Mann, entweder sein oder ihr Vater, sehr krank darniederlag. Monte ging zu ihm nach oben.

Am Morgen nach diesem Traum erhielten wir den ersten und einzigen Brief, den wir je von Ely und Norma bekommen haben. Sie hatten ihnen vor etwa vier Monaten geschrieben. Unter den Themen in ihrem Brief war die Neuigkeit, daß Normas Vater im vorigen Sommer gestorben war, sowie ein Bericht über Normas und Elys Bemühen um eine Übersiedlung von Normas Mutter in eine Stadt in ihrer Nähe. Wir haben ihre Eltern nie gesehen. Janets Anhänglichkeit an die eigene Mutter war und bleibt sehr ausgeprägt. Bewirkte dies den Aufbau eines Kanals, der eine Verbindung herstellte zwischen ihren Traumgedanken und unseren Freunden und deren Beschäftigtsein mit Normas verstorbenem Vater und ihrer alten Mutter?

Vor einigen Jahren hielt ich in Esalen einen Traumworkshop ab, bei dem ich die Schreiberin des folgenden Briefs traf. Ich hatte ihr bei einem Traum geholfen, und wir hatten daraufhin korrespondiert, meist über Träume. Dies war aber das erste Mal, daß sie einen paranormalen Traum erwähnte.

Am Sonntag vor einer Woche träumte ich von etwas, das aussah, wie wenn es um seine Mitte herum eine lange weiße Wolke hätte. In meiner Therapiestunde am nächsten Tag assoziierte ich zu der Wolke einen Nabel und sprach viel von Maria. Dann kam mir meine Schwester Mary in den Sinn. Sie ist 39 Jahr alt und schwanger, hat schon drei Kinder, die 16, 14 und 11 Jahre alt sind. Ich hatte solche Angst um sie, daß ich sie anrief. Sie war vor kurzem nach Glen Falls/New York gezogen und hatte dort einen praktischen Arzt, der sich um sie kümmerte. Sie erzählte mir, das Fruchtwasser sei schon abgegangen, die Wehen würden aber noch auf sich warten lassen. Ihr Arzt habe gesagt, alles sei in bester Ordnung, und sie solle in Bewegung bleiben. Auf meine Frage, ob sie sich schon überlegt habe, einen Facharzt zu konsultieren, sagte sie, sie würde es sich mal überlegen.

Als ich am nächsten Tag zu meinem Therapeuten ging, meinte er: »Sie unternimmt nicht die nötigen Schritte. Sie müssen sich auf schlechte Nachrichten gefaßt machen.« Mein Magen krampfte sich dabei zusammen, ebenso als ich sie bei meinen Anrufen am Dienstag und am Mittwochabend immer noch zu Hause vorfand; sie hatte zwar telefonisch mit ihrem Arzt gesprochen, aber der sagte, er glaubte, daß alles normal verliefe. Am Donnerstagabend flog ich nach Philadelphia. Da der Flug Verspätung hatte, nutzte ich die Zeit, um sie wieder anzurufen. Ich erzählte ihr, daß ich seit meinem Traum am Sonntag das Gefühl hätte, daß sie wegen ihres Zustandes dringend etwas unternehmen müßte, und daß ich hoffte, sie würde sich noch zum Facharzt begeben, nur um mich zu beruhigen. Sie sagte, sie habe diesen Nachmittag ihren Arzt aufgesucht, und der habe gemeint, es sei kein Spezialist nötig, da »der Sie wahrscheinlich in irgend so ein Krankenhaus schicken würde«.

Irgendwie drangen meine Worte dieses Mal zu ihr durch. Mary vereinbarte einen Termin bei einem Geburtshelfer, der eine halbe Stunde nach ihrer Ankunft bei ihr einen Kaiserschnitt machte. Das Baby lag quer, war in keiner guten Verfassung, und Mary hatte ihrerseits Komplikationen. Inzwischen ist das Kind aus dem

Brutkasten, und beiden geht es von Tag zu Tag besser. Um Mitternacht desselben Tages, an dem Mary den Kaiserschnitt bekam, entdeckte die Krankenschwester übrigens, daß Mary Mumps hatte. Das ist wirklich ein grotesker Zusatz! Der Arzt meinte, wenn ihm dies zur Zeit der Operation bekannt gewesen wäre, hätte es ihn wirklich unter außerordentlichen Streß gesetzt – allerdings würde er dann wohl genauso gehandelt haben.

Dies ist ein Fall aus einer ganzen Reihe von Fällen, in denen der Gefühlsrest des Traums den Träumer veranlaßt, Schritte zu unternehmen, und ihn nicht ruhen läßt, bis er etwas Wirksames unternommen hat.

Hinter den Traumbildern steht oft die Thematik von Leben und Tod oder vom Fortleben (nach dem Tode), selbst wenn der Inhalt des Traums davon ziemlich weit entfernt zu sein scheint. Eines Tages erhielt ich die folgende Mitteilung von einem Mitglied meines Teams, einem Psychiater, der zuvor noch nie ein ASW-Erlebnis gehabt hatte, aber wußte, daß ich mich für ASW interessierte.

An Herrn
Dr. Montague Ullman
von Dr. Hans J. Nieporent
Betr.: ASW(?) und Träumen

Die Situation
Am 27. Juni 1972 klingelte mein Wecker um 6.30 Uhr. Ich stand auf, um ihn abzustellen, und entschloß mich, noch ein bißchen im Bett zu bleiben. Dann wachte ich um 7.20 Uhr auf, und in der Zwischenzeit hatte ich den folgenden Traum:
Der Traum
Ich bin in der Abteilung für Herrenbekleidung eines Kaufhauses (Alexander's?). Ich sehe eine Gruppe von Leuten, die sich um einen Ladentisch drängeln, und glaube, daß dort wohl ein Sonderverkauf stattfindet. Ich sehe einen Ständer mit Anzügen (gelb mit schwarzen Streifen), die mich interessieren. Ich bahne mir einen Weg an den Tisch, und eine Frau bemerkt, ich sei aber unver-

schämt. Als ich an eine andere Seite des Tisches gelange, sehe ich, daß die Anzüge weg sind. Nun schaue ich mir ein paar Polohemden an. Eine Verkäuferin sagt mir, die Hemden seien leicht angeschmutzt und deshalb von 8,90 auf 4,90 Dollar herabgesetzt. Ich sehe mir vier davon an, kann mich aber nicht entscheiden. Ich denke, daß sie für den Sommer zu warm sein könnten. An diesem Punkt wache ich auf.

ASW?

Fünf Minuten nach mir wacht meine Frau auf. Sie sagt: »Ich möchte dich mal fragen, was du von dieser Sache hältst. Gestern abend, als ich L. besuchte, erzählte sie mir, daß sie die Kleidungsstücke ihres verstorbenen Mannes durchgegangen sei und daß er viele schöne Sachen gehabt habe, viele nur wenig getragen, so daß sie daran gedacht habe, sie an Männer in ihrem Bekanntenkreis zu verschenken, die etwa die Größe ihres verstorbenen Mannes haben, und da hat sie an dich gedacht. Bist du daran interessiert?« Ich erwiderte, ich sei nicht interessiert.

Der Hintergrund

L.'s Mann starb am 23. Juni 1972. Er ist 40 Jahre alt geworden, war Psychiater und hatte im vergangenen November einen Herzanfall gehabt. Ich ging zu seinem Trauergottesdienst, der zwei Tage vor dem Traum stattfand.

Als nächstes kommt eine Reihe von Träumen, die auf meinen Artikel im ›Family Circle‹ hin eingingen. Obwohl ich mich nicht für ihre Echtheit verbürgen kann, meine ich doch, daß bei jedem von ihnen die Aufrichtigkeit der Verfasser deutlich wird.

Die meisten paranormalen Träume sind präkognitiv und scheinen an tragische Ereignisse gebunden zu sein. Der folgende Traum ist hierfür typisch:

Ich habe schon oft jemandem, der direkt mit der Erforschung der Präkognition befaßt ist, von einem Traum erzählen wollen, den ich vor einigen Jahren gehabt habe. Da ich nun Ihre Adresse habe, möchte ich Ihnen von meinen Erfahrungen berichten. Ich bin 43 Jahre alt, Hausfrau mit vier Kindern im Teenageralter. Ich bin normal, wenn auch vielleicht ein wenig übersensibel. Geboren in England, kam ich 1956 mit meinem Mann und drei Kindern in die USA. Im darauffolgenden Jahr wollten wir in ein anderes

*Haus umziehen, und ich war viel zu beschäftigt, um diesem auf-
rüttelnden Traum viel Beachtung zu schenken, den ich eines Frei-
tagmorgens gegen 5 Uhr hatte.*

*Ich fühlte plötzlich, daß ich im Wohnzimmer meines Elternhau-
ses in England stand, wo meine Eltern heute noch leben. Es war
dämpfig und noch warm, denn sie waren erst vor kurzem ins Bett
gegangen (wie ich dachte), und die Feuerstelle im Kamin war mit
Asche belegt. Es war sehr still.*

*Ich hatte plötzlich Angst um meine Familie – um sie alle. Dann
schien das kalte Licht der Dämmerung zu kommen, und ich stand
am Fenster und schaute in den Garten hinter dem Haus. Da wußte ich, daß es nur mein Vater war, um den ich mir Sorgen machen
müßte. Ich schaute mich um und sah verschwommen seinen Körper da draußen im Grase liegen und wußte, daß er tot war. Der
Boden um ihn herum schien weiß gesprenkelt zu sein, und es erinnerte mich an Rauhreif.*

*An diesem und dem nächsten Tag vergaß ich den Traum über
meinen Umzugsvorbereitungen. Am Sonntag nach dem Traum
vom Freitag erhielt ich ein Telegramm aus England. Es besagte,
daß mein Vater am Samstag plötzlich erkrankt sei und im Krankenhaus liege. Ich war den Rest der Woche ganz benommen, hatte
es aber aus irgendeinem Grund doch nicht erwartet, als dann am
folgenden Sonntag in einem zweiten Telegramm stand, daß er gestorben sei – genau eine Woche später.*

*Nach einiger Zeit, als meine Mutter herübergekommen war, um
bei uns zu leben, diskutierte ich mit ihr über den Traum, und sie
erzählte mir, daß mein Vater unseren ganzen Rasen mit Kalk be-
streut habe, kurz bevor er krank geworden war (daher das Auftreten des Rauhreifs im Traum?).*

Solange wir nicht genau wissen, ob der Vater sich noch guter
Gesundheit erfreute, als der Traum geträumt wurde, können wir
nicht absolut sicher sagen, dies sei ein präkognitiver Traum.
Wenn er aber schon gewisse Symptome verspürt hätte, von denen
außer ihm niemand wußte, wäre der Traum wohl telepathisch zu
nennen.

Die nächste Briefschreiberin berichtet *drei ungewöhnliche
Träume,* deren erster präkognitiv zu sein scheint, die beiden anderen telepathisch.

Ich habe kürzlich einen Artikel von Ihnen über Träume gelesen. Ich würde Ihnen gerne über drei Ereignisse berichten, die mir vor kurzem passiert sind und die vielleicht für Sie von Interesse für Ihre Forschungsarbeit sind.

Der erste Traum
Dies ereignete sich am 14. September 1970. Ich hatte einen furchtbar schlechten und beängstigenden Traum, in dem ich meinen Mann in einem Autowrack sah. Ich sah die Ecke, an der sich der Unfall ereignete, das Auto, das ihn rammte, und konnte sogar ein paar Leute erkennen, die zu dieser Zeit dort herumstanden. Am folgenden Morgen erzählte ich meinem Mann den Traum und bat ihn, das Autofahren für einige Tage zu unterlassen.

Am Morgen des 16. September bat mein siebzehnjähriger Sohn um die Erlaubnis, am Landeskirchentag teilzunehmen, der in unserer Stadt veranstaltet wurde und bei dem er im Jugendchor singen wollte. In dem Augenblick, als er sagte, er würde dann beim Vormittagsunterricht fehlen, sah ich die Szene mit dem kaputten Auto in meinem Traum sehr lebhaft vor mir, nur daß mein Sohn und nicht mein Mann den Wagen fuhr. Da wir aber zum Frühstück an diesem Morgen einen Gast hatten, wollte ich nicht in dessen Beisein davon sprechen, sondern bat meinen Mann, meinem Sohn dies nicht zu erlauben. Er versicherte aber, daß unserem Sohn nichts passieren werde, da er ein sehr vorsichtiger Fahrer sei. Ich war furchtbar verärgert, ließ dies meinen Sohn aber nicht wissen. Es waren gerade zwei Stunden vergangen, als wir einen Telefonanruf bekamen, der besagte, daß mein Sohn tatsächlich in einen schweren Unfall verwickelt worden war. Genau der Unfall von meinem Traum. Der einzige Unterschied war die Farbe des Autos, das ihn angefahren hatte. Im Traum war es blau gewesen, und das Auto, mit dem er wirklich zusammenstieß, war grün. Das Auto meines Sohnes war total demoliert, aber zum Glück kamen alle Beteiligten ohne schwere Verletzungen davon.

Der zweite Traum
Dies passierte am 20. August 1971. Ich wachte um 5.20 Uhr schreiend auf und weckte alle Leute im Haus. Ich wußte zu dieser Zeit noch nicht Bescheid, was vorgefallen war. Irgend etwas

Schreckliches war geschehen, dessen war ich mir sicher. Um 5.30 Uhr rief mich mein Schwager aus Memphis/Tennessee an. Als das Telefon läutete, sagte ich zu meinem Mann, daß meine Mutter tot sei; sie habe einen schweren Unfall gehabt. Tatsächlich bestätigte der Anruf, daß sie soeben die ganze Treppe hinuntergestürzt war und sich dabei einen Knochenbruch und Schnittwunden zugezogen hatte. Sie war genau um 5.20 Uhr gestürzt. Ich konnte sie sogar sehen, wie sie verletzt war. Sie hatte eine Platzwunde an der linken Seite der Stirn, und ihr linker Arm war gebrochen.

Der dritte Traum
Am 26. August 1971 erwachte ich um 0.05 Uhr und schrie und weinte laut. Dieses Mal sah ich meine Mutter ihren Kopf halten und um Hilfe flehen. In meinem Kopf stellten sich rasende Schmerzen ein, wobei der Schmerz auf der linken Seite schlimmer war. Es dauerte Stunden, bis ich wieder schlafen konnte, denn ich fürchtete, meine Mutter könnte an einer Hirnblutung sterben. Beim Aufwachen konnte ich die Nachwirkungen des Alptraums der vergangenen Nacht nicht ganz abschütteln. Ich rief meine Mutter an und erfuhr, daß sie in der vergangenen Nacht genau um 0.05 Uhr erwacht war, weil sie furchtbare Kopfschmerzen hatte... auf der linken Kopfseite.

Ich hatte schon vorher zahlreiche Träume gehabt, die eine Warnung zu sein schienen und wahr wurden. Die meisten dieser Träume bezogen sich direkt auf meine engsten Familienangehörigen, aber ich habe auch schon Warnungen für Menschen geträumt, denen ich nie begegnet war.

Ich weiß nicht, ob hiervon irgend etwas für Sie von Belang für Ihre Forschung sein kann, aber ich persönlich bin überzeugt, daß wir irgendein Warnsystem in unserem Gehirn eingebaut haben, das uns manchmal bei bevorstehendem Unheil alarmiert.

Im ersten Traum ist die Träumerin genötigt, in Aktion zu treten, aber die Umstände hindern sie, dies auszuführen. Die ersten beiden Träume beziehen sich auf bevorstehende Unglücksfälle, der dritte auf Krankheit. Der Art, in der die Träumerin mitfühlend Schmerzen erlebte, als ihre Mutter Kopfschmerzen hatte, ist nicht ungewöhnlich.

In der folgenden Situation wird eine Mutter wegen der starken Gefühle, die ein Traum bei ihr hervorrief, zum Handeln getrieben:

1964 wurde mein einziges Kind, ein mongoloider Junge, in die »Gracewood State School and Hospital« aufgenommen, 280 Meilen von Valdosta/Georgia entfernt, wo ich zu dieser Zeit lebte. Eines Nachts träumte ich, er sei todkrank und glühe vor Fieber. Der Traum war so intensiv, daß ich tatsächlich noch die Hitze seines Körpers an meiner Brust fühlen konnte. Ich weckte meinen Mann und erzählte ihm von dem Vorfall. Er sagte, ich sei verrückt, und meinte, ich solle weiterschlafen, das sei meine übermäßige Phantasie gewesen. Am nächsten Morgen wußte ich, daß mein Kind krank war und mich brauchte. Ich scheute mich, dies gegenüber meinen Arbeitskollegen in der Baptistenkirche der Lee Street zu erwähnen, weil ich fürchtete, sie würden mich für verrückt halten. Gegen Mittag konnte ich die Sorge nicht länger ertragen und erzählte ihnen meinen Traum. Danach rief ich die Schule an, in der mein Kind war. Dr. William Sanders kam ans Telefon und fragte: »Wie geht es Ihnen?« Ich erwiderte: »Ich bin krank vor Sorge, daß Douglas todkrank ist und vom Fieber verbrennt.« Er sagte: »Ganz richtig. Wir haben ihn vorige Nacht mit 40 Grad Fieber ins Krankenhaus eingewiesen.«

Im nächsten Beispiel erschien der von der Träumerin geschiedene Mann ihr in einem Traum in der gleichen Nacht, in der er starb.

Ich will Ihnen von einem Traum erzählen, den ich gehabt habe. Es war keine Warnung vor einer Gefahr, sondern ein Traum, der mir etwas gesagt hat, obwohl ich das zu der Zeit nicht realisiert habe. In meinem Schlafzimmer steht meinem Bett gegenüber eine Frisierkommode. Sie hat zwei Spiegel. Ich träumte, daß das Telefon klingelte (der Apparat stand neben meinem Bett). Ich nahm ab, und es war mein Ex-Mann, den ich fünf Jahre nicht gesehen hatte. Während ich mit ihm am Telefon sprach, sah ich in den Spiegel. Mein Mann begann aus einem der Spiegel zu gehen, zog den Mantel über seinen Anzug und band sich den Schlips. Ich legte den Hörer auf, stand aus dem Bett auf (ich träumte das) und sagte: »Roger, was machst du hier?« Er antwortete: »Ich wollte dich nur sehen.« Ich weckte mich auf und ging eine Weile in der Woh-

nung umher. Es war draußen noch dunkel, aber als ich ins Bett zurückging und dann einschlief, schien nur eine kurze Zeit verstrichen zu sein, bis es Zeit war aufzustehen, weshalb ich denke, daß ich das in den frühen Morgenstunden geträumt habe. Als ich dieses Mal erwachte, hatte ich ein niederdrückendes Gefühl – etwas, das ich nicht beschreiben kann. Um 9 Uhr rief mich mein Schwager an, um mir zu sagen, daß mein Mann um 3.30 Uhr in Mississippi an einem Schlaganfall gestorben sei. Ich glaube, er verabschiedete sich von mir. Wir hatten 23 Jahre lang zusammengelebt, waren aber geschieden worden, weil er Alkoholiker war und keine Arbeitsstelle behielt. Ich kann nicht behaupten, daß ich damit gerechnet hätte, diese Botschaft zu bekommen, aber ich war nicht überrascht. So etwas dürfte nicht ungewöhnlich sein, aber ich werde es trotzdem nie vergessen.

Wie wir gesehen haben, kann ein Vorauswissen, das stark genug ist, um jemanden zum Handeln zu zwingen, lebensrettend sein. Im folgenden Beispiel gab es eine Vorahnung während des Tages und einen Traum in der darauffolgenden Nacht, der sich andeutungsweise auf das Ereignis bezog.

Wir wohnten in Erlanger, Kentucky. Mein Mann reiste als Außendienstleiter eines großen Konzerns umher. Bei diesem speziellen Ereignis war er den ganzen Tag umhergefahren, bevor er heimkam, um frische Wäsche und so weiter zu bekommen und am nächsten Morgen das 8-Uhr-Flugzeug von Cincinnati nach Cleveland zu nehmen, wo er einen Termin hatte. Als ich um 17 Uhr nach Hause kam, wußte ich von all diesen Plänen nicht das geringste. Ich bereitete das Abendessen für uns und meine Schwiegertochter. Während wir noch das Geschirr abwuschen, erwähnte mein Mann seinen Entschluß, am nächsten Morgen nach Cleveland zu fliegen. Meine Reaktion darauf war sogar für mich seltsam. Ich wetterte voller Ärger los und sagte, daß er am Morgen nirgendwohin fliegen würde... Wenn er nach Cleveland müsse, dann jedenfalls nicht mit dem Flugzeug. Daraus entwickelte sich ein regelrechter Streit. Meine Schwiegertochter zog sich verlegen in ihr Zimmer zurück. Weil mein Mann merkte, daß ich ganz aufgebracht war, ließ er sich von einem Nachbarn in dessen Auto zum Bahnhof bringen, von wo er mit dem 23.39-Uhr-Zug nach Cleveland fuhr. Für all dies fühlte ich mich schuldig, wes-

halb ich auch nicht schlafen konnte, als ich zu Bett gegangen war. Gegen Morgen schlief ich dann doch ein und träumte, daß ich mit seltsamen Gegenständen durch die Luft schwebte und danach zu fallen begann. Ich schreckte aus dem Schlaf hoch, und kurz danach spürte ich, wie das Haus bebte. Ich stand auf, machte Kaffee und dachte, ich wollte in unserem Haus nicht allein bleiben. Es war ein Dienstag, also mein freier Tag, und deshalb stieg ich ins Auto und fuhr eine Zeitlang einfach umher. Ich kaufte ein und kehrte um die Mittagszeit nach Hause zurück. Meine Schwiegertochter hatte schon versucht, mich telefonisch zu erreichen. Sie fragte mich, ob ich das Radio eingeschaltet hätte. Ich verneinte und erzählte ihr dann von meinem Traum und wie ich mich fühlte. Darauf sagte sie, es haben einen Zusammenstoß zwischen dem 8-Uhr-Flugzeug und einem Privatflugzeug gegeben, und keiner habe überlebt!

Auch der folgende Traum ist ein klares Beispiel für das Vorauswissen eines Unglücks:

Ich bin 19 Jahre alt und glaube fest daran, daß ich im vorigen Jahr einen präkognitiven Traum gehabt habe.

Eines Nachts, Anfang Juni 1970, träumte ich, daß der Junge, mit dem ich ging, in die Berge fuhr und sein Auto plötzlich einen Abhang hinunterstürzte und er getötet wurde. Der Traum war so lebhaft, daß ich voll Schrecken aufwachte und Schwierigkeiten hatte, wieder einzuschlafen. Am nächsten Morgen erzählte ich den Traum meiner Mutter und Schwester und löschte ihn dann aus meinem Gedächtnis. Mitte Juni desselben Jahres verunglückte der Junge, von dem ich geträumt hatte, unter ähnlichen Umständen wie in meinem Traum. Er war mit seinem Auto in meiner Heimatstadt Winter Park, Florida, unterwegs, stürzte plötzlich über eine steile Böschung in einen Entwässerungsgraben und wurde dabei getötet.

Der folgende Traum veranschaulicht drei allgemeine Merkmale von Träumen dieser Art – die emotionale Nähe der beteiligten Personen, das Eintreten eines unerwarteten, möglicherweise oder tatsächlich gravierenden Ereignisses, das einem von ihnen widerfuhr, und der innere Zwang, zu handeln oder den anderen zu benachrichtigen.

Am 28. April 1971 hatte ich den ganzen Tag über ein Gefühl der Unruhe in mir – so stark, daß ich eine Freundin anrief und bat, zu mir herüberzukommen, weil mein Mann zu der Zeit in einem anderen Bundesstaat war. In der folgenden Nacht hatte ich einen entsetzlichen Traum:

Ich ging zum Begräbnis meiner Schwester; sie war in Deutschland, und ich sah sie in einem Sarg, aber als ich näher heranging, bewegte sie sich, und wir waren alle so froh, daß sie noch lebte. Sofort danach wachte ich auf, erinnerte mich genau an den Traum und konnte in dieser Nacht nicht mehr einschlafen. Am nächsten Morgen rief ich meine Eltern an, obwohl ich wußte, sie würden dies wahrscheinlich mit einem Lachen abtun. Ich war aber ganz sicher, daß meiner Schwester etwas Schreckliches zugestoßen war und man die Eltern davon benachrichtigt hatte. Sie hatten aber von nichts gehört. Im nächsten Brief meiner Schwester an mich schrieb sie jedoch, daß sie am 28. April mit dem Krankenwagen wegen akuter Blinddarmentzündung in die Klinik gebracht wurde. Ein erfahrener Chirurg hatte sich allerdings geweigert zu operieren, und danach wurde entdeckt, daß sie einen Tumor an einem Eileiter hatte. Meine Schwester und ich hatten immer eine enge Beziehung zueinander. Ich habe zahlreiche schlechte Träume in der Vergangenheit gehabt, aber keiner davon rührt mich so an wie dieser, und nach diesem ist überhaupt keiner mehr aufgetreten.

Mit den nun folgenden drei Beispielen wollen wir von der tragischen oder fast tragischen zu einer freundlicheren Art der präkognitiven und telepathischen Träume übergehen. Eine Frau berichtete folgenden Traum:

Dies ist ein präkognitiver Traum, und obwohl er schon vor Jahren passierte, erinnere ich mich noch lebhaft an ihn. Früh an einem Sonntagmorgen, am Vatertag, weckte ich meinen Mann und mich durch ein lautes Auflachen. Der Traum bestand nur aus einer Szene ohne Dialog. Meine Schwester, zehn Jahre jünger als ich, stand vor mir in einem unförmigen Mantel, steckte ihre Hände in die Taschen, und als sie sie wieder herauszog und mir entgegenstreckte, konnte ich sehen, daß sie die Hände voller Flaschenverschlüsse hatte. Das war der ganze Traum. Ich erzählte meinem Mann diesen albernen Traum, und später gaben wir ihn noch meinem Vater am Frühstückstisch zum besten.

Zu Mittag kamen meine Schwester mit ihrem Mann und den

zwei Söhnen zum Vatertagsessen. Meine Schwester, die schwanger war, trug einen weiten leichten Sommermantel. Als ich ihn aufhängte, rief sie mir zu, ihr doch die Zigaretten aus der Manteltasche zu bringen. Ich brachte ihr den Mantel, und während ich ihn noch hielt, langte sie in die Taschen und zog etwas hervor – keine Zigaretten, sondern zwei Hände voll mit Flaschenverschlüssen. Wie man sehen kann, liegt der einzige Unterschied darin, daß sie in dem Traum den Mantel anhatte, während ich ihn in Wirklichkeit hielt. Als sie die Dinger sah, rief sie: »Guck mal, was die Jungen mir in die Taschen gesteckt haben!« Das Gefühl, das mein Mann, mein Vater und ich dabei hatten, war unbeschreiblich.

Ein anderer Traum:

Dieses Jahr hatte ich am Weihnachtsabend einen Traum. Mein Bruder Clayton, der Rektor von Westmore High in Westlake ist, trug in seinem Büro einen Kaftan. Ich dachte mir: Junge, ist mein Bruder verrückt geworden? Man stelle sich den im Kaftan vor! Er ist ultrakonservativ, und dieser Traum belustigte mich so, daß ich ihn meiner Schwester und den Neffen erzählte. Am nächsten Tag besuchte ich Clayton zu Hause, und er und seine Frau schenkten mir einen Kaftan zu Weihnachten. Ich kann nicht glauben, daß dies nur ein Zufall war!

Bald danach hatte ich wieder einen kurzen Traum, und an seinem Ende hörte ich beim Erwachen diese Worte in meinen Ohren klingen: »Lies mir etwas vor, irgendwas, solange es von Dickens ist, es muß von Dickens sein – ich mag Dickens nun mal!« Als ich erwachte, lachte ich über mich, denn obwohl ich leidenschaftlich gerne lese, Dickens gehört nicht gerade zu meinen Favoriten. Das einzige, was ich jemals von ihm gelesen habe, ist »A Christmas Carol«, und das ist ganz sicher in meiner Erinnerung keiner Erwähnung wert.

Am folgenden Abend sah ich fern; Rod Serlings »Night Gallery« wurde gezeigt. Ich kann mich nicht mehr an den Titel dieser speziellen Episode erinnern, aber ich könnte das Datum der Sendung heraussuchen, wenn Sie diese Informationen brauchen. Es war eine Aufführung mit Agnes Moorehead, in der sie eine bettlägerige Kranke spielte. Und darin sagte sie zu ihrem Bruder: »Liest du mir bitte etwas vor?« Ich glaube, zuerst lehnte er ab, aber sie bettelte, und er sagte dann: »Okay, was soll es diesmal sein?« Sie sagte: »Lies etwas von Dickens – irgendwas, solange es von Dickens ist – ich mag Dickens nun mal!«

Präkognitive und telepathische Träume werden öfter von Frauen als von Männern berichtet. Vielleicht sind Frauen offener für sie und akzeptieren eher ihr Vorhandensein. Während manche Leute paranormale Ereignisse nur einmal im Leben haben und davon berichten, scheinen sie bei anderen gehäuft aufzutreten.

Sogar für jene, die von Zeit zu Zeit vorausschauende Träume zu haben scheinen, gibt es keinen sicheren Weg, einen Traum als präkognitiv zu identifizieren, bis die angekündigten Ereignisse tatsächlich eingetroffen sind. Es gibt in der Literatur viele Beispiele, in denen die begleitenden Gefühle so zwingend waren, daß der Träumer keinen Zweifel mehr hatte, daß irgend etwas zur Verhinderung des Ereignisses unternommen werden müßte. Dies sind jedoch Ausnahmefälle, und recht oft erweisen sich Gefühle der Gewißheit nicht als zuverlässiger Anhaltspunkt für die präkognitive Natur des Traums.

Wir wissen heute, daß mehrere vom Träumen verschiedene Bewußtseinszustände – z.B. Hypnose, Trance und sensorische Deprivation – diese Effekte begünstigen. Solche Zustände werden zusammenfassend »veränderte Bewußtseinszustände« genannt. In ihnen werden Zeit und Raum auf andere Weise erfahren, als dies normalerweise der Fall ist. Wer Zustände dieser Art erlebt, scheint ein gewisses Maß an Offenheit für einen außersinnlichen Kontakt mit anderen Personen zu haben, besonders mit jenen, die in seinem Leben eine bedeutsame Rolle spielen. Es kann sein, daß die Entwicklung einer zuverlässigeren und praktikableren Form der Kommunikation zu einer Art Schwund dieser Fähigkeit geführt hat, so daß sie erst unter recht ungewöhnlichen Umständen wieder auftaucht. Je weniger skeptisch jemand der Möglichkeit von ASW gegenübersteht, um so eher wird sie auftreten.

Sogar wenn die Bedingungen der Aufnahmefähigkeit für paranormale Ereignisse besonders günstig sind, bleiben solche Ereignisse in den Träumen kurzlebig und schwer faßbar. Und es gibt auch Fälle, in denen deutliche »Vorahnungen« sich als falsch herausgestellt haben.

Diese Fähigkeiten können nur schwer kontrolliert werden und sind deshalb bislang kaum anwendbar. Es gibt seltene Berichte darüber, daß die Namen der Gewinner von Pferderennen in Träumen erscheinen, und da dies nur sporadisch auftritt, sind sie auch ungeeignet, dem Träumer eine sichere Einnahmequelle zu erschließen. Wir haben jedoch einen solchen Bericht von einer Träumerin erhalten, die in ihren Träumen die Gewinner von Pferderennen ausmachte.

Ich möchten Ihnen gern berichten, daß ich mehrmals geträumt habe, wer bei Trabrennen gewinnen würde, und dies traf dann ein. Im Juni dieses Jahres träumte ich in drei aufeinanderfolgenden Nächten, wer den Einlauf machen würde (das sind in einem Rennen das erste und zweite Pferd). In der ersten Nacht träumte ich, die Nummer 7-2 würde den ersten Einlauf gewinnen, die zweite Nacht 5-2. So war es dann, und in der dritten Nacht träumte ich 6-2. So war es wieder. Die erste Nacht, in der ich überhaupt von Pferden träumte, war vor vier oder fünf Jahren. Ich sah den Pferdenamen »Jimmy Cannon«, um den ein Kreis gemacht war. Von diesem Pferd hatte ich noch nie etwas gehört. Am nächsten Tag war es registriert, lief und gewann! Ich ging auch vor kurzem in Florenz zum Latonia. Ich hatte geträumt 4-7 würde den Einlauf machen; 7-4 gewann und brachte 225 Dollar. Ich habe beide Kombinationen gewettet und deshalb gewonnen. In der nächsten Nacht träumte ich 2-1. Sie machten das Doppel, und ich gewann mit. Ich erzählte das dem Wettleiter des Latonia, und er war davon fasziniert. Später fand ich heraus, daß er Zeitungsreporter war, und er schrieb dann einen Artikel über mich. Er nannte mich die »Traumfrau«.

Ich hoffe, daß dies für Sie irgendwie von Nutzen ist. Wie Sie sehen können, träume ich manchmal Nummern und manchmal Namen, aber meistens Nummern. Es ängstigt mich irgendwie, zu wissen, daß ich dies kann.

Das Vorkommen dieser Phänomene legt nahe, daß wir im Schlaf zeitlich nicht nur rückwärts gehen und alte Erinnerungen anzapfen können, sondern daß wir uns auch in der Zeit vorwärts und durch den Raum bewegen, um Informationen von außerhalb unserer eigenen Erfahrungswelt heranzuholen. Auch wenn sie nur selten auftreten, werfen diese Manifestationen doch neues Licht auf das Spektrum unserer psychischen Fähigkeiten. Sie überzeugen uns, Träume als Ereignisse zu sehen, die in einem viel größe-

ren und komplexeren Bezugssystem stattfinden, als wir es normalerweise erfassen. Sehr viel mehr Forschungsarbeit muß geleistet
werden, bevor wir die Rolle, die Telepathie und Präkognition in
unserem Leben spielen, zu begreifen beginnen.

16. Schlußbetrachtung

Kollegen haben mir im Blick auf unser Bemühen, die Arbeit mit Träumen über den klinisch-psychologischen Rahmen hinaus auszudehnen, zwei Fragen gestellt. Die erste Frage lautet: Wird der Umgang mit Träumen in diesem Fall nicht eher oberflächlich bleiben? Die zweite Frage war die: Ist es ohne professionelle Leitung nicht gefährlich, mit Träumen zu arbeiten?

Zu Frage 1: Der Verdacht der Oberflächlichkeit ist ungerechtfertigt. Wenn die Arbeit mit Träumen irgend etwas bewirkt, dann wird sie den Träumer weg vom äußeren Anschein führen und hin zu den tieferen Aspekten seiner Psyche. Wie »tief« diese Ebene ist, hängt von der Konsequenz und Ehrlichkeit ab, mit denen der Träumer der Arbeit mit Träumen nachgeht.

Der einzige Unterschied zwischen professioneller und nichtprofessioneller Arbeit mit Träumen, der zählt, liegt darin: In den Händen eines Therapeuten wird der Traum ein Instrument des Sondierens, der Konfrontation und so weiter. Es geht dann nicht primär um ein Verständnis des Traumes, sondern der Traum wird zum Mittel der Behandlung. Die Fähigkeiten der Experten können denjenigen die Arbeit mit ihren Träumen erleichtern, die einer solchen Arbeit zunächst reserviert gegenüberstehen, ändern aber nicht grundlegend die Natur des Umgangs mit den Träumen selbst. Sofern die Arbeit sorgfältig durchgeführt wird, ob im professionellen Rahmen oder nicht, vermittelt sie uns immer einen tiefergehenden Einblick in das, was unter der Oberfläche liegt.

Wir beschäftigen uns immer mit dem, was im jeweiligen Augenblick in unserem Bewußtsein ist. Wir sind uns aber nicht in jedem beliebigen Moment aller subtilen Aspekte unserer Beziehungen zur Welt bewußt – sondern nur eines Bruchteils davon. An der Persönlichkeit zu arbeiten ist wie an einer archäologischen Ausgrabung teilzunehmen. Wir beginnen an der Oberfläche und gehen immer tiefer. Die Traumbilder sind die Indikatoren dessen, auf was wir vielleicht stoßen werden. Sie weisen auf die Existenz tiefer reichender Schichten hin. Und immer wenn der Träumer – mit oder ohne Hilfe einer Gruppe – einem Traumbild Sinn verleihen kann, gelangt er tiefer zu sich selbst. Das ist das Wesen der

Arbeit mit Träumen. Oberflächlichkeit bedeutet also den Versuch, diese Vielschichtigkeit zu verhüllen oder zu ignorieren. Wenn wir mit Träumen arbeiten, kommen wir mit dem in Berührung, was unter der Oberfläche liegt, so daß wir uns ihm stellen können.

Wie ich beobachtet habe, rührt die Meinung, bei der Arbeit mit Träumen müsse ein Fachmann zugegen sein, von der Besorgnis her, daß ein Träumer mit labilem Selbstbild vielleicht einen Traum vorbringen könnte, der ihn als irgendwie anormal hinstellen könnte. Doch was einem solchen Träumer oft wirklich Angst macht, ist das Gewicht, das eine Interpretation durch die Autorität eines Fachmanns bekommt. Nichtfachleute, die zusammenarbeiten, lassen weniger Angst aufkommen, weil sie frei sind von dieser Autoritätsrolle, ebenso wie von dem Zwang, sich an irgendeine spezielle theoretische Position zu halten. Wenn im Rahmen einer Gruppe etwas gesagt wird, das auf den Träumer übermäßig bedrohlich wirkt, kann er sagen: »Was glaubst du, wer du bist? Du weißt nicht mehr über meine Träume als ich selber.« Kommt dagegen die gleiche Deutung von einem Psychotherapeuten, dann könnte der Träumer zu sich selbst sagen: »Dieser Fachmann, der sich in Träumen auskennt, erzählt mir, daß ich soundso bin. Dann muß ich wohl so sein, wie er sagt.« Und dies kann eine sehr beunruhigende Wirkung entfalten.

Zur Frage 2: Mit Träumen zu arbeiten, mit oder ohne professionelle Leitung, ist prinzipiell ungefährlich, es sei denn, die Kompetenz des Träumers wird nicht respektiert. Wenn wir einen Traum vorbringen, sind wir ja auch zur Auseinandersetzung mit ihm bereit. Meines Erachtens liegt die Gefahr keinesfalls in irgendeiner durch den Traum entfesselten Bedrohung, sondern darin, daß wir nicht einsehen, was der Traum vor uns hinstellt.

Freilich gibt es da noch eine andere Art von Bedrohung, nämlich die, Unechtheit und Verstellung zu durchschauen. Träume schaffen Wissen: Wissen von uns selbst und soziales Wissen. Wie wir schon gesagt haben, birgt das Arbeiten an Träumen genauso viel Risiko wie das Nachdenken. Das nehme man nicht leicht. Wenn wir über ein wichtiges Problem nachdenken, stoßen wir oft auf Ideen und Gefühle, die neu und fremd sind für unser gegenwärtiges Verständnis. Wir können aus dem Gleichgewicht geworfen und in verwirrende Emotionen gestürzt werden, die uns zwingen, den Sinn und die Effektivität vieler unserer Routineeinstellungen neu zu bewerten. Die Angst davor kann in uns die Haltung fördern, nur unter der Führung einer Autorität nachdenken zu wollen, als Garantie dafür, daß wir innerhalb fester Grenzen verbleiben. Doch die meisten von uns brauchen diese Art von Schutz nicht. Wir können eine große Dosis Veränderung vertragen, mit Beschwerden vielleicht, aber ohne Schaden zu nehmen. Was wir allerdings brauchen, sind Unterstützung und Ermutigung, damit wir die Selbstentdeckung besser bewältigen, aber die können vom Nichtfachmann genausogut kommen wie vom Fachmann.

Das Träumen ist normal, universell und menschlich wie Gebären. Mehr noch: Träumen ist nicht geschlechtsbegrenzt. Und die Hilfe von Spezialisten wird bei den meisten Träumen sowenig benötigt wie bei den meisten Geburten. Ein wenig Unterstützung braucht man jedoch, und ich hoffe, dieses Buch wird als »Hebamme« dienen für die Wahrheiten, die in unseren Träumen liegen.

Lassen Sie uns zusammenfassen, wie und wodurch Träume helfen können, unser Leben zu erweitern und zu bereichern:
– Unsere Träume lügen nicht. Sie bedienen sich des einfachen Hilfsmittels der Wahrheit, um über unseren Kampf um das Menschsein zu wachen. Welche Abwehrmechanismen wir auch haben, die Wahrheit einer Situation wird in einem Traum offen dargestellt. Darauf können wir uns verlassen.
– Das Wachleben konfrontiert uns mit vielen Überraschungen und Herausforderungen, und unsere Träume versuchen, etwas von ihrer Wirkung zu absorbieren, indem sie auf unsere persönlichen Ressourcen zurückgreifen, und von ihnen haben wir mehr, als wir gemeinhin glauben. Wenn wir uns mit unseren Träumen eingehender beschäftigen, werden wir es zunehmend zu schätzen wissen, wie wir von dem Träumer in uns ständig zu größerer Ganzheit angespornt werden.
– Träume sind sensibel für den Zustand unserer Beziehungen zu anderen. Wenn wir wach sind, sehen wir uns als getrennte Wesen, die mit ihrer eigenen Individualität und Identität beschäftigt sind. Unser Traum-Selbst konzentriert sich jedoch auf unsere Beziehungen zu anderen, ihre Intaktheit und jene Tagesereignisse, die auf die Beziehungen eingewirkt, nämlich sie verletzt oder auch verbessert haben.

– Bei der Arbeit mit Träumen, besonders wenn sie in Gruppen stattfindet, werden die Bindekräfte zwischen Menschen greifbarer, das Gefühl für Beziehungen wird realer. Unser Standpunkt in bezug auf Selbstenthüllung beginnt sich zu verändern. Sie scheint uns nicht länger bedrohlich zu sein, und wir fühlen uns nicht länger verletzbar. Die Selbstenthüllung wird bei der Traumarbeit ein Weg zum rückhaltlosen und hilfreichen Austausch mit anderen. Als Folge davon werden wir offener für andere ebenso wie zu uns selbst.

– Wir lassen die anderen immer häufiger und mit immer größerer Intensität an unseren Erfahrungen und unserem Dasein teilhaben. Wir finden heraus, daß wir uns mit anderen in ihrem Daseinskampf, der ihren Alltag kennzeichnet, identifizieren können. Wir sehen die anderen mehr als werdend, im Prozeß befindlich und unvollendet. Sie wecken in uns mehr Interesse, Unterstützung und Toleranz. Beziehungen mit anderen scheinen zu einer ausgewogeneren Sichtweise zu führen.

Wie all diese Eigenschaften des Träumens in der Praxis nutzbar gemacht werden, wird von unseren eigenen Neigungen und den Umständen abhängen. Nach meiner Erfahrung läßt sich der Traum am leichtesten durch Gruppenarbeit ans Licht bringen. In einer Gruppe fühlen wir das Wohlwollen, das Vertrauen, die Unterstützung, das Interesse und die Beteiligung von anderen. Sie geben uns die Hilfe, die wir oft brauchen, um die Möglichkeiten der selbst kreierten Bilder zu erkunden, ohne uns in die Defensive zu drängen oder uns dahin zu bringen, daß wir über selbstgesetzte Grenzen hinaus irgend etwas begründen oder enthüllen. Unter solchen Bedingungen fühlen wir uns sicher, uns einem größeren Spektrum persönlicher Wahrheit auszusetzen. Und weil wir uns sicher fühlen, machen wir uns die Wahrheit zu eigen. Obwohl ihr Inhalt manchmal negativ und schmerzvoll sein kann, ist der Akt der Aneignung ein positiver Schritt.

Träume geben uns niemals auf. Sie sind bei uns in jeder Nacht, treiben uns an, daß wir uns den Problemen stellen, die uns einschränken und entmutigen oder unsere Kreativität beschneiden. Sie erinnern uns an die Verpflichtung, die wir alle haben, unser Gefühlsleben zu befreien. Auf ihre Weise sind sie unser Anwalt für ein gesünderes Leben.

Nan und ich haben versucht, die Botschaft weiterzugeben, daß wir mit unseren Träumen mehr anfangen können, als die meisten wissen. Unsere Hoffnung ist, der in diesem Buch beschriebene Prozeß werde seinen Weg in jene Systeme finden, in denen so viele der Entscheidungen geformt werden, die unser Leben bestimmen – in die Industrie und in die Schulen und Hochschulen. Für Eltern und Lehrer, die wegen der Distanz zwischen sich und ihren Kindern oder Schülern verzweifelt sind, bieten Traumgruppen eine Möglichkeit, herzliche und offene Beziehungen herzustellen. Die Arbeit mit Träumen könnte ihren Platz auch in Einrichtungen des Strafvollzugs haben. Sie könnte älteren Mitbürgern etwas Neues erschließen, in einer Zeit, in welcher die Gesellschaft dazu tendiert, sie zu ignorieren oder auszugrenzen. Der Umgang mit Träumen sollte für alle in jeder Situation verfügbar sein, in der Verständnis und Mitgefühl wichtig sind.

Wir hoffen, daß unser Buch sowohl all jenen Anregung und Anleitung geben konnte, die lernen möchten, allein mit ihren Träumen umzugehen, als auch jenen, die die Chancen der Gruppe für die Arbeit mit Träumen nutzen wollen. Das Buch wird nicht aus jedem Leser einen Traumgruppenexperten machen – dazu ist viel Erfahrung nötig –, aber ganz gewiß können Gleichgesinnte die Kunst, mit Träumen zu arbeiten, gemeinsam und auch ohne Anleitung durch einen Experten lernen.

Anmerkungen

Kapitel 2:

[1] MacKenzie, Norman (1965): Dreams and Dreaming. New York (Vanguard Press). Deutsch (1978): Träume. Genf (Ariston) und Wiesbaden (Vollmer).

[2] MacKenzie, Träume, S. 28.

[3] Freud, Sigmund (1900): Die Traumdeutung (Gesammelte Werke II/III). Frankfurt/Main (S. Fischer, 1968).

[4] Freud, Die Traumdeutung, S. 101.

[5] Die Bibel. Vollständige deutsche Ausgabe mit den Erläuterungen der Jerusalemer Bibel. Freiburg i. Br. (Herder, 1965), Genesis 37: 7–8.

[6] Die Traumdeutung, S. 102.

[7] Woods, Ralph L. und Greenhouse, Herbert B. (Hrsg.) (1974): The New World of Dreams. New York (Macmillan), S. 153.

[8] Woods und Greenhouse, The New World of Dreams, s. 157f.

[9] Die Bibel, Daniel 4: 7–13.

[10] Sanford, John A. (1966): Gottes vergessene Sprache. Zürich (Rascher).

[11] Die Bibel, Daniel 4: 27–34.

[12] Woods und Greenhouse, The New World of Dreams.

[13] Meier, Karl Alfred (1949): Antike Inkubation und moderne Psychotherapie. Zürich (Rascher).

[14] MacKenzie, Träume.

[15] Freud, Die Traumdeutung, S. 2.

[16] MacKenzie, Träume.

[17] Creel, Herrlee G. (1953): Chinese Thought from Confucius to Mao Tse-Tung. Chicago (University of Chicago Press), S. 104.

[18] MacKenzie, Träume, S. 57.

[19] Enzyclopaedia Britannica. Macropaedia, Vol. 5, S. 1011.

[20] Artemidorus Daldianus: Das Traumbuch. München (dtv, 1979), S. 27.

[21] Kelsey, Morton T. (1968): Dreams. The Dark Speech of the Spirit. New York (Doubleday).

[22] Kelsey, Dreams.

[23] DeBecker, Raymond (1968): The Understanding of Dreams. New York (Hawthorn).

[24] Kelsey, Dreams.

[25] Kelsey, Dreams.

[26] MacKenzie, Träume.

[27] Bunyan, John: Pilgrim's Progress. New York (Collier, 1965), S. 13. Deutsch (1946): Pilgerreise zur seligen Ewigkeit. Lahr-Dinglingen.

[28] Poe, Edgar Allan: Poems and Essays. New York (Dutton, 1964), S. 73. Deutsch (1973): Gedichte, Dramen, Essays, Marginalien (Werke, Bd. 4). Olten und Freiburg i. Br. (Walter), S. 34.

Kapitel 3:
1 Jung, Carl Gustav (1933): Modern Man in Search of a Soul. New York (Hartcourt, Brace and World), S. 11.
2 Jung, Modern Mann . . ., S. 10f.
3 Stekel, Wilhelm (1911): Die Sprache des Traumes. Wiesbaden (Bergmann).
4 Gutheil, Emil A. (1934): The Language of the Dream. New York (Macmillan).
5 French, Thomas A. und Fromm, Erika (1964): Dream Interpretation. New York (Basic Books).
6 Fromm, Erich (1951): The Forgotten Language. New York (Rinehart), S. 33. Deutsch (1957): Märchen, Mythen, Träume. Konstanz (Diana), S. 33.
7 Boss, Medard (1953): Der Traum und seine Auslegung. Bern (Huber) und München (Kindler, 1974).
8 Lowy, Samuel (1942): Foundations of Dream Interpretation. London (Kegan Paul).
9 Jones, Richard M. (1970): The New Psychology of Dreaming. New York (Grune & Stratton).
10 Perls, Frederick S. (1969): Gestalt Therapy Verbatim. Lafayette, Calif. (Real People Press). Deutsch: Gestalt-Therapie in Aktion. Stuttgart (Klett-Cotta) ³1979.

Kapitel 4:
1 Stevens, Wallace (1977): Thirteen Ways of Looking at a Blackbird. In: The Collected Poems of Wallace Stevens. New York (Alfred A. Knopf). Deutsch (1961): Eine Amsel dreizehnmal gesehen. In: Der Planet auf dem Tisch. Gedichte und Adagia. Hamburg (Claassen).

Kapitel 6:
1 Green, Celia (1968): Lucid Dreams. Oxford (Institute of Psychophysical Research).
2 Freud, Sigmund (1900): Die Traumdeutung, S. 529.

Kapitel 10:
1 Bergom-Larrsom, Maria (1975): Tre kvinnors drömmar. Ord & Bild, April 1975.

Kapitel 14:
1 May, Rollo (1975): The Courage to Create. New York (W. W. Norton), S. 132.
2 Laing, Ronald D. (1967): The Politics of Experience. New York (Ballantine), S. 30. Deutsch (1969): Phänomenologie der Erfahrung. Frankfurt/Main (Suhrkamp).

Kapitel 15:
1 Ullman, Montague, Stanley Krippner und Alan Vaughan (1973): Dream Telepathy. New York (Macmillan). Deutsch (1977): Traumtelepathie. Telepathische Experimente im Schlaf. Freiburg i. Br. (Aurum).